모두를 위한
설교 시리즈
3

고난과 미혹을 이기는 힘, 베드로전후서 강해

말할 수 없는 영광

세움북스는 기독교 가치관으로 교회와 성도를 건강하게 세우는 바른 책을 만들어 갑니다.

모두를 위한 설교 시리즈 03

말할 수 없는 영광

고난과 미혹을 이기는 힘, 베드로전후서 강해

초판 1쇄 인쇄 2022년 3월 1일
초판 1쇄 발행 2022년 3월 5일

지은이 I 박홍섭
펴낸이 I 강인구

펴낸곳 I 세움북스
등　록 I 제2014-000144호
주　소 I 서울특별시 서대문구 연희로 160 3층 연희회관 302호
전　화 I 02-3144-3500
팩　스 I 02-6008-5712
이메일 I cdgn@daum.net

교　정 I 이윤경 · 류성민
디자인 I 참디자인

ISBN 979-11-91715-18-7 (03230)

모두를 위한
설교 시리즈
3

The BOOK of

Peter

말할 수 없는 영광

*

고난과 미혹을 이기는 힘, 베드로전후서 강해

박홍섭 지음

세움북스

1,000년의 역사를 넘어서 시대를 관통해 온 경배자들이 구전으로, 글로, 문화로 축척 해 온 것들을 길어 내는 언어 장인들의 문체나 화법을 간단없이 무시하고 지나갈 수는 없습니다. 그런 의미에서 아직 200년을 통과하지 못한 이 땅의 경배자들이 자신의 생각과 감각을 배설하면서 그들에게 기대해야 할 것들은 무엇일까요? 동시에 역사 속에서 일하시는 하나님은, 신출내기 신앙 국가라 할지라도 경건과 거룩을 사모하며 무릎으로 교회를 섬기는 이들을 통해 생명을 담지한 글을 쓰게 하십니다. 성경의 제1 저자는 성령님이십니다. 성부와 성자와 동일 본질을 가지신 성령님은 제2 저자인 베드로, 평생 그리스도의 종으로 복음과 함께 달려온 사도를 통하여 박해에 시달리고 있는 언약 백성들에게 일상을 살아낼 신령한 메시지를 주십니다. 흩어진 그리스도인들이 이방인들 속에서 고난을 감당하며 살기 위해 그리스도의 머리 되심을 따라 그의 몸으로 살아 내야 하는 삶에 대해서 기록해 주셨습니다. 강단에서 그분의 말씀을 풀어 낸 본서의 저자인 박홍섭 목사님은 복음의 향기를 품은 사역자입니다. 그는 오랫동안 거친 바람이 넘나드는 부산에서 살아 왔습니다. 그와 마주 앉으면 은혜로운 그리스도의 향기가 흘러나오는 풍미를 느끼게 합니다. 〈교회를 위한 신학 포럼〉을 통해 만날 때마다 동년배임에도 목사를 위한 목사로 형 같

은 정서를 안겨 주었습니다. 그는 늘 닮고 싶은 목자의 모습을 내게 보여 주었습니다. 그의 복음 향취가 잘 담긴 글을 읽으며, 나와 같은 동일한 독자들에게 안겨질 귀한 선물임에 확신하며 추천사를 갈음합니다.

_ **가정호 목사** (세대로 교회 담임, 부산 기윤실 사무처장)

〰️

본서는 베드로전후서를 설교한 강해서입니다. 담임하는 지교회에서 선포된 말씀이지만 보편적이고 핵심적인 강조점들은 확연하게 드러나는 탁월한 설교문입니다. 그런 면에서 본문의 맥락과는 관계없는 예화나 사변적인 이야기 중심의 설교들과는 차별됩니다. 성경 해석의 기본적인 원칙을 잘 따르면서도 딱딱하지 않고, 적용에 있어서는 구체적이고 확실한 방향성을 제시하고 있기 때문입니다. 저자는 베드로전서 부분에서 '나그네와 십자가'라는 두 주제가 핵심 내용이라고 지목합니다. '나그네가 아니라 정착을, 십자가가 아니라 성공을 꿈꾸는 현대 교회를 생각할 때, 방향을 잃은 이 시대의 교회와 그리스도인들이 다시 붙들어야 할 목숨 같은 진리'라는 것입니다. 베드로후서 부분에서는 거짓 선생들의 미혹 앞에서 흔들리는 교회를 바로잡기 위해 쓴 편지이기에 단호한 면을 강조합니다. 저자 자신의 신앙을 경험 삼아 '예수를 믿는다는 것이 단순한 위로와 도움을 받기 위함이 아니라 하나님의 신적 성품에 참여하는 인생이 되는 것을 의미한다'고 역설합니다. 기존에 많은 설교집들이 있지만 모두가 신앙생활에 유익과 도전을 주는 것은 아닙니다. 사실 성도의 삶은 고난과 미혹의 연속입니다. 어려운 현실을 살아 내야 하는 이 시대의 성도들이 책을 통하여 본질적인 위로와 분명한 방향성을 찾을 수 있으리라 생각하기에 기쁜 마음으로 추천합니다.

_ **고훈 목사** (진리샘 교회 담임, 교회를 위한 신학포럼 서울지부 대표)

저자가 한우리 교회 강단에서 전했던 말씀이 한국 교회 전체를 섬기게 되었습니다. 본서는 철저하게 성경 본문에 천착하여 그 메시지를 오늘을 사는 그리스도인들에게 적실하게 전하는 저자의 수고를 담고 있습니다. 날마다 신앙의 도전과 고난에 직면하여 살아가는 신자들에게 영광스러운 복음을 다시 확증해 줌으로써 격려하는 한편, 복음의 진리를 왜곡하는 참과 거짓의 '진리 전쟁' 속에서 끝까지 소망을 잃지 않고 복음의 진리를 붙잡도록 성도들을 격려하는 사도 베드로의 메시지는, 오늘 우리 모두가 절실히 필요로 하는 메시지가 아닐 수 없습니다. 저자는 본서를 통해서, 사도의 그 메시지를 오늘 우리 앞에 살아 있는 하나님의 말씀으로 다시 듣게 하는 일을 해 주었습니다. 한국 교회의 참된 성도들이 이 책을 읽음으로써 그 유익을 온전히 누리게 될 것을 확신하면서 이 책을 추천합니다. 이 책을 들고 읽으십시오!

_ **김형익 목사** (벧살롬 교회 담임)

말씀의 홍수 시대에 성도가 하나님의 말씀을 가감 없이 전해 들을 수 있는 것보다 더 큰 영광과 은혜는 없습니다. 그동안 한우리교회 성도가 되어 강단에서 선포되는 박홍섭 목사님의 설교를 통해 왜 하나님의 말씀이 은혜의 방편인지 알게 되었고, 특별히 베드로전후서 강해는 세상 속에서 살아가는 우리의 정체성(영광스러운 나그네)을 다시 한번 잊지 않도록 흔들어 깨우는 강력한 메시지였습니다. 오직 '십자가'라는 방향성과 이 십자가가 가리키는 세상과 전혀 다른 삶의 방식은 우리가 어디에 소속되어 있으며, 무엇을 위해 부르심을 받았는지 잊지 않도록 하는 하나님의 들끓는 마음을 그대로 볼 수 있게 해 주었습니다. 부디 이 강론의 기록을 통해 우리의 식어 버린 심령에 다시 샛별이 떠오르며, 보지 못한 주님을 더욱 사랑할 수 있는 은혜가 있기를 바라면서 기쁜 마음으로 추천합니다.

_ **박찬호 장로**(한우리 교회 시무)

바람직한 설교자는 누구일까요? 좋은 설교는 무엇일까요? 바람직한 설교자, 그리고 좋은 설교에 대해 사람마다 저마다의 기준을 갖고 다양한 모습을 기대할 수 있겠지요. 하지만 정작 더 중요한 사실은, 하나님은 어떤 설교자와 어떤 설교를 기대하실까를 고민하는 것이 더 우선적인 질문입니다. 성령 하나님의 영감으로 기록된 성경 말씀을 하나님의 본래 의도하신 뜻대로 해설하고, 오늘의 청중들에게 동일한 교훈과 위로를 선포하는 것, 이것이 바로 하나님께서 기대하시는 바람직한 설교자의 좋은 설교라고 확신합니다. 이 책을 읽는 독자는 행복하게도 하나님께서 바라시고 기대하시는 설교자가 성경을 해설하고 오늘의 청중에게 적용하는 좋은 설교를 만나고 있습니다. 설교 시간에 하나님의 말씀은 온데간데없이 사라지고 설교자의 자기 자랑과 경험담이 난무한 설교, 세상 우스갯소리로 청중을 농락하는 가벼운 설교보다 교회를 더욱 불행하게 만드는 것은 없습니다. 저자 박홍섭 목사님의 설교는 개혁주의 신학에 깊이 뿌리박고 있을 뿐만 아니라, 마음의 옷을 여미게 하는 겸손과 세상 처세술 앞에 혼동하는 세대 속에서 성경의 진리가 샘솟는 시냇가로 인도하는 영적 목자의 설교입니다. 사람의 성공을 부추기지 않고 하나님의 영광만을 추구하는 참된 개혁주의 설교입니다. 바쁨과 가벼움이 지배하는 시대인 오늘날, 이 설교집은 천천히 읽을수록 복음의 진수를 더욱 진하게 맛볼 수 있으리라 믿기에 기쁜 마음으로 추천합니다.

_ **박태현 교수** (총신대학교 설교학)

기독교 신앙이란 무엇인가? 그리스도인의 삶은 어떠해야 하는가? 저자는 베드로전후서를 통해 그리스도인이 당면하는 근원적인 질문, 구원이란 무엇인가에 대한 가장 확실한 답을 제공하고 있습니다. 다름 아닌 십자가를 통한 하나님의 전적인 '은혜 베푸심'과 영광스러운 나그네로서 거룩한 삶을 살아가는 '인생의 즐거움'에 관한 것입니다. '이미'와 '아직' 사이의 영광스러운 구원, 바로 그 놀라운 구원을 받은 영광스러운 나그네로서 어떻게 이 땅을 살아갈 것인지, 제대로 인생사는 방법을 우리에게 알려 주고 있습니다. 무엇보다 그리스도인이 견지해야 할, 성경이 말하는 '순례자적 종말론'이 고스란히 이 책을 통해 드러나고 있습니다. 그리스도인은 '지금 여기'에 안주하지 않고 '영원한 도성'을 바라보며 나아가는 자입니다. 더불어 그리스도인은 영원한 새 하늘과 새 땅을 바라보되 '바로 지금, 여기'를 살아가는 자입니다. 그래서 저자는 특히 세상 속에서 그리스도인이 어떻게 거룩의 삶을 실천하며 살아가야 할 것인지를 우리에게 분명하게 제시합니다. 그것은 고난 속에서도 하나님만을 즐거워하는, 오직 하나님의 영광을 위한 삶입니다. 이를 위하여 교회의 보호 아래 하나님을 아는 지식을 더하며 하나님의 성품에 참여하는 것은 필수입니다. 혹여 고난 가운데 고통받는 성도들이 있다면 그분들께 이 책을 권합니다. 하나님의 보호하심 아래서 고난과 역경을 이겨 내는 삶을 배울 수 있습니다. 특히나 이 책이 지닌 장점은 종교개혁자들이 우리에게 전수하여 준 하나님의 은혜와 영광의 풍성함이 이곳저곳에 녹아 있다는 점입니다. 이 책을 읽는 분들이 있다면 그분의 '말할 수 없는 영광'을 뜨겁게 경험하게 될 것입니다. 기독교 신앙이 무엇인지, 어떻게 사는 것이 마땅한 그리스도인의 삶인지 고민하는 분들이 계시다면 이 책을 꼭 한번 읽어 보시기를 강력하게 추천합니다. 여러분의 영적 갈함이 한순간에 완전히 해소되는 것을 느끼게 될 것입니다.

_ **윤성헌 목사** (교회를 위한 신학 포럼 총무)

부산 한우리교회에서 목회 사역 중인 박홍섭 목사님의 첫 강해서인 베드로전 후서 강해 출간을 축하드립니다. 목사님과 저는 같은 시기에 총신대학교 신학 대학원에서 신학 공부를 했습니다. 그간에 목사님은 개혁주의 장로교회 신학 전통에 충실하여, 늘 연속 강해 설교(lectio continua)를 중심으로 설교 사역을 감당해 오셨습니다. 사역자들은 이해하듯이 연속 강해 설교를 하기 위해서는 한 책에 대한 집중적인 연구가 필요하기 때문에 수고롭기도 하고 때로는 산고 를 경험해야 하기도 하는 일입니다. 하지만 박 목사님은 이와 같은 수고를 마 다하지 않고, 본문 강해 설교에 집중해 오셨습니다. 이번에 출간하는 베드로 전후서 강해의 내용들을 보더라도, 박 목사님이 교회 현장에서 말씀을 잘 전 달하기 위해 성경 본문들과 많은 씨름을 했음을 알 수 있습니다. 총 171절인 베드로전후서에 대하여 총 44번의 연속 강해를 통해 본문이 가지고 있는 메시 지들을 상세하게 살피고 성실하게 전달해 주고 있습니다. 특히 베드로가 영감 을 받아 쓴 이 두 서신은 고난과 박해 상황 속에 있던 흩어진 하나님의 백성들 에게 적실하고 합당한 메시지들을 담고 있기 때문에, 형식은 다르나 내용적으 로는 동일하게 나그네 길을 걸어가면서 이방인 취급 당하고 많은 고난과 역경 을 감내하고 있는 현대 그리스도인들에게도 적실한 말씀들이라고 할 수가 있 습니다. 특히 고난의 의미와 그 고난 속에서도 하나님이 주시는 초월적인 기 쁨과 영광이 무엇인지를 바로 알기를 소망하는 그리스도인들에게 이 강해서 를 적극 추천하는 바입니다. 매일 한 주제씩 찬찬히 읽어 나간다면 영적으로 유익한 여정이 될 것이라고 믿습니다.

_ **이상웅 교수** (총신대학교 신학대학원 조직신학)

따뜻한 사람, 말씀의 사람, 우직한 목회자의 설교집이 나왔습니다. 저자는 화려한 목회가 아니라 바른 교회를 사모하고, 〈교회를 위한 신학포럼〉을 통해 지역 교회와 목회자를 섬기는 귀한 목사입니다. 저자의 베드로전후서 설교집은 영적 혼돈의 시대에 살고 있는 조국 교회에 귀한 도전이 될 것입니다. 말씀은 설교자를 통해 전달됩니다. 그런 의미에서 박홍섭 목사님의 설교는 영적 깊이와 됨됨이 속에 빚어졌습니다. 무엇보다 그의 설교는 철저히 성경 본문에 뿌리를 내리고 십자가와 하나님의 영광이 중심입니다. 신앙의 본질을 외치지만 날카롭지 않고 따뜻하며 넉넉합니다.

_ **이은성 목사** (베를린 선한목자 교회)

박홍섭 목사님의 베드로 전후서 설교를 유튜브에서 3번 들었습니다. 설교 원고도 읽었습니다. 웬만한 설교는 1번 이상 듣지 않는데, 목사님의 설교는 자석과 같이 강력히 영혼을 끌어들이는 힘이 있었습니다. 한국에 수많은 설교 중에 귀한 보석을 발견한 느낌이었습니다. 군더더기 전혀 없이 깔끔하고 담백했습니다. 깊은 개혁주의 신학 내공이 우려져 있는 영적 종합 미네랄 비타민과 같았습니다. 목사님의 설교를 들으면 속이 꽉 찬 만두와 같이 영혼이 그리스도와 복음으로 꽉 채워집니다. 고수는 강호에 있다고 영적 거인과 같은 목사님의 설교는 영혼의 샤워와 같이 속이 다 시원해지면서 영혼이 맑아집니다. 예수님과 같은 인품과 깨끗한 경건 생활이 그의 설교에 그대로 묻어 있습니다. 전체 성경에 대한 깊은 통찰력과 예리한 주해는 감탄이 절로 나오게 합니다. 빠른 시일 내에 박 목사님의 설교집이 중국어로 번역되어 중국과 전 세계 화교권 20억 중국인들이 꼭 읽어야 할 필독서가 되면 좋겠습니다.

_ **이화평 목사** (중국 심천 국제개혁 교회)

평생을 지역 교회의 목회자로 충성되게 강단을 지킨 이들이야말로 진정한 설교자라 할 수 있을 것입니다. 박홍섭 목사의 베드로전후서 설교집 《말할 수 없는 영광》의 출간 소식을 듣고서 많은 감정이 일어났습니다. 성실한 지역 목회자들의 설교가 조명을 받고 독자들의 손에 들려진다는 것은 한국 교회 전체를 위해서 매우 유익한 일이라 할 수 있습니다. 박홍섭 목사는 부산 목사입니다. 부산은 항도(港都)로서 한국史와 동아시아史에서 명백한 지리적 지위를 지닙니다. 부산을 방문할 때마다 특별한 정서를 가지는 것은 부산 기독인들의 대륙을 향한 순애보적인 사랑과 대양을 향한 끝없는 야성과 조우(遭遇)하기 때문입니다. 부산은 조선 지식인들이 시대의 새로운 돌파구를 찾고자 할 때 그 길을 열어 주었고, 조국 교회가 시대적 사명 앞에 설 때마다 평양과 함께 반도의 거룩한 도성으로서의 사명을 다했습니다. 나는 부산에서 우리 교회가 잃어가는 환대와 우정을 경험하곤 했습니다. 부산 기독 지식인들은 나그네를 따뜻하게 대접합니다. 해운대와 국제 시장은 바울이 로마에 갔을 때 환대를 받았던 압비오 광장을 생각나게 합니다. 부산에서 그런 형제애적인 환대를 경험하지 못했다면 아직 한국 교회를 다 알지 못하는 것입니다. 베드로전후서는 초대 교회의 수난사 속에서 피어난 '나그네와 십자가' 신앙입니다. 저자는 사도 베드로의 따뜻함이 묻어나는 서신을 절제된 언어와 수사로 본문의 의미를 설명해 나가고 있습니다. 특히 코로나로 고립과 낭패 가운데 처한 이 땅의 기독도야말로 나그네가 아니겠습니까! 저자의 설교에는 절제미가 있습니다. 거품과 기름을 빼고 꼭 전달되어야 할 교훈을 자연스럽게 적용하고 있습니다. 조금 늦은 감이 있지만 그의 첫 설교집 출간 소식은 우리 시대에 성경을 사랑하고 순전한 성경 해석과 적용에 목말라 있는 독자들에게 더할 수 없는 선물입니다. 더 이상 무슨 말을 하겠습니까! 이 책의 구매를 서둘러 달라는 말밖에 할 말이 없습니다.

_ **임종구 목사** (푸른초장 교회 담임, 『칼빈과 제네바목사회』 저자)

베드로는 세상 속에서의 교회가 누구이고 어떻게 살아갈 것인지를 가르치기 위해 두 편의 서신을 썼습니다. 교회는 이 땅에서 영구한 거주자가 아니라 일시적인 나그네일 뿐이며 그런 나그네가 살아가는 삶의 방식은 십자가일 수밖에 없습니다. 당시에 흩어진 나그네로 살아가는 믿음의 사람들은 베드로의 서신으로 인해 자신의 무능과 연약함 때문에 나라를 빼앗기고 떠도는 것이 아니라 하나님의 의도가 있다는 큰 위로를 받았을 것 같습니다. 그래서 이 책의 저자는 그때와 동일하게 지금도 우리가 이 세상에서 고단한 삶을 살더라도 탄식하는 나그네가 아니라 찬양하는 나그네로 살아갈 수 있다고 말합니다. 저자는 우리가 발 달린 찬송가로 살아갈 수 있는 이유로서 이 서신에 담긴 "산 소망"이 어떠한 것인지를 차분한 어조로 말합니다. 그 소망의 핵심은 우리가 하나님의 본성에 참여하는 것입니다. 이것은 막연한 희망이 아니라 충분히 가능한 일입니다. 우리 실력 때문이 아니라 주님의 "신기한 능력으로 생명과 경건에 속한 모든 것"을 주셨기 때문입니다. 세상 속의 나그네는 형통과 출세를 위하지 않고 하나님의 성품에 이를 때까지 멈추지 않는 긴 여정을 떠나는 자입니다. 저자는 베드로의 서신을 통해 그 여정의 경로와 성공적인 완주의 비법을 귀띔해 주는 유능한 안내자와 같습니다.

_ **한병수 교수** (전주대학교, 교의학)

머리말

보이지 않는 하나님을 믿는 우리의 신앙에는 어느 정도의 피상성이 존재합니다. 거기에 타락한 죄성이 결합 되면 하나님을 내 삶의 수호신 정도로 생각하고, 믿음과 기도가 자신의 소원을 이루는 도구인 줄로 여기는 무속적 경향들이 생깁니다. 열심히 믿고 잘 믿으면 어려움은 적어지고 좋은 일만 생긴다는 막연한 생각들이 다 그런 오해의 일종입니다. 신자의 일생은 이런 우리의 피상성과 타락한 종교성을 수정해 가면서 삼위 하나님을 바르게 섬기고 이웃들을 바르게 사랑하는 삶으로 이끌어 가시는 하나님의 복된 간섭의 여정입니다. 대학교 2학년 때부터 시작된 가정의 경제적 어려움은, 왜 열심히 신앙생활 하는 신자에게 이렇게 힘든 고난이 주어지는지에 대한 심각한 고민을 주었습니다. 그 와중에 찾았던 탈출구가 신비주의 신앙이었습니다. 기도원을 찾아다니면서 산 기도, 금식 기도, 철야 기도 등 기도에 빠져 방언과 신유와 더 강력한 종교적 체험을 추구하였고, 입신에 대한 열망으로 답을 얻으려고도 했습니다. 몇 번의 휴학을 하며 수금 사원과 프레스 공장을 다니면서 어렵게 간신히 대학을 졸업하고 취직해서 열심히 살던 중, 갑작스러운 발병으로 직장 생활을 그만둘 수밖에 없었을 때 그 고민은 좌절과 절망, 하나님에 대한 분노로 바뀌었습니다.

그렇게 고통스러운 나날을 보내던 중 베드로전서 1장 8-9절의 말씀을 읽다가 믿음의 결국, 곧 영혼의 구원이 보이지 않는 하나님을 '말할 수 없는 영광스러운 즐거움으로 기뻐하는 상태'로 가는 일임을 알게 되었습니다. 성령께서 진리의 밝은 빛으로 조명해 주신 내 영혼의 상태는 그 말씀에 비해 너무나 천박하고 미미하고 초라했습니다. 나는 너무나 악하고 미련하고 고집이 센 존재이기에 고난이라는 수단으로 나를 깨뜨리지 않으면 은혜의 방편인 말씀과 기도를 바르게 사용하지도 못하는 존재임을 보게 되었습니다. 그러자, 고난을 사용하여 믿음의 결국, 곧 하나님을 사랑하는 자리로 이끌어 가시는 하나님의 지혜가 얼마나 놀라웠던지 모릅니다.

그러나 아직 말씀 중심의 신앙보다는 신비주의 신앙의 영향이 더 강하게 남아 있던 저에게 어느 날 "이 소리는 우리가 그와 함께 거룩한 산에 있을 때에 하늘로부터 온 것을 들은 것이라. 또 우리에게는 더 확실한 예언이 있어 어두운 데를 비추는 등불과 같으니 날이 새어 샛별이 너희 마음에 떠오르기까지 너희가 이것을 주의하는 것이 옳으니라. 먼저 알 것은 성경의 모든 예언은 사사로이 풀 것이 아니니 예언은 언제든지 사람의 뜻으로 낸 것이 아니요 오직 성령의 감동하심을 받은 사람들이 하나님께 받아 말한 것임이니라"는 베드로후서 1장 16-21절의 말씀이 천둥소리와 같이 다가왔습니다. 변화 산의 신비를 추구하면서 신비주의에 빠져 있던 나에게, 베드로가 변화 산에서 보고 들었던 그 놀라운 체험보다 더 확실한 예언이 있다고 하니 얼마나 놀랐겠습니까?

그 예언이 바로 성령의 감동으로 주어진 신구약 성경 66권임을 알고, 성경을 더 깊이 알고자 신학을 공부하고 목사가 되었습니다. 한참의 세월이 지나고 나서 2016년 채영삼 교수님의 공동 서신 강의를 듣던 중, 공동 서신의 중요성에 대한 도전을 받게 되었고, 청년 시절 받았던 베드로 서신에 대한 은혜가 기억이 나서 주일 낮 설교 시간에 야고보서부터 공동 서신 강해를 시작했습니다. 이 책은 2017년 4월 2일부터 2018년 4월 22일까지 한우리 교회에서 교우들과 나누었던 베드로 전후서 설교문입니다. 왜 성도의 삶에 고난이 있는지, 왜 우리 주변에 그렇게 많은 미혹이 있는지, 그렇게 고난과 미혹의 세상 속에서 성도는 어떻게 살아야 하는지를 생각하며 하나님의 말씀이 어두운 데를 비추는 등불과 같이 우리의 마음에 떠오르는 은혜를 기대하며 나누었던 말씀들입니다.

짧은 인생입니다. 하나님께서 교회에 주신 진리의 말씀대로 순종하며 나아가는 삶만큼 복된 인생이 어디 있겠습니까? 우리가 품고 살던 헛된 소원들이 고난을 통해 깨뜨려지고, 말할 수 없는 하늘의 영광이 그 자리에 소망으로 잉태되어, 우리의 삶을 복된 길로 이끌어 갈 수만 있다면 얼마나 좋겠습니까? 그 거룩한 나그네의 순례 여정에 많이 모자라고 부족한 설교이지만 조금이라도 힘이 되고 도움이 되면 좋겠습니다. 늘 함께 하는 한우리 교회의 교우들과 사랑하는 아내와 두 딸에게 저의 첫 설교집을 바칩니다. 무엇보다 이렇게 부족한 사람을 설교자로 세워서 사용하시는 하나님께 감사드리며, 출간하도록 힘을 써 주신 강인구 대표님과 류성민 대리님께도 감사를 드립니다. 항상 기도해 주시는 장인 장모님께 사랑을 드립니다.

박홍섭 목사

Contents

목차

베 드 로 전 서

베 드 로 후 서

베드로 **전 서**

IPeter

01 영광스러운 나그네

벧전 1:1-2

현대 교회는 바울의 서신을 주로 읽고 공부합니다. 반면에 초대 교회는 바울 서신보다 야고보나 베드로와 요한 같은 예루살렘 사도들이 기록한 편지들을 더 많이 읽고, 더 중요한 신앙의 교훈으로 받아들였습니다. 3-4세기의 문서들(주후 296-373년의 아타나시우스 서신, 주후 384년 예루살렘의 씨릴 교리서, 390년 라오디게아 공회의 59번째 정경 등)을 보면, 신약 성경의 순서가 복음서와 사도행전 다음으로 바울 서신이 아닌 공동 서신이 먼저 나옵니다. 당시에는 예루살렘 사도들이 쓴 공동 서신이 지금보다 훨씬 더 중요하게 교회 가운데 받아들여졌음을 짐작하게 합니다(채영삼, 『공동서신의 신학』p.32).

베드로는 자신의 첫 번째 편지 베드로전서에서 교회와 그리스도인을, 이 세상에 살지만 이 세상에 속하지 않은 채 천성을 향해 길을 떠난 나그네와 순례자로 묘사합니다. 그리고 이 길을 가는 순례의 방법이 그리스도의 십자가를 따라가는 것이라고 제시합니다.

'나그네와 십자가' 이 두 주제가 베드로전서의 가장 중요한 핵심 내용입니다. 나그네가 아니라 정착을, 십자가가 아니라 성공을 꿈꾸는 현대 교회를 생각할 때, 베드로전서는 방향을 잃은 이 시대의 교회와 그리스도인들이 다시 붙들어야 할 목숨 같은 진리입니다.

특별히 '십자가'는 베드로에게 가슴 아픈 주제요, 부끄러운 현장이었으며, 일평생 풀어야 할 숙제였습니다. 그는 한때 "주는 그리스도시요 살아 계신 하나님의 아들"이라는 멋진 신앙고백을 했습니다. 그러나 돌아서서 십자가를 말하는 주님을 제지하여 "사탄아 내 뒤로 물러가라"는 책망을 받았습니다. 그는 왜 그리스도께서 십자가를 지셔야 하며, 고난을 받고서 죽어야 하는지 이해할 수 없었습니다. 그래서 예수님께서 잡히시던 밤에 다른 제자와 함께 도망갔습니다. 두려워서 저주하고 맹세까지 하면서 주님을 부인했습니다. 나중에 부활하신 주님께서 "내 양을 치라"고 하시며 목양의 사명을 다시 맡기시고, 장차 그가 어떻게 죽게 될지 말씀하셨을 때도 그것을 받아들이기 어려웠던 사람이 바로 베드로였습니다(요 21:14-23). 그런 그가 죽을 때, 십자가에 거꾸로 매달려 순교했다고 합니다.

무엇이 베드로를 이렇게 만들었을까요? 베드로전서를 이해하는 중요한 열쇠가 여기 있습니다. 많은 사람들이 십자가를 하나님께서 우리에게 오신 길로만 이해합니다. 그러나 베드로에 의하면 십자가는, 연약하고 실패를 거듭하는 우리가 하나님께로 가는 길이기도 합니다. 십자가를 통하여 우리에게 오신 하나님, 그리고 십자가를 통해서 하나님께로 인도되는 우리, 그래서 베드로는 이 십자가를 "의인으로서 불의한 자를 대신하여 우리를 하나님께로 인도하는 의로운 고난의 자리"(벧전 3:18)라고 부릅니다. 그러니 우리가 어떻게 십자가를 떠나 우리에게 오신 하나님을 만날 수 있으며, 하나님께로 가는 순례의 길을 갈 수 있겠습니까? 베드로전서를 묵상하는 동안 우리에게서 소망을 품고 길을 떠나는 순례 공동체의 본래적인 모습, 그리고 십자가의 원초적인 은혜와 능력이 회복되기를 바랍니다.

먼저 베드로전서의 저자와 수신자에 관해서 살펴보도록 하겠습니다. 1장 1-2절은 "예수 그리스도의 사도 베드로는 본도, 갈라디아, 갑바도기아, 아시아와 비두니아에 흩어진 나그네 곧 하나님 아버지의 미리 아심을 따라 성령이 거룩하게 하심으로 순종함과 예수 그리스도의 피 뿌림을 얻기 위하여 택하심을 받은 자들에게 편지하노니"라고 이 편지를 쓴 저자가 베드로임을 분명하게 밝히고 있습니다. 그런데도 베드로전서의 저자가 베드로는 아니라고 주장하면서 평생을 그것을 밝히는 데 바치는 학자들이 있습니다. 답답한 노릇입니다. 이들은 이 편지를 무식한 어부였던 베드로가 썼다고 말하기에는 너무 문체가 유려하고 내용 전개가 탁월하다고 말합니다. 학식이 없는 베드로가 이런 편지를 썼다는 게 말이 안 된다는 것입니다.

그런데 이들은 중요한 사실을 간과하고 있습니다. 베드로가 예수님을 만나 3년을 가장 지혜롭고 탁월한 스승이신 예수 그리스도에게 직접 배웠으며, 오순절 성령 강림 때 예수님께서 아버지와 함께 보내신 지혜의 영, 곧 성령을 받았습니다. 사도행전 4장을 보면 베드로가 예루살렘 공회에서 유대의 가장 똑똑한 사람들에게 심문을 받을 때, 성령이 충만하여 하나님은 십자가에 못 박혀 죽으신 예수 그리스도 외에 구원을 받을 만한 다른 이름을 주신 일이 없다고 담대하게 증언했습니다(행 4:12). 그러자 그의 말을 들은 사람들이 4장 13절에서 뭐라고 했습니까? 베드로를 본래 학문 없는 범인으로 알았다가 이상히 여기며 더 이상 심문하지 못했다고 합니다. 학문 없는 범인인 베드로가 3천 명, 5천 명을 하나님께로 이끈 놀라운 설교를 했었고, 유대의 가장 똑똑한 사람들의 심문에 논리 정연한 답변을 했습니다. 그러니 베드로가 베드로전서를 썼다는 것은 전혀 이상한 일이 아닙니다. 예수를 잘 믿으면 부자가 되거나 건강해지거나 유명해지지는 않는다 할지라도, 세상의 학문이 흉내 내지 못하는 하늘의 지혜, 죄를 이기고 욕심을 이기는 성령의 능력, 그로부터 나오는 정연한 논리와 고상함이 생긴다는 사실을 믿기 바랍니다.

이런 베드로가 주님의 사도로서 성령의 감동하심을 입어 본도와 갑바도기아, 갈라디아, 아시아와 비두니아에 흩어진 성도들에게 편지하고 있습니다. 이 지명들은 지중해 동쪽과 흑해 남쪽에 위치한 소아시아 지역들로, 지금의 터키 북쪽 산간 지방에 해당되는 도시들의 이름입니다. 당시 비두니아의 총독 플리나우스가 로마 황제 트라야누스에게 보낸 편지에 의하면, 비두니아에 그리스도인이 너무나 많아서 놀랍다고 했으니 이쪽에 그리스도인들이 많았음을 알 수 있습니다.

주전 586년에 유대인들이 본토를 떠난 후 여러 지역에 흩어져 살았는데, 이들을 흩어진 민족이라는 뜻으로 '디아스포라'라고 불렀습니다. '디아'는 '로부터' 혹은 '~로 말미암아'라는 뜻이고 '스포라'는 '씨를 뿌리다'라는 뜻입니다. 따라서 '디아스포라'는 흩어짐을 통해 씨를 뿌린다는 의미가 있습니다. 그 옛날 이스라엘이 바벨론에 의해 망하여 흩어진 것은 불순종과 죄로 말미암은 하나님의 심판의 결과입니다. 그러나 하나님은 그것을 통해 복음의 씨와 구원의 씨를 뿌리셨습니다. 베드로 당시 팔레스틴 본토의 유대인들이 백만 명 정도였고, 디아스포라는 2백에서 4백만 명 정도였다고 하니 디아스포라가 훨씬 많았습니다. 하나님은 이 중에서 회개하고 예수 믿는 사람들을 일으켰습니다. 그리고 여러 가지 시련으로 자기가 살던 곳을 떠나 지금의 터키 북쪽 산간 지방으로 수많은 그리스도인들을 이동시켰습니다. 이들을 흩어져 복음의 씨앗을 뿌리는 통로로 사용하시는 하나님의 놀라운 구원 경륜과 섭리를 보십시오. 우리가 실패했다고 해서 하나님이 실패하신 것은 아닙니다. 우리가 성공했다고 해서 하나님이 성공하신 것 또한 아닙니다. 눈앞의 성공과 실패에 일희일비하지 않고 신비스러운 하나님의 구원 경륜과 섭리를 신뢰할 수 있기를 바랍니다.

베드로는 이 지역에 흩어져 있는 그리스도인들을 '나그네'라고 부릅니다. 1장 17절에도 "너희가 나그네로 있을 때"라고 했고, 2장 11절에도 "거류민과 나그네 같은 너희"라고 나그네가 반복됩니다.

정착하지 못하고 흩어져 정처 없이 살아가는 나그네들. 뭔가 고달 프고 슬픈 이미지가 느껴지지 않습니까?

이들은 고난 중에 있습니다. 4장 12절에는 시험과 같은 연단을 당하고 있다고 했고, 베드로전서 전체에 '고난'이라는 단어가 무려 15번이나 나오니 이들은 불같은 시련과 고난 중에 있는 나그네 들입니다. 그런데 2절에서 베드로는 이들을 이렇게 나그네로 부른 분이 삼위 하나님이라고 밝히고 있습니다. 겉으로 보면 흩어져 시 련을 당하고 고난을 겪고 있는 불쌍한 나그네처럼 보이지만, 이들 을 둘러싸고 있는 분이 삼위 하나님입니다.

> 곧 하나님 아버지의 미리 아심을 따라 성령이 거룩하게 하심으로 순 종함과 예수 그리스도의 피 뿌림을 얻기 위하여 택하심을 받은 자들 에게 편지하노니 은혜와 평강이 너희에게 더욱 많을지어다 _벧전 1:2

지금 너희들이 흩어져 고난 중에 있는 나그네로 사는 것이 우연 이나 너희들의 실패나 무능력함의 결과가 아니라, 성부의 미리 아 심을 따라 성령의 거룩하게 하심 안에서 순종과 성자 예수 그리스 도의 피 뿌림을 얻기 위하여 택함 받은 결과라는 말씀입니다.

놀랍습니다. 겉으로 볼 때 이들은 실패자입니다. 낙오자이고 루 저입니다. 그러나 베드로는 그렇지 않다고 합니다. 가장 위대한 하 나님의 미리 아심을 따라 성령 안에서 그리스도의 피 뿌림의 은혜 를 입고서 하나님께 순종할 수 있는 사람으로 부름받았으며 택함 을 받았다고 합니다. 나의 공로가 개입되기 전에, 나의 성공과 실패가 드러나기 전에, 내가 이 땅에 태어나기도 전, 곧 창세 전에 하나님의 기쁘신 뜻 가운데 계획되고 예정되어 역사와 시간 속에서 성취되고 진행 중인 것이 바로 지금 우리 믿음의 삶, 나그네 삶이라는 말씀입니다. 우리의 머리로 다 설명할 수 없고 이해하기 힘든 진리이지만 감격하기에는 충분한 진리입니다.

교회와 성도는 결코 우연히 존재하는 것이 아니며, 인간이 고안해 낸 단체도 아닙니다. 우리의 믿음도 그렇습니다. 내가 나의 의지와 결단으로 믿은 것이 아닙니다. 창세 전에 삼위 하나님께서 의논하고 계획하고 디자인하셔서 역사 속에서 성취되고 진행되어 가고 있는, 앞으로 완성될 신적인 작품이요 능력의 결과가 '우리의 믿음'이며 '교회 공동체'입니다. 그러니, 교회가 작다고 실망하지 말고 내가 초라하다고 위축되지 마십시오. 세상이 우리를 판단할 수 없습니다. 세상의 기준과 시각이 우리를 규정할 수 없습니다. 사람의 기준으로 보지 말고 하나님의 계획 안에서 보십시오. 우리 뒤에, 우리 안에, 우리와 함께 삼위 하나님이 계십니다. 성부와 성자와 성령 하나님께서 우리를 붙들고 계시며, 그분의 완전하고 거룩하신 뜻대로 이끌어 가고 계십니다.

그것이 하나님의 씨앗으로 흩어진 나그네들입니다. 나그네이지만 불쌍한 나그네가 아닙니다. 영광스러운 나그네입니다. 성도들은 가수 최희준이 부른 노래처럼 어디서 왔다 어디로 가는지 모르는 허무한 나그네가 아닙니다. 어디서 왔으며 어디로 가는지 아는 특별한 나그네들입니다. 잠시 체류하는 순례자로 살지만 성령의 거룩하게 하심을 따라 하늘의 시민권을 가지고서, 이 세상과 다르게 살아가도록 부름받은 너무나도 거룩한 나그네들입니다. 그러므로 우리는 '나그네 의식'을 가져야 합니다. 이 땅에서 영원히 살 것처럼 내 인생을 계획하고 그 계획에 의해서 살다가 이 영광스러운 순례길을 외면하는 일이 없어야 합니다. 그것은 바보 같은 짓입니다.

오늘 우리는 어디로 가고 있습니까? 삼위 하나님의 계획 속에서 예수 그리스도에게 순종하기 위해 피 뿌림의 구속을 받고 성령의 거룩하게 하심으로 나그네가 되었으니, 이 영광스러운 순례의 길을 기쁨으로 잘 달려가는 것이 우리의 목표가 되어야 합니다. 그것이 하나님의 뜻입니다. 우리가 가는 길은 더 잘 먹는 길이 아닙니다. 더 잘사는 길이 아닙니다. 더 오래 살고, 더 잘 생존하는 길이 아닙니다. 하나님은 우리를 그렇게 부르시지 않았습니다. 영광스러운 순례자와 특별한 나그네로 불러 이 세상과 같지 않은 나라, 썩지 않고 더럽지 않으며 허무하지 않은 영원한 천성을 향하여 생명의 길로 가라고 우리를 택하셨습니다. 그리고 그 길을 갈 수 있도록 아들을 십자가에 죽여 피 흘리게 하시고, 성령께서 그 피를 우리에게 뿌려서 믿도록 하셨습니다. 모든 죄를 용서하셨고, 이 길을 믿음으로 갈 수 있도록 거룩하게 구별해 주셨습니다.

그러니, 이제는 그 길을 가야 합니다. 여러분, 예수를 믿은 것은 하늘에 속한 모든 신령한 복인 예수 그리스도를 생명으로 받은 것입니다. 복중의 복인 예수님을 이미 받았습니다. 그것을 받고도 언제까지 세상보다 더 나은 수단으로 기독교 신앙을 이해해야 하겠습니까? 언제까지 이전보다 잘되기 위해서만 믿음을 동원하며, 죽음을 무서워하면서 일평생 종노릇해야 하겠습니까? 미련을 가지고 더 이상 여기에 머물려고 머뭇거리지 말고, 순례의 길을 떠나야 합니다. 로마로 대변되는 이 세상이 화려하고 번쩍이는 도시인 것은 분명하지만, 이곳은 우리의 종착점이 아닙니다. 우리의 항구는 거룩한 하나님의 나라입니다.

이 세상은 그곳으로 가기 위해 건너가고 지나가야 할 다리입니다. 건너 지나가야 할 다리를 건너가지 않고, 머물러서 영원히 살 집을 짓는다면 그것은 어리석은 것입니다. 이상한 것입니다. 바보나 하는 행동입니다. 누가 다리 위에 집을 짓습니까? 나그네는 그렇게 살지 않습니다. 짐을 가볍게 하여 이 다리를 잘 건너가고 잘 지나가기를 바랍니다. 인생의 겨울이 오기 전에 주님께서 정하신 목적을 향하여 순례의 길을 떠나지 않겠습니까? 우리를 부르신 하나님께 소망을 두고, 사랑하는 그분과 더불어 이 황홀한 여행길을 가고 싶지 않습니까? 비록 이 여행의 여정이 고달프고 서글프게 보일 수도 있지만, 삼위 하나님께서 불붙는 소망으로 우리의 순례 길을 위로해 주실 것입니다. 걸음걸음마다 하나님께서 준비 해 놓으신 기적과 감격이 있을 것입니다. 은혜와 평강이 더욱 많아질 것입니다.

02 산 소망
벧전 1:3-4

예수를 믿는 순간, 성도의 삶은 여행이 시작됩니다. 이 땅의 산천과 문화를 구경하는 유람 여행이 아니라, 세상 나라에서 하나님 나라로 이동하는 거룩한 순례의 여행입니다. 우리는 세상 나라를 욕망하는 죄악 된 본성 때문에 이 여행을 싫어합니다. 그래서 하나님은 이런 우리가 순례자의 삶을 살 수밖에 없도록 여러 종류의 고난과 시련으로 간섭하십니다.

베드로전서의 수신자들은 본도, 갈라디아, 갑바도기아, 아시아와 비두니아에 흩어져 살고 있는 성도들입니다. 이들은 이곳이 고향이 아닙니다. 이들이 여기에 살게 된 것은 로마의 박해를 피해 뿔뿔이 흩어진 결과입니다. 로마의 박해가 이들을 나그네로 만든 것입니다. 그러나 베드로는 이들이 나그네로 사는 것이 다만 운이 없어서라거나 생존 경쟁에서 패배하여 낙오한 결과가 아니라, 영원 전부터 있었던 '성부 하나님의 선택'과 그것을 역사 속에서 성취하신 '성자 예수님의 구속'과 우리 한 사람 한 사람에게 적용하시는

'성령 하나님의 거룩하게 하심'의 결과라고 역설하고 있습니다. 겉으로 볼 때는 시련 중에 있는 처량하고 불쌍한 나그네처럼 보일지 모르지만, 사실은 선택받은 특별한 나그네요 복되고 거룩한 나그네라는 뜻입니다.

1장 3-4절은 여기에 더해 이들이 얼마나 영광스러운 나그네인지 조금 더 자세하게 설명해 줍니다. 먼저 3절을 보십시오.

> 우리 주 예수 그리스도의 아버지 하나님을 찬송하리로다. 그의 많으신 긍휼대로 예수 그리스도를 죽은 자 가운데서 부활하게 하심으로 말미암아 우리를 거듭나게 하사 산 소망이 있게 하시며 _벧전 1:3

문장이 길지만 요약하면 "찬송하리로다. 하나님"입니다. 왜 하나님을 찬송합니까? '산 소망(living hope)'을 주셨기 때문입니다. 여기에 하나님을 수식하는 말로 "우리 주 예수 그리스도의 아버지"가 붙어 있고, 소망의 원천으로 하나님의 많은 긍휼로 말미암은 거듭남과 소망을 주신 수단으로 예수 그리스도의 죽으심과 부활을 말하고 있습니다.

우리는 다 순례자들이고 나그네들인데, 어떤 나그네입니까? 한숨 쉬고 탄식하는 나그네가 아니라 '찬송하는 나그네'입니다. 왜 찬송합니까? 소망이 있기 때문입니다. 어떤 소망입니까? 죽은 소망이 아니라 산 소망입니다. 소망이란 바라고 원하는 것인데, 성적이 오르길 바라는 학생, 취직하기를 원하는 청년들, 자식들이 잘되기를 바라는 부모들의 마음, 부자가 되고 건강하게 오래 살기를 꿈꾸는 것도 다 소망입니다. 그런데 이런 소망을 '산 소망'이라고 하지 않습니다. 아무리 간절히 바라고 원해도 그렇게 안 될 수 있고, 된다 하더라도 영원히 지속되지 않아 시간이 지나면 시들해지고 없어지기 때문에 '죽은 소망' 혹은 '죽을 소망'입니다.

산 소망이 무엇입니까? 나의 능력과 상관없이 반드시 될 수밖에 없고, 되어 가고 있으며, 되고 나서는 일시적이지 않고 영원히 지속되는 확실한 소망입니다. 내가 나를 위해 만들어 낸 나의 소원은 죽은 소망, 혹은 죽을 소망이지만 하나님께서 나에게 만들어 주신 소원은 살아 있는 산 소망입니다. 4절은 이 소망을 이렇게 설명합니다.

> 썩지 않고 더럽지 않고 쇠하지 아니하는 유업을 잇게 하시나니 곧 너
> 희를 위하여 하늘에 간직하신 것이라 _벧전 1:4

하나님께서 우리에게 만들어 주신 소망은 유업, 곧 기업(基業)입니다. 여기서의 기업은 이 세상의 경제 조직체인 기업(企業)을 말하지 않습니다. 지금도 하나님으로부터 받고 있으며 장차 완전하게 물려받을 재산, 또는 유산을 의미하는 단어입니다. 이 세상의 기업은 생산과 판매와 서비스 등의 경제 활동을 통해 이익을 창출하는 조직입니다. 이 조직은 아무리 크고 대단해도 언젠가는 부패하고 쇠하며 망하고 죽게 되어 있습니다. 이 기업은 아무리 깨끗해도 도덕적 더러움에서 자유롭지 못합니다. 불의하고 악한 방법으로 일군 더러운 기업이 많습니다. 그러나 성도가 하나님께 받을 기업은

썩지 않고 더럽지 않고 쇠하지 않는 영원한 기업입니다. 깨끗한 기업이며 믿는 자를 위하여 하늘에 간직되어 있는 안전한 기업입니다.

5절에 "말세에 나타내기로 예비하신 구원"이라고 하면서, 조금 더 구체적으로 이 기업에 대해 밝히고 있습니다. 지금도 받고 있으며 장차 완성될 하늘에 간직되어 있는 우리의 기업, 유산은 곧 '구원'입니다. 우리 몸의 구원이며 영혼의 구원입니다. 죄와 모든 욕심과 유혹과 더러움으로부터의 구원이며 해방입니다. 그리고 무엇보다도 가장 큰 유산은 '하나님 자신'입니다. 하나님은 지금도 우리에게 하나님의 성품과 은혜와 사랑을 주고 계시지만, 죄 때문에 그 은혜가 가려져 있고 방해를 받고 있습니다. 언젠가는 하나님의 얼굴을 우리에게 더 완전히 보여 주시고 알려 주시면서, 함께 교제하는 영광을 허락하실 때가 옵니다. 우리는 피조물이기에 하나님의 모든 것을 다 알 수 없고, 다 볼 수 없고, 다 누릴 수 없겠지만, 그때가 되면 지금과는 차원이 다른 더욱 온전한 하나님에 대한 지식이 우리에게 주어집니다. 지금과는 수준이 다른 영광과 안식과 기쁨을 맛보게 됩니다. 그것이 우리가 받을 기업이며 구원입니다. 성도는 이 기업을 얻기 위하여 믿음으로 말미암아 하나님의 능력으로 보호하심을 입고 있습니다. 이것이 하나님께서 우리에게 주신 소망, 산 소망입니다.

그렇다면 우리에게 구원의 이 복된 소망이 생기는 때가 언제입니까? 거듭날 때입니다. 3절은 "우리를 거듭나게 하사 산 소망이 있게 하시며"라고 말합니다. 거듭나지 않으면 산 소망이 없습니다. 우리는 다 영적으로 죽어서 하나님의 생명에서 분리되어 있던 자들입니다. 생명에서 분리되었기 때문에 죽을 소망과 죽은 소망을 가지고 살 수밖에 없으며, 시간이 지날수록 육신도 노화하고 부패하여 죽어 갑니다. 그리고 죽음 이후에는 지옥에서 영원토록 하나님의 심판과 형벌과 저주를 받아야 할 존재가 우리입니다. 죄가 인생을 그렇게 만들었습니다. 지금 잠시 울고 웃으며 살고 있지만, 제대로 안다면 결코 웃을 수 없는 비참한 실제요 끔찍한 실상이 우리 인생입니다. 거듭난다는 것은 이런 상태에서 다시 태어난다는 말입니다. 어머니의 모태에서 육신이 다시 태어나는 것이 아니라 죄와 허물로 죽었던 영혼이 물과 성령, 곧 거룩하신 하나님의 말씀으로 살아나는 것입니다. 하나님의 생명이 들어오는 것이며, 그 결과 장차 우리의 몸이 영광스러운 몸으로 부활할 것이며, 지옥이 아니라 영원한 천국의 복락을 누리게 되는 것입니다.

이것이 거듭남입니다. 아무도 스스로 거듭날 수 없고, 하나님께서 그의 능력으로 거듭나게 하실 때만 거듭날 수 있습니다. 무엇이 하나님으로 하여금 우리를 거듭나게 하십니까? 우리의 외모나 노력이나, 심지어 우리의 경건함조차 아닙니다. 하나님의 긍휼이 거듭남의 원인입니다. 긍휼은 마땅히 저주해야 할 사람을 저주하지 않고 불쌍히 여기는 사랑입니다. 우리는 생각보다 악한 존재들이며 상상 이상으로 죄에 찌들고 오염되고 부패한 사람들입니다. 오죽했으면 열린 무덤이라고 했겠습니까?

진리의 밝은 빛 앞에서 우리를 비추어 보면, 우리가 가진 죄의 깊이와 그 죄가 가지고 온 처참한 실상을 알게 됩니다. 부끄러운 욕심과 더러운 욕심에 버려진 상태, 하나님을 마음에 두기 싫어하는 상실한 마음으로 모든 불의와 추악함, 탐욕과 시기와 살인과 악의와 악독, 분쟁과 사기와 수군수군함과 비방과 능욕과 교만과 자랑과 부모 거역과 우매와 배약과 무정함과 무자비함을 일삼으며 살아가는 우리의 모습을 보게 됩니다(롬 1:29-30 참고). 그리고 그렇게 사는 것이 하나님의 무서운 진노를 불러온다는 것을 알게 됩니다. 하나님의 진노가 불의로 진리를 막는 사람들의 모든 경건치 않음과 불의에 대해 하늘로부터 나타나고 있습니다. 우리는 하나님의 진노 아래 있는 존재들입니다.

지금도 사람들은 하나님을 무시하면서 죄와 탐욕으로 살고 있으며 우리도 그 무리 속에 있었습니다. 우리는 저주받아 마땅하고 형벌과 심판받아 마땅하며, 하나님의 무서운 진노 앞에 서는 것이 마땅합니다. 그런데 이런 우리를 저주하지 않고 불쌍히 여기는 일이 일어났습니다. 왜 나를 불쌍히 보시는지 모르겠지만 하나님께서 불쌍히 여기셨습니다. 저주할 자를 저주하지 않고 심판할 자를 심판하지 않고 불쌍히 여기신 것, 그것이 긍휼입니다. 왜 어떤 사람은 긍휼히 여기고 어떤 사람은 그냥 내버려 두시는지 모르겠습니다. 왜 야곱은 택하고 에서는 미워하셨는지 모릅니다. 아무리 생각해도 모르겠습니다. 그러나 아는 것이 하나 있습니다. 저주받고 미움받고 영원히 버림받아야 할 내가 하나님의 진노가 아니라 사랑 앞에 서 있다는 것입니다. 나의 무엇을 보고 그렇게 하신 것이 아니라 오직 하나님의 긍휼하심, 그 많은 긍휼 때문에 하나님의 사랑을 입고 있다는 것은 압니다. 그 결과 거룩한 말씀으로 다시 태어나 죽은 소망이 아니라 살아 있고 항상 있는 산 소망을 가지게 되었습니다. 내가 그렇게 한 것이 아니라 하나님께서 그렇게 하셨습니다.

나에게 쏟아져야 할 저주와 심판을 독생자 예수 그리스도께 다 쏟아부으시고, 용서받을 수 없는 나를 용서하셨습니다. 사랑받을 수 없는 나를 사랑하셨습니다. 하나님의 긍휼입니다. 많은 긍휼입니다. 그 많은 하나님의 긍휼이 독생자 예수 그리스도를 십자가에 죽이시고 사흘 만에 부활하게 하셔서 우리에게 생명을 주셨습니다. 우리를 거듭나게 하시고 산 소망을 주셨습니다.

이것을 아는 사람들이 어떻게 합니까? 하나님을 찬송합니다. 그의 많으신 긍휼을 찬송합니다. 고난 중에 있지만, 불같은 시련 때문에 고향을 떠나 뿔뿔이 흩어져 있는 나그네가 되었지만, 찬송하지 않고는 견딜 수 없어서 "찬송하리로다. 우리 주 예수 그리스도의 아버지!"라고 찬송하게 됩니다.

우리는 하늘에 간직된 우리의 기업인 구원을 소망으로 받았고 하나님의 긍휼과 능력 가운데 보호되고 있습니다. 그것을 생각한다면 고난이 있고 어려움이 있다고 절망하거나 낙심해야 할 이유가 없습니다. 2차 세계 대전 당시 끔찍한 학대와 잔인한 고문, 비인간적인 억압이 난무했던 악명 높은 아우슈비츠 수용소, 그 지옥

의 수용소 한 벽면에 하나님의 긍휼을 깨달은 이름 모를 그리스도
인이 이런 찬송가 가사를 새겨 놓았습니다.

"하늘을 두루마리 삼고 바다를 먹물 삼아도 한없는 하나님의 사
랑 다 기록할 수 없겠네."

하나님의 긍휼, 그 많은 긍휼이 나를 거듭나게 했고 그 결과 하
늘에 속한 산 소망을 받은 사람들은 환경을 초월해서 이렇게 노래
합니다.

"그 크신 하나님의 사랑, 말로 다 형용 못하네!"

03 '이미'와 '아직'의 영광스러운 구원
벧전 1:3-9

베드로전서 1장 3절부터 12절까지는 마침표가 없는 하나의 긴 문장입니다. 상당히 길지만, 요약하면 우리를 거듭나게 하사 산 소망을 주신 하나님께서 우리를 보호하고 있으니 여러 가지 시험 중에도 기뻐하고 찬송하자는 내용입니다. 여기서 주목해야 할 주제가 하나 있는데, '시험'입니다. 6절에 "그러므로 너희가 이제 여러 가지 시험으로 말미암아 잠깐 근심하게 되지 않을 수 없으나 오히려 크게 기뻐하는도다"라고 여러 가지 시험을 말하지 않습니까? 베드로는 왜 그의 첫 번째 편지 서두부터 시험을 언급했을까요? 그만큼 시험이 성도들의 삶에 중요한 현실이기 때문입니다.

초대 교회 때만 그런 것이 아닙니다. 성도의 삶에는 언제나 고난과 시험이 있습니다. 구원받은 성도의 삶에 왜 고난이 있을까요?

> 너희는 말세에 나타내기로 예비하신 구원을 얻기 위하여 믿음으로
> 말미암아 하나님의 능력으로 보호하심을 받았느니라 _벧전 1:5

성도가 하나님의 능력으로 보호를 받고 있다고 말합니다. 그런데 이상하지 않습니까? 하나님의 능력으로 보호를 받고 있는데 어떻게 고난이 있습니까? 이것을 풀지 못한다면 신앙생활은 힘들어지고 혼란스럽게 됩니다.

일단 이점을 분명히 해야 합니다. 성도가 하나님의 보호하심 안에 있다는 것은 고난이나 시험의 면제를 의미하지 않습니다. 하나님의 보호하심은 고난으로부터의 보호가 아니라 구원을 위한 보호입니다. 다시 5절을 자세히 보십시오. "말세에 나타내기로 예비하신 구원을 얻기 위하여"라고 말하고 있습니다. 구원을 얻기 위하여 믿음으로 말미암아 하나님의 능력으로 보호하심을 받고 있다고 합니다. 성도는 구원을 얻기 위하여 보호하심을 받고 있습니다.

> 그러므로 너희가 이제 여러 가지 시험으로 말미암아 잠깐 근심하게 되지 않을 수 없으나 오히려 크게 기뻐하는도다. 너희 믿음의 확실함은 불로 연단하여도 없어질 금보다 더 귀하여 예수 그리스도께서 나타나실 때에 칭찬과 영광과 존귀를 얻게 할 것이니라 _벧전 1:6-7

하나님의 보호하심이 나오고 '그러므로'가 나온 다음 여러 가지 시험이 나옵니다. 무슨 뜻입니까? 너희는 장차 받을 구원을 위해 하나님의 보호하심 가운데 있는데, 그 구원의 보호를 위해 여러 가지 시험을 받는다는 말입니다. 장차 있을 구원의 보호를 위해 시험과 고난이 허락된다는 이 논리를 이해하겠습니까? 베드로가 말하고 있는 논리를 잘 따라가 보십시오. 2절과 3절에서 구원을 말합니다. 이 구원은 우리가 쟁취하거나 획득한 것이 아니라 삼위 하나님이 이루셔서 주신 것입니다. 창세 전에 성부 하나님의 주도 아래서 삼위 하나님께서 택한 자를 위하여 구원의 계획을 세우셨습니다. 이 구원의 계획을 아들이신 예수 그리스도께서 육신을 입고 이 땅에 오시어 십자가와 부활로 성취하셨습니다. 성령 하나님은 이것을 택한 자들에게 역사하시고 적용시키사 죽은 영혼을 살려 거듭나게 하셨습니다. 그 결과 믿음이 생겼고 산 소망이 생겨났습니다. 이 소망은 잘되면 좋겠다는 막연한 희망이 아니라, 썩지 않고 더럽지 않고 쇠하지 아니하는 유업으로 하늘에 간직된 기업, 곧 말세에 나타내기로 예비된 구원입니다(4-5절 참고).

지금 베드로는 그리스도인들이 이미 받은 구원과 장차 받을 구원을 동시에 말하고 있습니다. 우리가 예수님을 믿고 죄사함을 받아 의롭다 함을 얻어 하나님의 자녀가 된 것은, 과거에 이미 받았고 지금도 누리고 있는 현재적인 구원입니다. 이것은 너무나 놀라운 것으로써, 그냥 이루어진 것이 아닙니다. 이 구원을 위해 아버지는 아들을 육신으로 보내사 죄의 형벌로써 진노 가운데 버리셨습니다. 아들은 십자가에 죽기까지 복종하셔서 우리가 받아야 할 죄의 형벌과 심판을 대신 받으셨습니다. 그 결과 우리는 죄 용서를 받고 하나님과 화평을 누리게 되었고 하나님의 자녀가 되었습니다. 이 모든 것을 믿을 수 있게 하신 분이 성령 하나님입니다. 성령 하나님은 모든 방해를 뚫고 택한 자들이 복음을 효력 있게 들을 수 있도록 역사하셨고 믿게 하셨습니다. 그러므로 구원은 우리의 노력이나 열심의 결과가 아닙니다. 삼위 하나님의 철두철미한 계획과 뜨겁고 열정적인 헌신과 다함 없는 열심과 능력의 결과입니다. 참으로 놀라운 은혜이고 사랑입니다.

그런데 이것은 구원의 시작에 불과합니다. 이 구원은 아직 영광 가운데 완성되지 않았습니다. 정말 중요한 것은 아직 오지 않았다는 사실입니다. 아직 주어지지 않았습니다. 더 좋은 구원이 말세에 나타나기로 예비되어 하늘에 간직되어 있습니다. 더 큰 영광이 준비되어 있으며, 더 큰 은혜가 남아 있습니다. 몸의 영광스러운 부활이 남아 있습니다. 우리의 몸과 영혼이 죄와 사탄의 유혹과 방해를 받지 않고, 완전히 하나님을 사랑할 수 있고 그분의 뜻에 순종하며 복락을 누릴 수 있는 때가 기다리고 있습니다. 다시는 아프지 않고 쇠하지 않는 건강한 몸, 다시는 죄의 방해를 받지 않는 아름다운 영혼, 거기서 오는 완전한 자유와 완전한 기쁨과 완전한 거룩함과 완전한 안식과 완전한 영광이 준비되어 있습니다. 이것이 성도를 위해 하늘에 간직된 썩지 않고 쇠하지 않는 기업, 곧 우리가 그리스도 예수 안에서 받을 유산이며 장차 완성될 미래적인 구원입니다.

우리는 지금 이미 와 있지만 아직 완성이 이루어지지 않은 이 영광스러운 구원의 여정에 있습니다. 그 여정에서 하나님의 전능하신 능력으로 보호하심을 입고 있습니다. 성부와 성자와 성령 하나님이 우리의 구원을 보호하기 위해 하나님의 모든 지혜와 능력을 동원하여 일하고 계십니다. 기독교 신앙은 이 땅에서 내가 갖고 싶은 것을 잘 갖게 해 주는 도깨비 방망이가 아닙니다. 성도는 이 영광스러운 소망을 따라 이 땅을 잠시 황홀하게 여행하는 순례자와 나그네들입니다. 이 여행 중에 우리의 소망이 흐려지지 않고 더 분명해질 수 있도록 보호하시려고 하나님께서 허락하시는 것이 여러 가지 시험입니다.

우리는 이미 구원을 받았음에도 장차 받을 하늘에 간직된 구원의 소망에 대해 별로 관심이 없습니다. 하나님께서 그의 전능하신 능력으로 둘러 진 치고 지키고 보호하시지 않으면, 금방 이 소망보다 이 땅에서 더 잘 먹고, 더 잘살고, 더 유명해지고, 더 건강하고, 더 편안한 것을 찾는 존재들입니다. 그것이 죄에 속한 우리의 본능입니다. 하나님은 우리의 이런 연약함과 부패함을 아시고 그의 전능한 능력으로 우리의 구원을 보호하십니다. 여기서 '보호하신다'는 단어는 파수꾼이 성을 지키거나 목자가 양을 지키거나 간수가 죄수를 지키는 것처럼 철통같이 지키는 보호를 의미합니다.

성도는 이 철통같은 하나님의 보호하심 가운데 있기 때문에 우리의 욕심대로 되지 않습니다. 자신이 정한 계획과 방향대로 흘러가는 인생이 아니라, 하나님께서 계획하시고 정하신 방향대로 나아가는 삶이 성도의 인생입니다. 그래서 하나님은 우리가 허망하고 허무한 계획을 품고서 그것을 실행하려고 할 때, 여러 가지 시험을 통해 그것을 막으시고 돌이키게 하십니다. 얼마나 감사한 일입니까?

거짓된 복음은, 하나님의 보호하심 가운데 있으면 절대로 고난을 당하지 않는다고 말합니다. 성도가 고난당하면 신앙생활을 제대로 하지 않아서라고 말합니다. 그러나 성경은 우리가 하나님의 전능하신 능력으로 보호하심을 입고 있기에, 오히려 여러 가지 시험을 만난다고 합니다. 사도 바울은 로마서 8장 16-17절에서 이렇게 말했습니다.

> 성령이 친히 우리의 영과 더불어 우리가 하나님의 자녀인 것을 증언하시나니 자녀이면 또한 상속자 곧 하나님의 상속자요 그리스도와 함께한 상속자니 우리가 그와 함께 영광을 받기 위하여 고난도 함께 받아야 할 것이니라 _롬 8:16-17

우리는 하나님의 기업, 곧 구원을 상속받을 상속자입니다. 그리고 그 상속을 온전하게 받기 위해 하나님의 능력으로 보호되고 있습니다. 그러므로 고난도 함께 받는다고 말씀합니다. 하나님의 자녀들은 이 땅을 살면서 고난을 면제받지 않습니다. 오히려 우리가 받을 영광스러운 구원을 위해 고난을 받습니다. 그러나 이 고난은 영원하지 않습니다. 잠깐 동안입니다. 다시 본문 6-9절을 보겠습니다.

> 그러므로 너희가 이제 여러 가지 시험으로 말미암아 잠깐 근심하게 되지 않을 수 없으나 오히려 크게 기뻐하는도다. 너희 믿음의 확실함은 불로 연단하여도 없어질 금보다 더 귀하여 예수 그리스도께서 나타나실 때에 칭찬과 영광과 존귀를 얻게 할 것이니라. 예수를 너희가 보지 못하였으나 사랑하는 도다. 이제도 보지 못하나 믿고 말할 수

없는 영광스러운 즐거움으로 기뻐하니 믿음의 결국 곧 영혼의 구원
을 받음이라 _벧전 1:6-9

영광스러운 우리의 구원을 보호하기 위해 하나님께서 허락하시
는 잠깐 동안의 시험이 우리의 믿음을 불로 연단한 금보다 더 순전
하고 확실한 믿음으로 연단시킨다는 것을 기억해야 합니다. 고난
은 우리를 힘들게 합니다. 근심하게 할 것입니다. 그러나 이 고난
은 영원하지 않습니다. 끝없는 고난이 아니라 잠깐 동안의 고난입
니다. 이 잠깐의 고난 혹은 시험을 통해 우리는 보지 못하는 예수
님을 사랑하는 자리로 나아갑니다. 보지 못하는 주님을 믿고, 말할
수 없는 영광스러운 즐거움과 기쁨의 자리로 자라 갑니다. 세상의
유혹과 우리의 죄성 때문에 희미해지던 구원의 소망이 지켜지고
더 선명해집니다.

시련과 고난을 통하여 연단된 우리의 몸과 영혼이 예수님을 사
랑하고 기뻐하는데, "말할 수 없는 영광스러운 즐거움으로 기뻐"합
니다. 예수님을 사랑하는데 그냥 사랑하는 것이 아닙니다. 기뻐하
면서 사랑합니다. 즐거워하면서 사랑합니다. 영광스러운 즐거움
으로 기뻐하면서 사랑합니다. 거기에 하나 더 덧붙입니다. "말할
수 없는" 영광스러운 즐거움으로 기뻐하면서 사랑합니다. 베드로
가 사중으로 강조하면서 말하는 이 뉘앙스가 와 닿습니까? 하나님
을 사랑한다는 것은 결코 관념적이지 않습니다. 구체적입니다. 하
나님을 사랑하는 것은 그의 계명을 지키는 것입니다. 나를 사랑하

는 자는 나의 계명을 지키는 자라고 요한복음 14장 21절에서 예수 님이 직접 말씀하셨습니다. 그런데 많은 그리스도인이 하나님을 사랑한다고 하면서도 그의 계명을 지키는 것은 부담스러워합니다. 즐거워하지 않습니다. 그것이 우리의 수준입니다. 주를 사랑하는 우리의 수준이 그렇게 높지 않습니다.

이 편지를 쓰고 있는 베드로도 그랬습니다. 다른 사람이 다 주 를 버린다 할지라도 자신은 결코 주를 버리지 않겠다고 했습니다. 그것은 그의 진심이었습니다. 그런데 그는 자신의 진심과 달리 주 를 버렸습니다. 부인하며 저주하고, 맹세까지 하면서 버렸습니다. 우리가 주를 사랑하는 수준이 그 정도밖에 안 됩니다. 우리는 하나 님이 보호하시지 않으면 금방 하나님에게서 돌아서고 맙니다. 사 랑하고 싶은데 못합니다. 사랑은 하는데, 그를 따르고 그의 말씀을 지키는 것은 부담스러워합니다. 우리의 사랑이 그 정도밖에 안 됩 니다.

그런데 이런 우리가 여러 가지 시련과 고난을 겪으면서 보지 못 하는 주님을 믿고 사랑하는데 말할 수 없는 영광스러운 즐거움으 로 기뻐하는 자리로 자라 갑니다. 어떻게 이렇게 됩니까? 고난과 시험은 우리를 깨뜨리기 때문입니다. 고난과 시험이 아프고 고통 스러운 이유는 우리가 깨어지기 때문입니다. 고난이 나를 깨뜨리 면 내 속에 있는 것들이 다 쏟아져 나옵니다. 그렇게 쏟아져 나오 는 것들을 보면서 그동안 내가 얼마나 허황되고 부질없는 것들을 품고 살았는지 발견하게 됩니다. 그것들이 보배이신 그리스도를 사랑하지 못하게 했고, 그리스도를 즐거워하는 영광과 기쁨을 얼마나 많이 빼앗아 갔었는지 알게 됩니다. 그것들이 이미 하나님께 받은 구원과 장차 받을 영광스러운 구원을 가볍게 여기고 소홀히 취급하게 했었고, 그것들이 썩고 쇠하는 이 땅의 기업에 헛된 소망을 두게 했는지를 깨닫게 됩니다. 깨어지고 깨뜨려지면서 알게 됩니다.

〈해리 포터와 마법사의 돌〉을 보면 '에리세드'(Erised)라는 거울이 나옵니다. 자기가 무엇을 소원하고 있는지 보여 준다는 거울입니다. '에리세드'라는 이 거울의 이름은 '디자이어(desire)', 즉 욕망이라는 단어의 철자를 거꾸로 한 것입니다. 이 거울에 비친 자신의 소망이 사실은 다 욕망이라는 의미입니다. 사람들은 다 자기 자신이 욕망하는 것으로 자기를 바라봅니다. 그 거울로 자기 자신을 보면서 욕망이 채워지지 않을 때마다 절망하고 좌절하며 시기하고 질투합니다. 마술 학교의 교장이 해리 포터에게 그 거울을 보고 있으면 자신을 망치게 된다고 한 이유가 거기에 있습니다. 고난은 이 욕망의 거울을 깨뜨리는 하나님의 손길입니다. 고난을 통해 이 욕망의 거울이 깨뜨려져야 우리를 향해 부어졌던 하나님의 사랑이 제대로 보입니다. 하나님의 사랑이 제대로 보여야 우리도 제대로 주를 사랑할 수 있게 됩니다. 예수를 보지 못하나 사랑하게 됩니다. 억지로 어쩔 수 없이 사랑하고 계명을 지키는 것이 아니라 기쁨과 즐거움으로, 말할 수 없는 영광스러운 즐거움으로 기뻐하면서 사랑하게 되는 것입니다. "우리 서로 받은 그 기쁨은 알 사람이 없도다"라고 노래하며 찬송하게 되는 것입니다.

하나님께서 우리에게 시련과 고난을 허락하시는 것은, 우리를 괴롭히려고 그러는 것이 아니라 우리의 구원을 보호하기 위해서입니다. 욕망이라는 이름의 소원을 깨뜨리고 하늘에 간직된 영광스러운 구원을 산 소망으로 품고 살도록 그렇게 하십니다. 말할 수 없는 영광스러운 즐거움으로 주를 기뻐하고 사랑하기 위해서요, 믿음의 결국 곧 영혼의 구원을 받기 위해서입니다. 우리는 하나님의 철통같은 보호 속에 이 구원을 누리고 있으며 받고 있습니다. 잠깐 동안의 시련이 있고 고난이 있겠지만 믿음을 가지십시오. 믿음으로 우리의 삶을 보고 해석하고 적용하여서, 주를 사랑하되 말할 수 없는 영광스러운 즐거움으로 기뻐하는 자리까지 나아가기를 바랍니다.

04 천사들도 살펴보기를 원하는 구원

벧전 1:10-12

베드로전서 1장 10-12절은 짧은 분량임에도 불구하고 내용이 만만치 않습니다. 무슨 말을 하고 있는지 이해하기 쉽지가 않습니다. 하지만, 자세히 보면 두 가지를 말하고 있습니다. 첫째는 우리가 받은 구원과 누리고 있는 구원 그리고 장차 받게 될 구원이 어떻게 우리에게 전달되어서 적용되는지를 말하고 있고, 둘째는 이 구원이 천사들에게 얼마나 큰 관심거리인가를 말하고 있습니다.

지금 베드로에게 이 편지를 받고 있는 수신자들은 여러 가지 시험으로 고난을 당하고 있는 성도들입니다. 이들은 집을 잃고 본토를 떠나 언제 돌아갈지 기약도 할 수 없는 흩어진 나그네와 같은 삶을 살고 있습니다. 충분히 좌절할 수 있고 낙망할 수 있는 형편입니다. 베드로는 이들을 위로해서 붙들어 주고 싶었습니다. 그러기 위해 이들이 예수를 믿음에도 불구하고 이렇게 고난받는 이유를 설명해 주어야 했습니다. 3-12절까지의 하나의 긴 문장은 바로 이것을 설명하는 내용입니다. 이것을 한마디로 압축하면 '구원'입니다. 구원을 위해서 고난을 받는다는 것입니다. 특별히 구원의 완성을 위해 이 땅을 사는 동안 여러 가지 시험과 잠깐의 고난이 허락되어 있다고 말합니다.

예수 믿는 그 순간, 우리는 이미 구원을 받았습니다. 그러나 이것은 아직 완성되지 않았습니다. 베드로는 아직 완성되지 않은 이 구원을 말세에 나타내기로 예비되어서 하늘에 간직되어 있는 썩지 않고 더럽지 않고 쇠하지 않는 우리의 유업이라고 설명합니다. 하나님은 거듭난 성도들에게 이 기업을 산 소망으로 주셨습니다. 그런데 우리는 하나님께서 주신 이 복된 기업, 장차 받을 영광스러운 구원의 완성을 소망하지 않고 여전히 세상의 썩고 더럽고 쇠할 기업을 소망하는 어리석은 존재들입니다. 이런 우리를 그냥 내버려 두시면 구원을 스스로 발로 차 버릴 것이 분명합니다. 그래서 하나님께서 이 구원을 그의 전능하신 능력으로 보호하십니다. 5절입니다.

너희는 말세에 나타내기로 예비하신 구원을 얻기 위하여 믿음으로 말미암아 하나님의 능력으로 보호하심을 받았느니라 그러므로 너희가 이제 여러 가지 시험으로 말미암아 잠깐 근심하게 되지 않을 수 없으나 오히려 크게 기뻐하는도다 왜냐하면 너희 믿음의 확실함은 불로 연단하여도 없어질 금보다 더 귀하여 예수 그리스도께서 나타나실 때에 칭찬과 영광과 존귀를 얻게 하려 함이라. 예수를 너희가 보지 못하였으나 사랑하는도다. 이제도 보지 못하나 믿고 말할 수 없는 영광스러운 즐거움으로 기뻐하니 믿음의 결국 곧 영혼의 구원을 받음이라 _벧전 1:5-9

하나님께서 우리의 구원을 보호하는 방법이 무엇입니까? 하나님은 '여러 가지 시험으로 말미암아' 성도 한 사람 한 사람을 연단시켜 예수 그리스도를 보지 못하나 믿고 말할 수 없는 영광스러운 즐거움으로 기뻐하는 자리, 믿음의 결국 곧 영혼의 구원을 받는 자리, 예수 그리스도가 나타나실 때에 칭찬과 영광과 존귀를 얻는 자리, 구원이 영광스럽게 완성되는 자리로 이끌어 가십니다.

이것이 성도의 현실에 여러 종류의 고난이 있는 이유입니다. 이미 받았지만 아직 완성되지 않아서 앞으로 말세에 나타내기로 예비된 구원을 보호하기 위해서입니다. 우리가 믿음의 결국 곧 영혼의 구원을 받지 못한다면 지금 이 땅에서 무엇을 하고 어떻게 산다 하더라도 아무 의미가 없다는 것을 알고 있습니까? 창세기부터 요한계시록까지 성경이 줄기차게 구원을 말하고 있는 이유가 그것 때문입니다. 우리는 믿음의 결국 곧 영혼의 구원을 받아야 합니다. 장차 오실 예수 그리스도에게 칭찬과 영광과 존귀를 얻어야 합니다. 이것을 받지 못하면 모든 것이 소용없습니다. 지옥입니다. 영원한 형벌과 저주와 고통이 우리의 것이 됩니다.

여러분은 구원 받았습니까? 구원받았다면 그 구원이 어떻게 우리에게 왔고 어떻게 하나님의 능력으로 보호되고 있는지를 아십니까? 하나님의 철통같은 지키심과 보호하심이 없다면, 우리는 금방이 구원을 스스로 차 버리고 헛되고 헛된 것을 욕망하다가 지옥으로 갈 사람들이라는 사실을 아십니까? 구원이 이런 우리에게 임한 하나님의 능력이며 지혜인 줄 아십니까? 그리고 그 모든 하나님의 지혜와 능력으로 우리가 지금도 보호되고 있으며, 앞으로 어떻게 영광 가운데 완성될 기업일는지 아십니까? 그것을 위해 여러 가지 시험이 잠깐 동안 우리에게 허락되어 있다는 사실을 아십니까? 알아야 합니다. 구원이 어떤 것임을 알아야 합니다. 그래서 10-12절의 말씀이 "이 구원에 대하여는" 하고 이어지는 것입니다.

> 이 구원에 대하여는 너희에게 임할 은혜를 예언하던 선지자들이 연구하고 부지런히 살펴서 자기 속에 계신 그리스도의 영이 그 받으실 고난과 후에 받으실 영광을 미리 증언하여 누구를 또는 어떠한 때를 지시하시는지 상고하니라. 이 섬긴 바가 자기를 위한 것이 아니요 너희를 위한 것임이 계시로 알게 되었으니 이것은 하늘로부터 보내신 성령을 힘입어 복음을 전하는 자들로 이제 너희에게 알린 것이요 천사들도 살펴보기를 원하는 것이니라 _벧전 1:10-12

무슨 말입니까? 이 구원, 너희들이 받은 구원, 하나님의 보호하심 가운데 지금도 누리고 있는 구원, 그리고 장차 그리스도 예수가 다시 오실 때 받기로 예비되어 있는 구원에 대해서 말하자면 구약의 선지자들도 부지런히 살피고 연구했지만 누리지 못했고 하늘의 천사들도 살펴보기를 원할 정도로 대단한 것이라는 뜻입니다.

하나님은 창세 전에 계획하신 구원의 경륜을 구약의 선지자들에게 예언의 말씀으로 주어 전하게 하셨습니다. 선지자들은 성령의 감동으로 이 예언의 말씀을 받고도 그것이 무엇인지 깨닫지 못했습니다. 다니엘이 12장 8절에서 "내가 듣고도 깨닫지 못한지라.

내가 이르되 내 주여 이 모든 일의 결국이 어떠하겠나이까?"라고 물은 이유가 거기에 있습니다. 그래서 부지런히 살피고 간절히 연구했습니다. 그때 하나님께서 성령으로 그들에게 깨닫게 하신 것이 무엇입니까? 예수 그리스도의 고난과 그 후에 받으실 영광입니다. 그런데 이들은 이 예언의 말씀을 백성들에게 전하면서도 정작 그리스도의 고난과 그 후에 받으실 영광이 언제 어떻게 이루어질는지 알지 못했습니다. 그리고 그 은혜를 직접 누리지 못했습니다. 다만 간접적으로 어렴풋이 깨닫고 보았을 뿐입니다. 그런데 이것을 지금 여러 가지 시험을 통해 믿음의 연단을 받고 있는 신약의 성도들이 누리고 있습니다. 10절에서 "너희에게 임할 은혜"라고 했는데, 그 은혜는 그렇게 임한 은혜입니다.

고난 중에 있는 성도들에게 하나님의 구원을 말하면서 "이 구원에 대하여는 너희에게 임할 은혜를 예언하던 선지자들이 연구하고 부지런히 살펴서 자기 속에 계신 그리스도의 영이 그 받으실 고난과 후에 받으실 영광을 미리 증언하여 누구를 또는 어떠한 때를 지시하시는지 상고하니라"라고 말하는 베드로의 마음을 이해하겠습니까? 그리스도께서 십자가와 고난으로 우리를 대속하시고 부활 승천하시어 아버지와 함께 성령을 보내셨습니다. 우리는 그 성령을 힘입어 구원의 복음을 듣고 믿어 이 자리에 와 있습니다. 구약의 위대한 선지자들이 그렇게 부지런히 연구하고 살폈어도 누리지 못한 은혜를 받은 것입니다. 그리고 그리스도가 고난을 통해 그 후에 올 영광을 예비하신 것처럼 우리도 그와 연합하여 이 땅의 여러 시험과 고난을 통해 하늘에 이르는 그 거룩한 순례의 길을 걷고 있습니다.

베드로는 지금 우리가 가고 있는 이 순례의 여정이 천사들도 살펴보기를 원할 정도로 위대하고 대단한 여정이니 잠깐 있는 여러 시험 때문에 낙심하지 말라고 합니다. 천사들이 살펴본다고 할 때 살피는 것은 구부려 본다는 말입니다. 하나님께서 그의 전능한 능력으로 그의 백성들의 구원을 보호하고 계시는데 구체적으로 어떻게 보호하고 있는지, 어떻게 이들이 고난을 통해 영원한 영광의 자리로 인도받을지, 어떻게 이들이 여러 가지 시험을 통해 믿음의 연단을 받고 보지 못하는 주를 믿고 기뻐하되 말할 수 없는 영광스러운 즐거움으로 기뻐하게 될지, 가장 가까이서 하나님의 구원 경륜의 수종을 들고 있는 천사들도 모르기에 구부려서 자세히 살펴보고 있다고 합니다.

만약 하나님께서 자기 백성을 다 같은 방법으로 구원하고 다 같은 방식으로 보호하고 있다면 천사들이 궁금해하지 않았을 것입니다. 뻔히 예상할 수 있는 것 아닙니까? 그런데 하나님의 구원은 그렇게 천편일률적인 구원이 아닙니다. 우리의 생김새가 다르듯 각기 다 다르게 부르고 각기 다 다른 방식으로 복음을 듣게 하시고 예수를 믿게 하시고 하나님을 사랑하게 하십니다. 아브라함을 불러 믿음의 조상으로 만들 때와 지렁이 같은 야곱을 이스라엘로 만드는 것이 달랐습니다. 요셉을 가족을 구원할 구원자로 예비하실 때는 또 달랐습니다. 한결같이 고난을 통하여 믿음의 사람으로 만들어 갔지만, 그 방식과 형태와 적용은 완전히 달랐습니다.

그러니 예상을 할 수가 없습니다. 저 사람은 또 어떻게 죄의 유혹과 더러움을 이기고 거룩한 백성으로 변화되어 갈지, 저렇게 약하고 미련한 사람이 어떻게 용감한 그리스도의 군사로 무장될지, 이 부패한 사람은 또 어떤 방식으로 세상의 빛과 소금이 되어 그의 아름다운 덕을 선전하는 자리로 가게 될지, 우리는 전혀 예상할 수 없습니다. 이 일에 직접 수종을 들고 있는 천사들이지만 도저히 상상이 안 되어서 고개를 빼고 허리를 굽혀 자세히 살펴보게 되는 것입니다. 그리고 하나님의 지혜와 능력으로 우리 한 사람 한 사람이 그렇게 변화되어 가는 것을 볼 때마다 "아이구, 바보야! 네가 그러고도 천사라고 할 수 있니?"라고 하면서 자신의 무지를 탄식하며 하나님의 놀라운 역사를 찬양하는 것입니다. 에베소서 3장 10절에 "이는 이제 교회로 말미암아 하늘에 있는 통치자들과 권세들에게 하나님의 각종 지혜를 알게 하려 하심이니" 라는 말씀이 바로 그런 뜻입니다.

하늘의 천사들이 고개를 빼고 허리를 숙여 살펴보기를 원하는 것은 우리가 얼마만큼 돈을 많이 모으고 어떻게 성공하고 어느 정도로 잘사는가 하는 문제가 아닙니다. 교회가 얼마나 커지며 사람들이 얼마나 많이 모이는가 하는 문제도 아닙니다. 도대체 이 사람들이 어떻게 죄를 이기고 거룩한 주의 백성들이 되는가 하는 것입니다. 지금 살아가는 것을 보면 도무지 거룩을 좋아하지 않고 하나님을 사랑하지 않는 사람들인데 어떻게 이 사람들이 보지도 못한 그리스도를 사랑하는 자리로 가는지, 그것도 말할 수 없는 영광스러운 즐거움으로 그를 기뻐하는 자리로 가는지 도무지 상상이 안 되기에 어떻게 그것이 가능한지 허리를 숙여 자세히 살펴보고 있는 것입니다.

로마서 11장 33절에서 바울이 하나님의 구원을 쭉 설명하면서 이렇게 결론을 맺습니다.

깊도다 하나님의 지혜와 지식의 풍성함이여 _롬 11:33

성도는 이런 존재들입니다. 우리의 삶이 이렇게 장차 나타내기로 예비된 구원을 위하여 보호되고 있고 인도받고 있습니다. 그것을 위해 하나님의 모든 지혜와 능력이 동원되고 있습니다. 하나님의 사랑과 열심이 우리 위에 있습니다. 그 결과 여러 가지 시험이 잠깐 동안의 고난으로 허락되어 있습니다. 그러니 우리가 당면한 시험을 이상하게 여기지 말고 낯설어하지 마십시오. 우리는 천사들의 세계에서 가장 놀라운 뉴스의 대상입니다. 그러니 매일 반복되는 이 세상의 뉴스에 일희일비하지 말고, 은혜로 허락받은 이 복된 순례의 길을 사모하면서 기대와 기쁨으로 걸어가기를 바랍니다.

05 그러므로 거룩한 자가 되라
벧전 1:13-17

베드로전서 1장 13-17절의 분위기는 매우 단호합니다. 마음의 허리를 동이고 근신하라는 13절의 말씀과 14-16절에서 두 번이나 반복되는 거룩한 자가 되라는 권면, 17절에 "너희가 나그네로 있을 때를 두려움으로 지내라"는 말씀이 다 그러합니다. 이런 단호함은 베드로전서가 고난 중에 있는 성도를 위로하기 위해 써진 편지라는 것을 감안할 때, 조금은 의외의 분위기입니다. 보통 위로라고 하면 단호함보다는 따뜻함과 이해와 격려의 분위기가 연상되기 때문입니다. 그런데 베드로가 이렇게 단호하게 말하는 이유가 있습니다. 지금 성도들이 고난을 겪고 있습니다. 믿음 때문에 이방인들에게 비방과 욕을 먹고 있고, 재산과 집을 빼앗기고 흩어져 나그네처럼 살고 있습니다. 어떤 형제는 옥에 갇히기도 하고 목숨을 잃기도 합니다. 그것을 보면서 신앙이 약해지는 사람이 있고 배교의 유혹 앞에서 흔들리는 지체들도 생깁니다. 문제는 이 어려움이 언제 끝날지 모른다는 것입니다. 6절에 '잠깐'이라는 말이 나왔지만 거기서의 잠깐은 종말론적인 시각에서 말한 것이고 사실은 언제 끝날지 모르는 고난입니다. 이런 형편에서, 막연하게 조금만 참으면 다 잘될 것이라는 식의 위로는 위로가 아니라 희망 고문에 가깝습니다.

참된 위로는 두루뭉술한 공감이나 막연한 희망을 심어 주는 것이 아닙니다. 그것은 반짝거리는 심리적인 위안이지 근본적인 위로가 아닙니다. 바른 위로는 현실을 직시하게 만들고 그 속에서 고난이 가지는 의미를 믿음으로 해석해 줄 때 생겨납니다. 지금 베드로가 그의 편지를 통해 하고 있는 작업이 그것입니다. 그는 1장 6절에서 너희는 지금 여러 가지 시험을 당하고 있다고 그들의 현실을 분명하게 말합니다. 4장 12절에서는 가면 앞으로 불같은 시험을 더 당할 것이라고 합니다. 그런데 그것으로 끝이 아니라, 그 시험의 의미를 해석해 줍니다. 이 시험들이 결국 너희의 믿음을 금보다 더 귀한 믿음으로 연단하여 말세에 나타내기로 준비된 구원을 받을 수 있도록 보호하는 '하나님의 보호하심'이며, 보지 못하는 주님을 말할 수 없는 영광스러운 즐거움으로 기뻐하는 자리로 이끌어 가는 '하나님의 손길'이니, 고난을 이상히 여기지 말고 고난 때문에 낙심하지도 말고 오히려 기뻐하라고 말입니다.

고난이 실패나 능력 부족의 결과가 아니라 우리의 구원을 보호하시는 하나님의 복된 간섭의 증거라는 베드로의 말이 낯설어진 시대입니다. 성도의 구원이 얼마나 놀라운 것인지를 말하지 않고 예수 믿고 세상의 복 받는 것만 말하는 시대입니다. 그러나 구원은 창세 전에 계획된 하나님의 예정이 모든 신적 지혜와 능력과 사랑과 열심으로 나타나 우리 각자에게 적용된 것으로 구약의 선지자들과 복음 전하는 자들도 다 알지 못하고 맛보지 못한 것이며, 하늘의 천사들도 살펴보기를 원하는 신비스럽고 놀라운 엄청난 것입니다.

그런데도 이 놀라운 구원의 여정에 부르심을 받은 교회와 성도들은 구원의 영광에 관심이 없고 거기에 소망을 두지 않습니다. 오직 더 많은 복을 받는 데만 관심이 있습니다. 우리에게 있는 죄의 본성과 그로 인한 허망함이 그렇게 크고 깊고 넓습니다. 그대로 두면 금방 구원을 발로 차 버리고 썩고 더럽고 쇠하여질 세상의 것들에 온통 다시 마음이 빼앗기는 존재입니다. 은혜로 구원을 받았음에도 그렇습니다. 이런 우리에게 필요한 것이 무엇일까요? 시험입니다. 고난입니다. 시대에 따라, 각자의 상황에 따라 형태는 다르지만 여러 가지 시험은 우리의 마음을 헛된 것에서 돌이켜 하나님께서 주신 구원의 산 소망에 주목하게 하시는 하나님의 간섭입니다. 말세에 나타내기로 예비하신 구원을 얻게 하도록 보호하시는 하나님의 지혜이며 능력입니다.

그러므로 성도는 고난을 당할 때 지금 하나님의 손길에 붙잡혀 복된 구원의 완성을 향하여 가는 중이라는 것을 알고 더 단단하게 믿음의 길을 걸어가야 합니다. 단호한 어조가 아니면 이 거룩한 순례의 길에 부름 받은 부르심의 소망을 잊어버리고서 나약해지거나 낙심할 수 있기 때문에, 베드로의 위로가 이렇게 단호한 분위기로 이어지는 것입니다. 그런 시각을 가지고 13절을 다시 보십시오.

그러므로 너희 마음의 허리를 동이고 근신하여 예수 그리스도께서
나타나실 때에 너희에게 가져다 주실 은혜를 온전히 바랄지어다 _벧
전 1:13

왜 이렇게 단호하게 말하는지 베드로의 마음이 느껴집니까? 구
원은 이동입니다. 지리적 이동이 아니라 영적 이동이며 가치관의
이동입니다. 구약의 출애굽이 애굽에서 가나안으로의 장소적인 이
동이 아니라 하나님이 인도하는 새로운 삶으로의 이동인 것처럼
말입니다. 구원은 세상 복을 받지 못한 상태에서 세상 복을 받거나
혹은 더 많이 받은 상태로의 이동이 아닙니다. 구원받았다고 하면
서 여전히 세상에서 누가 잘되나 하는 차원으로 자기 삶을 바라보
고 거기에서 벗어나지 못하는 것은 하나님의 구원을 전혀 이해하
지 못하는 것이며 심지어 구원에 역행하는 것입니다.

베드로는 썩고 더럽고 쇠하여질 이 세상을 지나 썩지 않고 더럽
지 않고 쇠하지 않을 영광스러운 나라로 이동하도록 부름받은 성
도들이 고난 때문에, 그 이동이 방해받고 약해지지 않도록 단호하
게 권면합니다.

그러므로 너희 마음의 허리를 동이고 근신하여 예수 그리스도께서
나타나실 때에 너희에게 가져다주실 은혜를 온전히 바랄지어다. 너
희가 순종하는 자식처럼 전에 알지 못할 때에 따르던 너희 사욕을 본
받지 말고 오직 너희를 부르신 거룩한 이처럼 너희도 모든 행실에 거

　예수님께서 다시 오실 때 주실 구원의 완성을 소망하면서 지금을 거룩하게 살라고 합니다. 죄 된 삶에서 거룩한 삶으로 이동하라고 합니다. 세상 나라의 가치관에서 하나님 나라의 가치관으로 이동하는 삶을 멈추지 말라고 합니다. 그렇게 살기 위해 마음의 허리를 동이고 근신하며 사욕을 본받지 말라고 합니다.

　우리가 마음의 허리를 동이고 근신해서 온전히 바라고 소망해야 할 것이 무엇입니까? 이전보다 더 잘되는 것이 아닙니다. 더 건강해지는 것이 아닙니다. 더 유명해지고 더 편안해지고 더 행복해지는 것이 아닙니다. 예수 그리스도가 피 흘리시고 그의 목숨을 버려 우리를 사신 이유는 그 정도가 아닙니다. 아버지가 아들을 버린 이유가 그것이 아닙니다. 그것을 위해 성부와 성자가 성령을 보내지 않았습니다. 더 잘 살게 하시려면 굳이 예수 그리스도가 십자가에 죽지 않으셔도 됩니다. 더 건강하고 더 오래 살고 더 행복한 삶을 주기 위해서라면 굳이 성령이 오시지 않아도 됩니다. 18-19절의 말씀처럼 흠 없고 점 없는 보배로운 그리스도의 피가 쏟아진 것은, 우리를 우리 조상이 물려준 헛된 행실에서 대속하기 위해서입니다. 다시는 죄와 사욕에 끌려다니는 어리석은 삶을 살지 않고 모든 행실에 거룩한 자가 되도록 하나님의 어린양이 점 없고 흠 없는 순전한 보혈을 아낌없이 흘려 주셨습니다.

　우리가 예수 믿어 얻게 된 영광이 무엇입니까? 하나님의 독생자의 보배로운 피로 구원받아 확보한 복과 은혜가 무엇입니까?

> 찬송하리로다. 하나님 곧 우리 주 예수 그리스도의 아버지께서 그리
> 스도 안에서 하늘에 속한 모든 신령한 복을 우리에게 주시되 곧 창세
> 전에 그리스도 안에서 우리를 택하사 우리로 사랑 안에서 그 앞에 거
> 룩하고 흠이 없게 하시려고 그 기쁘신 뜻대로 우리를 예정하사 예수
> 그리스도로 말미암아 자기의 아들들이 되게 하셨으니 이는 그가 사
> 랑하시는 자 안에서 우리에게 거저 주시는 바 그의 은혜의 영광을 찬
> 송하게 하려는 것이라 _엡 1:3-6
> 모든 일을 그의 뜻의 결정대로 일하시는 이의 계획을 따라 우리가 예
> 정을 입어 그 안에서 기업이 되었으니 이는 우리가 그리스도 안에서
> 전부터 바라던 그의 영광의 찬송이 되게 하려 하심이라 _엡 1:11-12

거룩함, 이것이 성도의 영광입니다. 성도가 누릴 복이며 바라
야 할 소망입니다. "우리로 사랑 안에서 그 앞에 거룩하고 흠이 없
게 하시려고". 이것이 장차 우리가 받을 썩지 않고 더럽지 않고 쇠
하지 않는 기업입니다. 하나님께 영광을 돌린다는 차원을 넘어 우
리 자신을 점도 없고 흠도 없는 하나님의 영광의 찬송이 되게 하려
는 것, 그것을 위해서 하나님의 어린양이 보혈을 흘려서 우리를 구
원했습니다. 그것을 위해서 성부가 성자를 십자가에 내어 주셨습
니다. 아들은 아버지의 뜻에 순종하여 죽었고 아버지는 아들을 버
리셨습니다. 그것을 위해서 성령이 오셨습니다. 우리의 구원은 그
런 것입니다. 잊지 말아야 하는데 우리는 이것을 너무나 쉽게 잊어

버리고 또 이전에 따르던 사욕을 본받아 살아갑니다. 거룩을 향하여 삶의 발걸음이 옮겨지지 않고, 여전히 헛된 욕심을 향하여 움직이고 있습니다.

왜 성도의 삶에 고난이 허락되는지 알겠습니까? 왜 고난 중에 있는 성도를 위로하는 베드로의 편지가 이토록 단호한 분위기로 이어지는지 이해하겠습니까?

> 마음에 허리를 동이고 근신하여 예수 그리스도께서 나타나실 때에 너희에게 가져다 주실 은혜를 온전히 바라라. 전에 알지 못할 때에 따르던 사욕을 본받지 말고 모든 행실에 거룩한 자가 되라. 기록되었으되 내가 거룩하니 너희도 거룩할지어다 하셨느니라 _벧전 1:13-16

이렇게 하지 않으면 기독교는 빛과 소금이 아닙니다. 세상과 똑같은 욕망을 갖고 똑같은 소원을 바라면서 기도까지 하면서 그것을 이루려고 한다면, 기독교는 가장 질 나쁜 종교가 될 것입니다. 그리스도의 보혈로 죄 사함을 받고도 어리석고 헛된 세상의 욕망에서 빠져나올 생각을 하지 않는다면, 잘못되어도 한참 잘못된 것입니다. 유월절 어린양의 피로 구원을 받았다면 속히 애굽을 떠나 새로운 땅, 약속의 땅, 하나님의 말씀이 인도하는 땅으로 이동해야 하는 것입니다.

거룩함은 구별됨입니다. 다른 것입니다. 예수 믿고 이전보다 잘되고 세상이 말하는 복 받는 것이 전부라면, 세상과 교회가 무엇이 다르겠습니까? 열심히 살고 열심히 믿는 것이 전부가 아닙니다.

방향이 중요하고 내용이 중요합니다. 썩을 것을 바라고 더러운 것을 욕망하고 쇠할 것들을 꿈꾸는 것은 지나간 날들로 족합니다. 이제는 썩지 않고 더럽지 않고 쇠하지 않는 하늘에 간직된 기업을 가져다 주실 은혜를 바라야 합니다. 허리를 동이고 정신을 차려서 그것을 소망해야 합니다.

외모로 보시지 않고 각 사람의 행위대로 심판하시는 _벧전 1:17

하나님의 판단이 거기에 있습니다. 하나님의 심판은 얼마나 성공하고 무엇을 어떻게 이루었는가 하는 외모에 있지 않습니다. 그런 것들은 생각보다 중요하지 않습니다. 얼마나 하나님의 말씀으로 가치관과 생각과 말과 목표가 달라져서 그 달라진 삶을 살았는지가 훨씬 중요합니다. 하나님은 그것을 보시고서 우리의 삶을 평가하고 판단하십니다. 그러니 나그네로 사는 동안 경건한 두려움을 가지고 살아야 합니다. 더 많이 가지려고 다른 사람과 다투기 전에 위에서 부르신 부르심의 소망이 무엇인지를 알고, 그것을 위해 하나님께서 쏟아부으신 사랑과 능력과 열심이 어떤 것인지를 확인하여, 지금도 우리를 어떻게 보호하고 계신지를 알아 모든 행실에 거룩한 자가 되기를 힘쓰는 저와 여러분이기를 바랍니다.

한 왕이 외출할 때마다 발에 먼지가 묻고 돌멩이에 발이 치어 화가 나서 신하들에게 자신이 다니는 모든 길에 쇠가죽을 깔라고 명령합니다. 신하들이 고민하고 있을 때 한 지혜자가 왕에게 제안합니다. "왕이여, 세상의 모든 길을 다 쇠가죽으로 깔 수는 없습니다.

소를 다 잡아도 그것은 불가능합니다. 그러나 폐하의 발에 먼지를 묻히지 않고 돌멩이로부터 보호할 수 있는 방법이 있습니다. 세상의 땅을 쇠가죽으로 덮을 것이 아니라 폐하의 발을 쇠가죽으로 덮으면 됩니다." 그렇게 해서 구두가 탄생되었다는 믿거나 말거나 하는 이야기가 있습니다.

거룩함은 구별됨이고 달라짐입니다. 하나님은 세상을 변화시켜 주시기 전에, 우리 자신이 달라지고 변화되라고 말씀하십니다. 한두 번의 변화된 행동이 아니라 모든 행실 속에서 하나님의 사람으로 구비될 수 있도록 계속 달라지고 변화되는 과정을 살라고 하십니다. 그렇게 하기 위하여 구원받기 이전에 따르던 사욕을 본받지 말고, 생명의 말씀을 따라서 하나님의 뜻을 생각하며, 그 생각을 펼쳐 가치관을 형성하면서, 그것에 따라 말과 행동, 습관과 성품을 훈련하여 복종하게 하라고 하십니다.

세상을 좇아 세상의 형상을 따라 변질되는 것이 아니라, 예수 그리스도의 형상을 따라 의와 진리의 새사람으로 지으심을 입은 사람답게, 무엇을 입을까 무엇을 먹을까 염려하지 말고 먼저 그의 나라와 그의 의를 구하기를 바랍니다. 그리하면 우리에게 있어야 할 것이 무엇인지 다 알고 계시는 아버지께서 우리의 필요를 참되게 채우실 것입니다.

06 거룩하라 그리고 사랑하라
벧전 1:18-25

베드로전서는 고난 중에 있는 성도들을 붙들어 주기 위해 쓴 편지입니다. 고난받고 있는 사람들에게 가장 필요한 것 중에 하나는 고난을 당하는 이유와 목적을 깨닫는 것입니다. 그래서 1장은 고난의 목적과 이유를 집중적으로 설명합니다. 1장에서 가장 중요하게 다루는 내용이 무엇입니까? 구원입니다. 베드로는 고난 중에 있는 형제들에게 너희들이 구원받은 성도임을 기억하라고 하면서, 고난은 그리스도로 말미암아 허락된 구원을 보호하고 계시는 하나님의 복된 간섭임을 알라고 했습니다.

5절에서 "너희는 말세에 나타내기로 예비하신 구원을 얻기 위하여 믿음으로 말미암아 하나님의 능력으로 보호하심을 받았느니라"고 말씀합니다. 6-9절도 동일한 말씀입니다. "그러므로 너희가 이제 여러 가지 시험으로 말미암아 잠깐 근심하게 되지 않을 수 없으나 오히려 크게 기뻐하는도다. 너희 믿음의 확실함은 불로 연단하여도 없어질 금보다 더 귀하여 예수 그리스도께서 나타나실 때에 칭찬과 영광과 존귀를 얻게 할 것이니라. 예수를 너희가 보지 못하였으나 사랑하는도다. 이제도 보지 못하나 믿고 말할 수 없는 영광스러운 즐거움으로 기뻐하니 믿음의 결국 곧 영혼의 구원을 받음이라". 다 구원을 설명하는 내용들입니다. 3절은 이 구원을 '산 소망'이라고 했고, 4절에서는 '썩지 않고 더럽지 않고 쇠하지 않는 하늘에 간직된 기업'이라고 설명했습니다.

이런 베드로의 설명을 들으면 구원이 한 번 받고 끝나는 일회성 사건이 아님을 알 수 있습니다. 예수 그리스도를 믿음으로 말미암아 이미 죄와 사망에서 건짐을 받고 영생으로 옮겨졌지만, 그럼에도 불구하고 지금도 여전히 그 거룩한 이동으로서의 구원이 우리의 삶 속에 이루어져 가고 있으며 앞으로 더 풍성하고 영광스럽게 완성될 것이라고 말하고 있습니다.

간혹 구원을 천국행 티켓 확보나 신앙생활 초기에 배우고 지나가는 기초 과정 정도로 여기는 사람들이 있는데, 결코 그렇지 않습니다. 구원을 바로 아는 것이 얼마나 중요한지 모릅니다. 베드로가 고난 중에 있는 성도들을 위로할 때 구원을 이야기하는 이유도 여기에 있습니다. 왜 예수 믿는다고 하면서도 작은 이익과 돈 몇 푼에 쉽게 양심을 팔까요? 구원을 천국행 티켓을 확보한 정도로만 생각하기 때문입니다. 병에 걸리고 사업에 실패했을 때, 잠시 낙망하는 정도가 아니라 마치 세상을 다 잃은 것처럼 슬퍼하고 낙심하는 이유가 무엇일까요? 구원을 기초 과정 정도로만 여기고 그 영광을 몰라서 그렇습니다. 왜 함께 신앙생활 하는 사람들이 말 한마디로 상처입고서 서로 싸우고 다투고 원수가 됩니까? 자신들에게 허락된 구원을 제대로 몰라서 그렇습니다.

구원은 하나님께서 창세 전에 계획하시어 역사 속에서 실행하셨고 진행하고 있는 것으로써, 내가 존재하는 이유요, 삶의 방향이고 목적이며, 그리스도인의 전부입니다. 신앙생활 초기에 수료하고 지나가는 기초 과정 정도가 아닙니다. 구원은 죄를 용서받고 천국을 확보하는 것으로 끝나는 것이 아니라, 죄인이 하나님의 사랑 앞에서 거룩하고 흠이 없는 영광의 찬송이 되는 자리까지 생명으로 변화되며 자라가는 것으로써 천사들도 살펴보기를 원하는 놀랍고 신비스러운 것입니다. 성도들은 하나님의 능력으로 이 구원을 보호받고 있으며, 그 결과 장차 예수 그리스도가 나타나실 때에 썩지 않고 더럽지 않고 쇠하지 않는 기업을 영광과 칭찬과 존귀 가운데 얻게 될 것입니다. 거듭난 성도들은 바로 이 구원을 산 소망으로 갖게 된 사람들입니다.

그러므로 교회와 성도는 고난 중에도 마음의 허리를 동이고 근신하여 이 구원을 온전히 소망하면서 살아가야 합니다. 예수 그리스도로 말미암아 허락된 구원, 그것을 위해 쏟으신 또 쏟고 계신 삼위 하나님의 사랑과 지혜와 능력과 열심이 어떤 것인지를 알고 장차 완성될 구원의 영광을 안다면, 그래서 그 구원을 소망한다면 두 가지 방향으로 삶이 전개됩니다. 하나는 거룩함이고, 또 하나는 형제 사랑입니다. 거룩함은 구원받은 성도가 장차 완성될 구원을 소망하면서 하나님 앞에서 살아 내야 하는 대신 관계(對神關係)

의 핵심이고, 형제 사랑은 사람 앞에서 펼쳐 내어야 할 대인 관계의 핵심입니다.

5장에서 13-17절의 말씀을 중심으로 거룩함에 관한 권면이 단호한 분위기로 나오는 이유를 확인했는데, 22절의 형제 사랑에 관한 말씀도 굉장히 단호합니다. "뜨겁게 서로 사랑하라". 이는 권면이 아니라 명령입니다. 단호합니다. 왜 거룩하게 살고 뜨겁게 사랑하는 삶을 살아야 합니까?

> 너희가 알거니와 너희 조상이 물려준 헛된 행실에서 대속함을 받은 것은 은이나 금같이 없어질 것으로 된 것이 아니요 오직 흠 없고 점 없는 어린양 같은 그리스도의 보배로운 피로 된 것이니라 _벧전 1:18-19

"너희가 알거니와". 단호합니다. 너희가 헛된 행실에서 대속함을 받은 사람임을 안다면, 거룩하게 살고 형제를 사랑하는 삶을 사는 것이 마땅하고 당연하다는 말씀입니다.

베드로는 구원을 단순히 죄 용서받고 천국 가는 티켓을 확보한 것 정도로 설명하지 않고 조상들이 물려준 헛된 행실에서 대속함을 받아 하나님 앞에서 자신을 거룩하게 구별시켜 나가는 것이며, 그와 같이 형제를 뜨겁게 사랑하는 것이라고 단호하게 말하고 있습니다. 흠 없고 점 없는 예수 그리스도의 피가 우리의 심령에 뿌려지기 전, 우리가 아직 구원받지 못했을 때 우리는 어떻게 살았습니까? 하나님께서 주신 그 좋은 머리와 몸을 가지고 죄지을 생각만 했고, 어떻게 하면 더 잘되고 더 쾌락을 누릴 수 있고 더 편안해질 수 있을까만 생각했습니다. 그것을 위해 몸을 함부로 굴렸고 머리도 함부로 굴렸습니다. 언젠가는 썩고 더럽고 쇠하여질 것들만을 추구했고, 잡으면 없어질 것들만을 꿈꾸었습니다. 사도는 그런 삶을 망령된 것, 헛된 것이라고 말합니다. 예수 그리스도를 알기 전, 그를 믿기 전에 우리는 한 번만 그렇게 산 것이 아니라 매 순간 그렇게 헛된 것의 종이 되었고 망령된 것의 노예가 되어 살아왔습니다. 그러면서도 그것이 헛된 것인지 모르고, 망령된 것인지도 모르고 살아왔습니다. 그대로 살았다면, 평생 그렇게 살다가 죽음 앞에 가서야 뒤늦은 후회로 마감하는 인생이 되었을 것입니다.

하나님의 독생자가 이 땅에 오셔서 점 없고 흠 없는 피를 흘려 주신 이유는 이 모든 헛된 행실에서 우리를 해방하기 위해서입니다. 예수 그리스도의 보혈로 구원받아 그 구원을 소망하면서 사는 사람들은 더 이상 헛된 것을 꿈꾸며 헛된 것을 행하는 삶으로 돌아갈 수 없습니다. 그것은 지난날로 족합니다. 구원을 모를 때의 부끄러움으로 족합니다. 고난을 통해 이 헛된 삶으로 돌아가지 못하도록 보호받고 있는 성도들은 이제 하나님 앞에서 거룩하게 살아야 하고 형제들 앞에서 사랑하며 살아야 합니다. 그것이 남아 있는 성도들의 삶의 방향이고 목표이며 내용입니다.

우리가 믿고 있는 하나님은 어떤 하나님입니까? 21절은 그리스도를 가리켜 죽은 자 가운데서 살리시고 영광을 주신 하나님이라고 말합니다. 그렇다면, 나를 위해 그리스도를 죽이시고 그를 죽은 자 가운데서 살리신 하나님이라면, 나를 위해 못하실 일이 뭐가 있겠습니까? 우리를 높이고자 한다면 지금 당장이라도 높일 수 있는 하나님이십니다. 하룻밤 사이에 유명하게도 할 수 있고 지금 당장이라도 부자가 되게 할 수도 있습니다. 독생자까지 아낌없이 내어 주신 분이 다른 모든 것을 주시지 않겠습니까? 그리스도를 죽은 자 가운데서 살리시고 지극히 높은 보좌 우편에 앉게 하신 분이 무엇을 못하시겠습니까? 무엇이라도 하실 수 있습니다. 필요하면 주실 것이고 필요 없으면 안 주실 것입니다. 그러니 높아지고 부해지고 잘되는 것은 하나님께 맡기고, 우리는 거룩하게 살고 사랑하고 사는 것에 집중해야 합니다.

운동선수 중에 '먹튀'라는 말을 듣는 사람이 있습니다. 몸값을 못하는 선수입니다. 비싼 계약금과 월급을 주고 사 왔는데 정작 그 몸값에 어울리는 활약을 못할 때 '먹튀'라고 합니다. 성도는 예수 그리스도의 보혈로 값 주고 산 비싼 존재들입니다. 우리의 몸값이 엄청납니다. 우리를 헛된 행실에서 구속하기 위해 금과 은으로 환산이 안 되는 예수 그리스도의 생명이 지불되었습니다. 그 비싼 대가가 지불된 이유가 거룩함과 형제 사랑의 삶을 살게 하기 위해서입니다. 그러므로 거룩하게 살지 못하고 형제를 사랑하면서 살지 못하는 성도는 '먹튀 성도'입니다. 먹튀 성도가 되지 않고 몸값을 하고 사는 성도가 되어야 합니다. 그럼, 어떻게 해야 먹튀 성도가 되지 않을까요?

너희가 진리를 순종함으로 너희 영혼을 깨끗하게 하여 거짓이 없이

형제를 사랑하기에 이르렀으니 마음으로 뜨겁게 서로 사랑하라 _벧전 1:22

거기 일련의 순서를 주목해야 합니다. 그냥 형제를 사랑할 수 있는 것이 아닙니다. 형제 사랑은 영혼의 깨끗함에서 옵니다. 영혼의 깨끗함은 진리를 순종함으로 가능합니다. 진리는 하나님의 말씀입니다. 진리의 말씀이 우리의 영혼을 꿰뚫고 지나가기 전에 우리는 자기가 누구인지 모르고 자기가 하는 사랑이 어떤 사랑인지도 알지 못합니다. 진리의 말씀이 나의 죄를 들추고 나의 어둠과 거짓을 파헤쳐 골수를 쪼개고 영혼을 깨끗이 하지 않는다면, 우리의 형제 사랑은 불가능합니다.

그러므로 형제 사랑을 원한다면, 먼저 주님의 진리의 말씀을 우리 영혼에 담아야 합니다. 거듭난 성도는 이미 진리의 말씀이 우리 안에 심겨져 있다는 사실을 기억하십시오. 성도는 야고보서 1장 18절의 "그가 그 피조물 중에 우리로 한 첫 열매가 되게 하시려고 자기의 뜻을 따라 진리의 말씀으로 우리를 낳으셨느니라" 는 말씀처럼 진리의 말씀으로 낳음을 입은 사람들입니다. 야고보서 1장 21절의 "그러므로 모든 더러운 것과 넘치는 악을 내버리고 너희 영혼을 능히 구원할 바 마음에 심어진 말씀을 온유함으로 받으라"는 말씀에 순종할 때, 우리의 영혼은 깨끗해집니다. 영혼이 깨끗해질 때 거짓 없이 형제를 사랑하는 삶이 비로소 가능해집니다.

너희가 거듭난 것은 썩어질 씨로 된 것이 아니요 썩지 아니할 씨로

된 것이니 살아 있고 항상 있는 하나님의 말씀으로 되었느니라. 그러므로 모든 육체는 풀과 같고 그 모든 영광은 풀의 꽃과 같으니 풀은 마르고 꽃은 떨어지되 오직 주의 말씀은 세세토록 있도다 하였으니 너희에게 전한 복음이 곧 이 말씀이니라 _벧전 1:23-25

성도라면 다 형제를 사랑하는 삶을 살고 싶고, 하나님 앞에서 거룩한 삶을 살고 싶을 것입니다. 그런데 그것을 방해하는 것이 세상의 영광이고 육체의 영광입니다. 풀의 꽃과 같은 세상의 영광을 소망하고 살기 때문에 거룩함과 형제 사랑의 삶을 자꾸 뒤로 유보하는 것입니다. "이것 좀 갖추고 나서 거룩하게 살지" 하면서, 나를 위해 쓰지 않고 형제를 위해 써도 충분할 만큼 돈과 지위와 여유를 구비해 놓고 나서 그렇게 살려고 하기 때문에 안 하는 것입니다. 못하는 것이 아니라 안 하는 것입니다.

말씀을 읽고 듣고 묵상해야 세상 영광의 헛됨을 다시 깨닫고 우리가 소망해야 할 구원의 영광을 다시 소망하게 됩니다. 말씀 보고 기도하지 않으면 별 수 없습니다. 다 헛된 것을 꿈꾸고 소망하다가 고난 앞에서 깨어지는 것입니다. 우리가 꼭 고난을 당해 깨뜨려져 이 자리로 돌아가는 것이 아니라, 고난이 아니더라도 살아 있고 항상 있는 하나님의 말씀을 듣고 순종함을 통하여 깨끗한 영혼으로 거룩함의 자리, 형제 사랑의 자리로 나아가는 은혜를 입기를 바랍니다.

07 구원에 이르도록 자라게 하려 ①

벧전 1:23–2:3

하나님께서 진리의 말씀으로 우리를 거듭나게 하시면 새로운 본성이 생깁니다. 이것은 에덴동산의 아담과 하와처럼 초기 상태로 재부팅되는 것이 아니고, 타락한 옛 본성을 그대로 가진 채 의와 진리의 거룩함으로 지으신 새 마음이 주어지는 것입니다. 그러므로 성도의 삶에는 자기를 위해 살고자 하는 옛 본성과 말씀을 따라 하나님과 이웃을 사랑하면서 살려고 하는 새 본성이 충돌하는 갈등이 유발됩니다. 거듭나게 하실 때, 부패한 본성을 없애 버리고 깨끗한 마음만 주셨다면 이런 갈등이 없을 것인데, 왜 그렇게 하지 않으실까요?

비유가 적절한지는 모르겠지만, 이런 경우와 흡사합니다. 두 사람밖에 없는 무인도에서 선택의 여지없이 같이 사는 것과 수많은 사람 중에서 서로 사랑하기 때문에 같이 사는 것은 다릅니다. 우리의 신앙도 그러합니다. 하나님은 선택 불가능의 상황에서 어쩔 수 없이 해야 하는 기계적인 신앙을 원하지 않으십니다. 하나님께서 원하시는 것은 수많은 유혹과 도전 앞에서 자발적인 포기와 선택을 통하여 하나님을 사랑하고 이웃을 사랑하는 인격적이고도 헌신적인 신앙입니다. 그래서 이런 요구를 하십니다.

> 그러므로 모든 악독과 모든 기만과 외식과 시기와 모든 비방하는 말을 버리고 갓난아기들같이 순전하고 신령한 젖을 사모하라. 이는 그로 말미암아 너희로 구원에 이르도록 자라게 하려 함이라 _벧전 2:1-2

하나님의 말씀으로 거듭나는 순간 우리는 순전한 새 생명을 가진 갓난아기로 믿음, 소망, 사랑의 신앙 여정을 시작합니다. 그런데 그 갓난아기 안에 무엇이 함께 있습니까? 모든 악독과 모든 기만과 외식과 시기와 모든 비방하는 말이 있습니다. 이런 것들은 갓난아기가 아니라 약육강식의 정글에서 매일 다른 짐승을 죽이고 살아가는 맹수의 삶이 연상되는 단어들입니다. 갓난아기와는 전혀 어울리지 않고 함께 있을 것 같지 않은데, 성도에게는 이 둘이 함께 있습니다. 순전한 하나님의 생명도 있고 온갖 맹수와 짐승들의 본성도 같이 있습니다. 우리의 현실입니다.

그리스도인은 무엇으로 삽니까? 옛사람의 본성으로 맹수처럼 무장해서 삽니까, 아니면 그것을 버리고 하나님의 지키심과 은혜의 보호를 믿는 어린아이처럼 살아야 합니까? 전자는 자기만 위하고 떡으로만 사는 짐승 같은 삶이고, 후자는 하나님과 이웃을 사랑하는 사람다운 삶입니다. 짐승처럼 살지 않고 사람답게 살려면 맹수의 본성을 버려야 합니다. 그리스도인은 자기가 자기를 지키지 못하며 하나님이 자기 인생을 지키고 보호해 주셔야만 한다는 것을 아는 사람들입니다. 성도는 세상의 영광이 풀의 꽃과 같이 허무한 것임을 알고 있는 사람들입니다. 그것을 잊어버릴 때, 혹은 믿지 못하여 자기가 자기를 지키려고 하고 풀의 꽃과 같은 세상 영광을 취하려고 할 때, 옛사람의 본성들이 모든 악독과 기만과 외식과 시기와 비방으로 동원되는 것입니다.

이때 생각할 수 있어야 합니다. '내가 짐승인가? 사람인가? 맹수들이 우글거리는 정글 속에서 아무런 무장 없이 젖 먹는 어린아이로 살아가는 것이 가능할까?' 하는 걱정이 들 수 있지만, 짐승의 길을 버리고 사람의 길로 가야 합니다. 모든 악독과 기만과 외식과 시기와 비방을 버리고 순전하고 신령한 젖, 곧 하나님의 말씀을 사모하며 가는 길이 구원받은 자가 사는 믿음의 삶입니다.

그렇게 해야 구원에 이르도록 자랍니다. 구원은 천국 티켓을 확보하여 마지막 순간에 제시하는 비표가 아닙니다. 구원은 떡으로만 사는 삶에서 하나님의 입에서 나오는 말씀으로 사는 삶으로의 거룩한 이동입니다. 자기만 사랑하는 지독한 이기주의에서 하나님과 형제를 사랑하는 이신주의와 이타주의로의 옮김입니다. 이것은 삶의 존재 근거가 뒤바뀌는 혁명이고, 한 번으로 끝나는 것이 아니라 평생 지속되어야 하는 생명의 자람이며 욕심의 비움입니다. 어찌 멈출 수가 있겠습니까? 영광의 완성을 향하여 성장하며 자라야 합니다.

자라기 위해서 성장을 막고 방해하는 것을 버려야 합니다. 한 번 버리는 것이 아니라 매일 버려야 합니다. 버리기만 하는 것이 아니라 자라기 위해 성장에 필요한 양식을 먹어야 합니다. 한번 먹고 끝나는 것이 아니라 매일, 매 순간 먹어야 합니다. 갓난아기가 엄마의 젖을 사모하듯이 살아 있고 항상 있는 하나님의 말씀을 먹어야 합니다. 그러면 주의 인자하심을 맛보게 됩니다. 주의 인자하심을 맛보면 말씀에 대한 식욕이 생겨서 자꾸 순전하고 신령한 젖을 사모하게 됩니다. 그러면서 구원에 이르도록 자라나는 생명의 선한 순환이 일어나는 것입니다.

정반대의 삶도 있습니다. 모든 악독과 기만과 외식과 시기와 비방을 버리지 않으면, 그것으로 배가 불러 말씀에 대한 식욕이 생기지 않습니다. 짐승처럼 사는 것이 익숙해지면, 거룩한 삶의 욕구가 생기지 않고 식욕이 없으니까 말씀을 먹지 못하고, 먹지 않으니 주의 인자하심을 맛보지 못합니다. 주의 인자하심을 경험하지 못하니 악독과 기만과 외식과 시기와 비방을 버리지 못합니다. 생명의 선순환이 아니라 옛 본성의 악한 순환이 반복되는 것입니다.

주의 인자하심을 맛보고 있습니까? 이것은 시편 34편 8절에서 다윗이 "너희는 여호와의 선하심을 맛보아 알지어다"라고 말한 것을 인용한 것입니다. 어떻게 다윗이 여호와의 선하심을 맛보았는지 한번 찾아보겠습니다. 시편 34편을 보면, 부제가 "다윗이 아비멜렉 앞에서 미친 체 하다가 쫓겨나서 지은 시"라고 되어 있습니다. 지금 이게 어떤 상황인가 하면, 사울이 다윗을 미워해서 악독과 기만과 외식과 시기와 비방을 동원해서 죽이려고 합니다. 하나님의 사람인 다윗이 똑같은 방식으로 사울과 맞설 수가 없으니 사울을 피해 도망 다닙니다. 이스라엘 경내에 더 이상 도망 다닐 데가 없어지자 블레셋의 경내로 숨어들어가 사울의 추적을 피해야 하는 지경까지 갑니다. 그러다가 아비멜렉의 신하들에게 자신이 다윗인 것이 발각되어 아비멜렉 앞에 끌려간 상황입니다. 절체절명의 위기입니다. 그때 하나님이 지혜를 주십니다. 사무엘상 21장 11-16절을 보면, 넋이 나간 사람처럼 침을 질질 흘리고 성문 앞에서 소변을 봅니다. 미친 척을 합니다. 그러자 블레셋 왕이 정말 미친 사람인 줄 알고 쫓아냅니다.

그렇게 살아 나와서 이 시를 지었습니다. "너희는 여호와의 선하심을 맛보아 알지어다." 여호와의 선하심이 보입니까? 이게 여호와의 인자하심으로 보여집니까? 그런데 다윗은 압니다. 모든 악독과 기만과 외식과 시기와 비방을 동원해서 자기가 자기를 지키는 것을 포기하고, 어린아이같이 하나님의 보호하심만 의지하여 말씀을 따라갈 때 여호와의 천사가 그렇게 주를 경외하는 자를 둘러 진 치고 그를 건지고 보호하신다는 것을 말입니다. 아무리 연기를 잘해도 그 수많은 사람을 속일 수 없습니다. 그런데 아비멜렉이 너희가 내 나라에 미친 사람이 부족해서 또 미친 사람 하나를 더 데리고 왔느냐고 화를 내면서 신하들을 꾸짖고 다윗을 쫓아냅니다. 지금 다윗은 하나님께서 천사들을 동원해서 자기를 둘러 진 치고 계신 것을 맛보고 있습니다. 그래서 6-8절에서 이렇게 고백합니다.

이 곤고한 자가 부르짖으매 여호와께서 들으시고 그의 모든 환난에서 구원하셨도다 여호와의 천사가 주를 경외하는 자를 둘러 진치고 그들을 건지시는도다 너희는 여호와의 선하심을 맛보아 알지어다 그에게 피하는 자는 복이 있도다 _ 시 34:6-8

베드로가 바로 이 부분을 인용하면서 "너희가 주의 인자하심을 맛보았으면 그리하라"(3절)고 한 것입니다. 모든 악독을 버리고 말씀을 먹는 것은, 내가 나 자신 지키는 삶을 포기하고 하나님께서 나를 지키도록 나 자신을 내어 주는 것입니다. 우리들도 그렇게 하면 다윗이 경험한 것처럼 하나님께서 얼마나 선한 분이신지를 알게 된다는 말씀입니다. 그분이 얼마나 믿을 만한 분이고 자비로운 분이며 따라갈 만한 분인지를 맛보면, 내가 나를 지키기 위해 악독을 동원할 필요가 없습니다. 기만과 외식과 시기와 비방을 휘둘러서 짐승처럼 살 필요가 없습니다.

주의 말씀을 의지하여 깊은 곳에 그물을 던지면, 거기 주님께서 예비하신 물고기가 있는 것을 경험할 것입니다. 주의 인자하심이 나의 방법과 경험이 만들어 내는 결과와 비교할 수 없이 선한 것임을 알게 되면, 다시 악독과 기만과 외식과 시기와 비방을 동원하지 않을 수 있습니다. 그렇게 한 걸음씩 갓난아기가 순전하고 신령한 젖을 사모하듯이 하나님의 말씀을 따라 믿음과 소망과 사랑의 길을 가는 것이 우리 구원의 여정입니다.

베드로전서는 고난받는 주의 백성들을 붙들어 주기 위해 쓴 편지입니다. 사도는 뿔뿔이 흩어져 어려움을 겪고 있는 지체들에게 말합니다. "여러 가지 고난이 너희들을 힘들게 하지만 이 고난은 너희들의 구원을 보호하고 있는 하나님의 손길이다. 이 손길 속에서 너희들이 배워야 할 것이 있는데 바로 모든 악독과 기만과 외식과 시기와 비방을 버리는 것이고 갓난아기들 같이 순전하고 신령한 하나님의 말씀을 사모하는 것이다. 그렇게 하면 주의 인자하심을 맛보게 될 것이다"라고 말입니다. 이 말은, 고난을 겪으면서 악한 옛 본성을 버리지 못하고 말씀의 자리로 나아가지 않으면 그 고난이 무슨 유익이 있겠느냐는 뜻입니다.

고난은 우리의 모든 악독을 버리게 하는 하나님의 손길이며 여호와의 선하심을 맛보아 알 수 있는 절호의 기회입니다. 이것을 통해서 우리는 하나님의 사람으로 구원에 이르도록 자라 갑니다. 교회의 성장은 건물 크기의 확장과 교인 숫자의 증가로 말할 수 있는 것이 아닙니다. 성경이 말하는 교회 성장은 교인의 성장입니다. 교인의 성장은 믿음 · 소망 · 사랑이라는 구원의 여정에서 악독과 기만을 버리고 외식과 시기와 비방하는 말을 버리고 순전하고 신령한 젖인 하나님의 말씀을 먹을 때만 허락되는 생명의 자라남입니다. 이것은 주의 인자하심을 맛보는 가운데 하나님 사랑과 이웃 사랑의 거룩함이 성장하는 것이고 의와 공도를 행하는 삶으로 빚어지는 하나님 나라의 비밀입니다.

우리는 속이는 자 같으나 참되고 무명한 자 같으나 유명한 자요 죽은 자 같으나 보라 우리가 살아 있고 징계를 받는 자 같으나 죽임을 당하지 아니하고 근심하는 자 같으나 항상 기뻐하고 가난한 자 같으나 많은 사람을 부요하게 하고 아무것도 없는 자 같으나 모든 것을 가진 자로다 _고후 6:8-10

이렇게 빚어지는 것이 바로 교회의 성장입니다. 구원에 이르도록 자라는 것입니다.

우리 안의 악한 본성들을 포기하고 버리면, 거룩한 하나님의 말씀으로 태어난 갓난아이의 순전한 생명만 우리의 삶을 이끌어 가는 원동력이 됩니다. 이 생명은 오직 하나님의 말씀으로만 보호되고 자라고 지켜집니다. 하나님은 항상 있고 살아 있는 이 말씀으로 자녀들을 먹이시고 보호하십니다. 항상 있고 살아 있는 하나님의 말씀이 교회를 통하여 우리의 양식으로 공급되고 있습니다. 동시에 모든 악독과 기만과 외식과 시기와 비방도 항상 우리 안팎에 차고 넘칩니다. 무엇을 선택할지 생각해야 합니다. 짐승처럼 살 것인가, 사람답게 살 것인가? 무엇을 버리고 무엇을 취해야 할 것인가? 여호와의 선하심을 맛보고 살 것인가, 세상의 허무함을 맛보고 살 것인가? 오늘 우리가 결정해야 합니다.

08 구원에 이르도록 자라게 하려 ②

벧전 2:1-10

하나님의 은혜로 거듭난 성도들은 모든 악독과 기만과 외식과 시기와 비방을 버리고 순전하고 신령한 젖인 하나님의 말씀을 사모하면서 구원에 이르도록 자라날 것을 요구받습니다. 하지만 타락한 우리의 본성은 하나님의 요구를 거역하고 계속 죄된 삶을 살도록 유혹하고 부추깁니다. 고난은 이런 우리의 죄성을 멈추게 하고 말씀을 사모하는 자리로 이끌어 구원에 이르도록 자라게 하는 하나님의 복된 간섭입니다.

우리는 아직 점과 흠투성이 수준의 삶을 살면서 시행착오와 침체를 거듭하고 방황할 때가 많습니다. 하지만 성경은 이런 우리가 결국은 점도 없이 흠도 없이 하나님을 사랑하고 이웃을 거짓 없이 사랑하는 영광의 상태로 갈 것이라고 말합니다. 무엇이 우리를 그렇게 만들까요? 아들까지 아끼지 않고 십자가에 내어 주신 성부 하나님의 사랑입니다. 육신을 입고 이 땅에 오셔서 십자가에 죽기까지 복종하신 성자 예수님의 은혜입니다. 말할 수 없는 탄식으로 우리를 설득하고 가르치고 깨닫게 하고 믿게 하고 받아들이게 하시는 성령 하나님의 교통하심과 역사하심이 우리를 그렇게 만들어 가십니다. 성경은 삼위 하나님의 이런 역사를 천사들도 살펴보기를 원하는 신비스러운 구원이라고 하고, 구약의 선지자와 복음을 전하는 자들도 다 알지 못했던 영광스러운 구원이라고 가르칩니다.

지금 베드로는 뿔뿔이 흩어져 고난당하고 있는 성도들에게 편지하면서, 너희들이야말로 이 거대한 구원 드라마의 복된 주인공들이며 그 과정 중에 여러 가지 시험이 허락되고 있으니 고난 때문에 낙심하지 말고 힘을 내라고 위로하고 있습니다. 그가 1장에서 내내 말한 것이 무엇입니까? 위대한 하나님의 구원입니다. 하나님의 미리 아심과 택하심, 예수 그리스도의 피 뿌림과 거듭남, 그로 인해 갖게 된 살아 있는 소망, 썩지 않고 더럽지 않고 쇠하지 않는 하늘에 간직된 기업, 말세에 나타내기로 예비된 구원, 예수 그리스도가 다시 오실 때 칭찬과 영광과 존귀로 얻게 될 믿음의 결국 곧 영혼의 구원, 전부 구원에 관한 것입니다. 고난 중에 있는 성도들을 이 엄청난 하나님의 구원으로 위로하는 것은 조금만 참으면 다 잘될 것이라는 막연하고 가벼운 인간의 위로와는 차원이 다른 높고 무거운 하늘의 위로입니다.

그래서 베드로의 위로에는 고난받는 자들의 아픔을 이해하는 공감과 동정을 넘어 위대한 하나님의 구원역사에 따르는 단호한 요구들이 이어집니다. 마음의 허리를 동이고 근신하여서 이 구원을 온전히 소망하라는 말씀(1:13), 나그네로 있을 때를 두려움으로 지내면서 이전에 따르던 사욕을 본받지 말고 모든 행실에 거룩한 자가 되라고 한 말씀(1:14-17), 진리를 순종함으로 깨끗한 영혼이 되어 거짓 없이 형제를 뜨겁게 사랑하라는 명령(1:22)이 다 그러합니다. 말랑말랑한 공감이 아니라 단호한 분위기입니다. 이것은 2장에서도 동일합니다.

> 모든 악독과 모든 기만과 외식과 시기와 비방을 버리고 갓난아기들
> 같이 순전하고 신령한 젖을 사모하라 이는 그로 말미암아 너희로 구
> 원에 이르도록 자라게 하려 함이라 _벧전 2:1-2

역시 구원을 이야기합니다. 그리고 그것을 위하여 악을 버리고 말씀을 취하라고 합니다. 단순히 "힘들죠? 조금만 참읍시다."가 아니라, 이 기회에 평소에 버리지 못한 악독과 기만과 외식과 시기와 비방을 버리고, 평소에 사모하지 못했던 하나님의 말씀을 사모하는 자리로 나아가서 구원에 이르도록 자라게 하시는 주의 인자하심을 맛보라고 하는 것입니다. 이것이 고난 당하는 주의 백성들을 위로하는 베드로의 방법입니다.

혹 고난으로 인해 힘들어하고 있습니까? 왠지 모르게 침체되고 삶의 의욕이 사라져 우울해 하고 있습니까? 어떻게 하면 이 어려움을 빨리 벗어날 수 있을까를 생각하기 전에 베드로가 그의 독자들을 위로하고 있는 방식을 따라가 보십시오. 그래서 우리에게 임한 신비스러운 하나님의 구원을 묵상해 보십시오. 천사들이 살펴

보는 것처럼 우리가 은혜 가운데 받고 있는 하나님의 구원이 얼마나 위대한 구원인지를 묵상해 보십시오. 그리고 이 어려움 속에서 내가 나아가야 할 삶의 방향과 내용이 어떤 것인지를 생각해 보십시오.

성경은 어떻게 말씀하고 있습니까? 흠 없고 점 없는 예수 그리스도께서 그의 보배로운 피를 흘려 우리를 죄에서 사 오신 이유는, 남들보다 더 잘살고 건강해지고 오래 살고 편안하고 행복한 여생을 누리도록 하기 위함이 아닙니다. 하나님께서 그리스도 예수 안에서 우리를 구원하시되, 구원해 가시는 목적과 방향과 내용은 이렇습니다.

> 사람에게는 버린 바가 되었으나 하나님께는 택하심을 입은 보배로운 산 돌이신 예수께 나아가 너희도 산 돌같이 신령한 집으로 세워지고 예수 그리스도로 말미암아 하나님이 기쁘게 받으실 신령한 제사를 드릴 거룩한 제사장이 될지니라 _벧전 2:4-5

두 가지를 말씀합니다. 하나는 신령한 집으로 세워지라는 것, 다른 하나는 거룩한 제사장이 되라는 것입니다. 이 두 가지가 하나님께서 예수 그리스도의 보배로운 피를 통해 우리를 부르신 구원의 목적이라는 말씀입니다.

신령한 집이 된다는 것은 무엇입니까? 원문의 뜻은 성령의 전, 곧 성전으로 세워지는 것입니다. 성전은 하나님의 처소입니다. 구약에는 눈에 보이는 성막과 성전이 하나님의 처소 역할을 했지만 예수 그리스도가 육신을 입고 오셔서 십자가의 단번의 제사로 우리의 대속을 다 이룬 후에는 더 이상 건물을 '성전'이라 하지 않습니다. 예수님이 성전으로 오신 후로는 주를 믿는 그의 백성들과 이들의 모임인 신앙의 공동체를 하나님의 처소, 곧 성전이라고 합니다.

> 너희는 사도들과 선지자들의 터 위에 세우심을 입은 자라. 그리스도 예수께서 친히 모퉁잇돌이 되셨느니라. 그의 안에서 건물마다 서로 연결하여 주 안에서 성전이 되어 가고 너희도 성령 안에서 하나님이 거하실 처소가 되기 위하여 그리스도 예수 안에서 함께 지어져 가느니라 _엡 2:20-22

우리는 하나님께서 거하실 처소로 함께 지어져 가는 성전입니다. 하나님의 구원은 우리를 성전으로 만드는 것입니다. 우리를 성전으로 만들기 위해 예수 그리스도께서 친히 모퉁잇돌이 되셨습니다. 당시 건물 짓는 방식은 모퉁잇돌을 기초로 먼저 두고 거기에 맞게 나머지 돌들을 다듬어 이어나가는 방식이었습니다. 서로 연결하여 함께 지어져 간다는 것이 그런 뜻입니다. 모퉁잇돌에 맞도록 다듬어져서 모퉁잇돌과 하나로 연결되어 벽이 되고 건물이 되어 간다는 의미입니다. 우리는 그렇게 모퉁잇돌이 되신 예수 그리스도에 맞게 깎이고 다듬어지면서 하나님께서 거하실 처소인 성전으로 지어져 갑니다.

하나님께서 거하신다는 것은 하나님께서 우리 안에 임재하시면서 우리를 다스림을 의미합니다. 곧 우리에게 하나님의 나라가 임하는 것입니다. 그럼 지금은 하나님이 믿는 자 안에 계시지 않습니까? 계십니다. 우리는 하나님의 다스림을 받는 하나님 나라의 백성이 되었습니다. 우리 안에 하나님의 나라가 이미 임했습니다. 우리는 이미 성전입니다. 그러나 하나님이 우리 안에 거하시면서 우리를 다스리고 계시지만 우리는 우리 안에 계신 하나님의 뜻과 다스림을 다 받아들이지 않고 우리의 뜻대로 살 때가 훨씬 많습니다. 우리는 예수 그리스도에게 맞게 더 다듬어지고 깨트려져서 내 뜻이 아닌 하나님의 뜻에 맞는 삶을 향하여 나아가야 합니다. 그것이 구원에 이르도록 자라는 것입니다. 그것이 나라가 임하게 해 달라는 우리의 기도이며 신령한 집인 성전으로 세워지는 것입니다. 그리고 우리가 평생 바라보아야 할 구원의 방향이며 살아 내야 할 삶의 내용입니다.

이것은 마치 부부가 남편과 아내로 한집에 살지만 완전히 뜻을 합하여 하나가 되는 데 한평생의 시간이 걸리는 것과 같습니다. 부부의 영광은 다른 것이 아닙니다. 서로가 서로의 원하는 것을 알고 뜻을 알아 그것을 위해 양보하고 편들어 주며, 남편의 뜻이 아내의 뜻이 되고 아내의 뜻이 남편의 뜻이 되는 그 자리까지 함께 가는 것입니다. 내 뜻이 있지만 배우자의 뜻이 앞서고 그가 좋아하는 것이 나의 기쁨이 되고 그가 싫어하는 것이 나의 슬픔이 되는 자리까지의 동행, 그것이 부부가 누리는 가장 큰 복이고 영광입니다. 이것이 어찌 하루아침에 되겠습니까? 우리는 부부로 살면서도 그 아름다운 동행을 잘 이루지 못합니다. 상대방의 뜻대로 자기를 맞추기보다 자기 뜻대로 배우자가 따라와 주지 않는다고 힘들어합니다. 함께 울고, 함께 가슴 아파하며, 함께 고민하는 세월과 시간을 통하여 한 걸음씩 부부의 하나 됨을 배워 가, 마침내 아무것도 안 해도 서로 같이 있는 것만으로 기뻐하고 만족하는 사랑의 자리로 가는 것이 부부에게 허락된 최고의 영광입니다.

우리의 구원이 그러합니다. 구원은 천국 티켓을 확보하고 끝나는 것이 아니라, 우리가 하나님의 처소가 되는 신령한 집으로 세워져 가는 것입니다. 우리 안에 거하시는 하나님의 뜻에 맞추어 나를 다듬어 깎고 깨뜨려 가면서 하나님과 하나 되는 것입니다. 하나님의 마음과 나의 마음을 합하는 것이고 마음과 뜻을 다하여 그분을 사랑하는 것이며, 그의 소원이 나의 기쁨이 되고 그의 싫음이 나의 슬픔이 되는 것입니다. 그런데 이렇게 예수님께 나아가 신령한 집으로 세워져 가는 과정이 그리 쉽지 않고, 세상의 시각에서 봤을 때는 어리석고 미련하게 보여서 사람들이 잘 안 하려고 합니다.

모퉁잇돌, 산돌(living stone)이라고 말하는 예수 그리스도를 베드로가 어떻게 설명하는지 보십시오. "사람에게는 버린 바가 되었으나"라고 합니다. 우리의 구원자로 하나님께서 택하신 보배로운 산돌이신 예수님이 사람들에게는 버린 바 되었습니다. 왜 그렇습니까?

성경에 기록되었으되 보라 내가 택한 보배로운 모퉁잇돌을 시온에 두노니 그를 믿는 자는 부끄러움을 당하지 아니하리라 하였으니 그러므로 믿는 너희에게는 보배이나 믿지 아니하는 자에게는 건축자들이 버린 그 돌이 모퉁이의 머릿돌이 되고 또한 부딪치는 돌과 걸려 넘어지게 하는 바위가 되었다 하였느니라. 그들이 말씀을 순종하지 아니하므로 넘어지나니 이는 그들을 이렇게 정하신 것이라 _벧전 2:6-8

믿는 자들에게 예수님은 보배입니다. 산 돌이고 모퉁잇돌입니다. 그러나 믿지 않는 자에게 예수님은 부딪치는 돌과 걸려 넘어지는 바위에 불과합니다. 쓸모없다고 건축자들이 버리는 돌입니다. 부딪치는 돌, 걸려 넘어지는 돌, 쓸모없는 돌, 버리는 돌이 예수님입니다. 많은 사람들이 잠시 예수님께 기쁨으로 나왔다가 왜 실망하고 돌아갑니까? 경제적 사회적 가치로 볼 때 예수님은 쓸모없는 돌이기 때문입니다. 예수님께서 오병이어의 기적을 일으키고 병자를 고치셨을 때 사람들은 환호하면서 예수님께 나아와 우리의 왕이 되어 달라고 했습니다. 그러나 그 요구에 응하지 않고 진리의 말씀으로 가르쳤더니 어떻게 했습니까? 다 떠났습니다. 썩을 양식을 위하여 일하지 말고 배부르게 할 것을 위하여 나를 믿지 말고, 영생하도록 있는 양식을 위하여 나를 믿고 나를 먹으며 나를 마시라, 나는 하늘에서 내려온 살아 있는 떡이요 내 살은 참된 양식이요 내 피는 참된 음료라고 하시니, 다 어렵다고 하면서 물러갔습니다(요한복음 6장 참고).

세상적 기대를 갖고 예수님께 나아가면 예수님은 산 돌이 아니라 걸려 넘어지는 돌이고 부딪치는 돌이고 쓸모없는 돌입니다. 걸려 넘어진다는 말은 '스칸달리조'(σκανδαλίζω)라는 단어인데 덫, 함정을 뜻합니다. 스캔들(scandal)이라는 영어가 여기에서 파생되었습니다. 마태복음 13장의 씨 뿌리는 비유를 보면 돌밭에 뿌려진 씨를 말할 때 "말씀을 듣고 즉시 기쁨으로 받되 그 속에 뿌리가 없어 잠시 견디다가 말씀으로 말미암아 환난이나 박해가 일어날 때에는 곧 넘어지는 자"라고 했는데, 이 넘어진다는 단어도 '스칸달리조'입니다.

신령한 집으로 세워지는 것이 무엇입니까? 산 돌이신 예수님께 나아가 그분을 모퉁잇돌로 해서 나를 깎고 맞추고 다듬어서 하나님께서 거하실 처소인 성전으로 지어져 가는 것입니다. 이것은 예수 믿으면 지금보다 잘될 것이라는 세상적인 기대와 경제적 사회적 가치로 본다면 아무 쓸모 없는 것입니다. 쓸모없는 정도가 아니라 오히려 걸림돌이 되고 넘어지게 하는 덫이고 함정입니다. 하나님도 예수님도 성령님도 나의 강화와 안녕과 평안을 위해서만 일하셔야 한다고 기대하는 자들에게 예수님은 덫이며 함정이고 스캔들입니다. "나로 말미암아 실족하지 아니하는 자는 복이 있도다"(마 11:6)라는 예수님의 말씀이 괜히 나온 말씀이 아닙니다.

하나님은 사람들이 버린, 건축자들이 버린 돌을 믿는 자들이 세워 가야 할 신령한 집의 모퉁잇돌로 삼으셨습니다. 보배로운 산 돌로 삼았습니다. 우리에게 예수님은 어떤 분입니까? 산 돌이십니까? 모퉁잇돌이십니까? 아니면 부딪치는 돌과 걸려 넘어지는 바위입니까?

그러나 너희는 택하신 족속이요 왕 같은 제사장들이요 거룩한 나라요 그의 소유가 된 백성이니 이는 너희를 어두운 데서 불러내어 그의 기이한 빛에 들어가게 하신 이의 아름다운 덕을 선포하게 하려 하심이라. 너희가 전에는 백성이 아니더니 이제는 하나님의 백성이요 전에는 긍휼을 얻지 못하였더니 이제는 긍휼을 얻은 자니라 _벧전 2:9-10

누가 산 돌이신 예수님께 나아가 세상이 볼 때 아무 쓸모 없는 신령한 집을 세울 수 있습니까? 긍휼을 입은 자들입니다. 택하신 족속들입니다. 왕 같은 제사장들입니다. 거룩한 나라요 그의 소유된 백성들만 그렇게 할 수 있습니다. 흔히 이 말씀에서 성도의 정체성을 말해 주는 유명한 4가지의 설명들은 성도가 얼마나 존귀한 존재인지를 말해 주며 우리의 자존감을 높이는 것으로 사용하는 경향들이 있는데, 본문의 의미는 전혀 그런 뜻이 아닙니다. 특별히 왕 같은 제사장이라는 번역이 그런 오해를 부추겼는데 원문의 뜻은 "왕 같은" 보다는 '왕을 위한' 혹은 '왕에게 속한' 제사장이라는 뜻에 훨씬 가깝습니다.

성도는 성전으로 지어져 가면서 하나님께 제사를 드리는 제사장으로 부름 받았습니다. 왕 같은 제사장이 아니라, 왕을 위해 신령한 제사를 드리는 거룩한 제사장으로 말입니다. 무엇이 우리가 드릴 신령한 제사입니까? 우리를 어두운 데서 불러내어 그의 기이한 빛에 들어가게 하신 이의 아름다운 덕을 선전하고 선포하는 것입니다. 하나님께서 우리에게 긍휼을 베풀어 택한 족속과 왕을 위한 제사장과 거룩한 나라와 소유된 백성 삼으신 이유가 거기에 있습니다. 썩어짐과 더러움과 허무함의 종노릇하는 어둠에 속한 자들에게, 하나님이 나를 성전 삼아 나와 동행하시면서 베푸시는 궁휼과 덕이 얼마나 기이한 것인지를 알리고 주의 인자하심과 선하심이 얼마나 신비스러운 것인지를 보이면서, 그들을 하나님께로 이끌기 위해 부름받은 사람들이 바로 우리입니다.

로마가 주도하는 세상에 의해서 흩어져 고난당하는 주의 백성들에게 그들을 버리고 힘들게 하는 세상의 제사장이 되라고 말하는 베드로의 말씀이 놀랍지 않습니까? 보배로운 산 돌이신 예수께 나아가 신령한 집으로 세우라고 말씀함으로 고난 중의 성도를 위로하고 있는 사도의 말을 들어보십시오. 이런 말씀으로 교회를 보지 못하고, 이런 시각으로 성도의 존재 이유를 보지 못하면, 우리는 길을 잃고 헤매게 될 것입니다. 왕 같다는 특권 의식에 사로잡혀서 더 많은 복을 요구하거나 받은 복을 내세워 우쭐거릴 일이 아닙니다. 이 어두운 세상 속에서 신령한 집으로 세워지고 그들을 하나님께로 인도해야 할 거룩한 제사장의 사명이 주어졌다는 것을 잊지 말아야 합니다. 교회는 교회 자체를 위해 있지 않습니다. 성도는 성도 자신을 위해 존재하지 않습니다. 교회와 성도는 하나님과 이 어두운 세상을 위해서 있습니다. 하나님을 사랑하여 내 뜻을 하나님의 뜻에 맞추어 깎고 다듬어서 신령한 집으로 세워지는 것, 그리고 그렇게 하나님의 뜻에 순종하여 이 세상에서 하나님의 아름다운 덕을 선포하는 거룩한 제사장의 사명을 감당하기 위하여 더 많이 엎드리고 은혜를 구하십시오.

09 성전 건축의 실제
벧전 2:11-12

그리스도인들은 구원받은 그 순간부터 하나님을 모시고 사는 성전으로 지어져 갑니다. 이것은 하나님께서 기뻐 받으실 신령한 제사를 드리는 거룩한 제사장의 사명을 가지고 살아가는 것을 의미합니다. 다시 말해, 성도는 성전인 동시에 제사장으로 부름받은 것입니다. 이것을 위해서 성부 하나님은 독생자 예수님을 성전의 모퉁잇돌로 택하셨습니다. 예수님은 아버지의 뜻에 순종하여 십자가에서 그의 흠 없고 점 없는 피를 흘리셔서 기꺼이 이 성전의 모퉁이 머릿돌이 되셨습니다. 성령 하나님은 택한 자 한 사람 한 사람을 역사 속에서 불러내 믿게 하시고 모퉁잇돌이 되신 예수님과 연합해 세워져 가는 돌이 될 수 있도록 깎고 다듬고 만들어 가십니다.

우리는 지금 삼위 하나님께서 진행하고 계시는 이 위대한 구원의 역사로서, 고난 중에 있는 성도들을 위로하고 있는 베드로의 편지를 보고 있습니다. 그렇다면 하나님의 구원 역사를 다른 말로는 무엇이라 할 수 있을까요? 성전 건축의 역사라고 할 수 있습니다.

눈에 보이는 건물이 아니라, 우리 안에서 진행되는 심령의 성전 말입니다. 그런데 이런 하나님의 구원은 세상적인 복의 관점에서 본다면 환영받지 못할 내용입니다. 사람들이 모퉁잇돌 되시는 예수님을 건축자의 버린 돌처럼 버린 이유가 여기 있습니다. 수많은 사람들이 잠시 기쁨으로 예수님께 나왔다가 어려움이 오고 박해가 올 때 실족하는 이유가 무엇입니까? 성전의 모퉁잇돌로 오신 예수님의 모습과 예수님께서 주시는 구원의 내용이 그들의 기대와 달랐기 때문입니다. 경제적 사회적 정치적 복을 구하는 사람들에게 예수님은 모퉁잇돌이 아니라 쓸모없는 돌입니다. 그들에게 예수님은 구원자가 아니라 걸려 넘어지는 함정이자 덫이고 스캔들로 오신 분이셨습니다.

이런 예수님을 구주와 왕으로 영접해서 보배로운 산 돌로 믿고 말씀으로 다듬어지고 깎여 주님과 연합한 성전으로 지어져 가는 것은 실로 하나님의 은혜의 결과입니다. 은혜 아니면 불가능한 것입니다. 그러나 이 은혜는 마치 외국인과 나그네가 새로운 나라에 발을 디뎠을 때 느끼는 감정처럼 이 땅의 관점에서는 낯선 은혜입니다. 그래서 베드로는 그의 독자들을 이렇게 부릅니다.

사랑하는 자들아 거류민과 나그네 같은 너희를 권하노니 _벧전 2:11

우리를 무엇이라고 부릅니까? 거류민, 즉 외국인과 나그네 같은 자라고 합니다. 나그네와 외국인은 그 땅에서 영원히 사는 사람들이 아니라 잠시 살다가 조금 있으면 자신의 나라로 돌아가는 사람들입니다. 하나님은 우리를 이 땅에서 이렇게 나그네로 살도록 창세 전에 그리스도 안에서 택하셨습니다. 그리고 그리스도의 보배로운 피를 통하여 하나님의 소유로 삼으셨고 왕을 위한 제사장의 사명을 주어 거룩한 나라로 부르셨습니다. 그러니 그리스도인은 비록 나그네이지만 보통 나그네가 아니라 '특별한 나그네'입니다. 외국인이요 거류민이지만 쓸쓸한 거류민이 아니라 하늘에 간직된 썩지 않고 더럽지 않고 쇠하지 않는 기업을 유산으로 받은 '존귀한 거류민'입니다.

베드로는 이들을 향하여 너희가 이처럼 특별한 존재이니까 그런 존재답게 거룩한 성전으로 지어져 가야 한다고 하면서 그 구체적인 방법과 원리를 설명합니다. 2장 11-12절은 그 전체적인 서론에 해당되는 권면입니다.

사랑하는 자들아 거류민과 나그네 같은 너희를 권하노니 영혼을 거슬러 싸우는 육체의 정욕을 제어하라. 너희가 이방인 중에서 행실을 선하게 가져 너희를 악행한다고 비방하는 자들로 하여금 너희 선한 일을 보고 오시는 날에 하나님께 영광을 돌리게 하려 함이라 _벧전 2:11-12

크게 두 가지를 말합니다. 하나는 육체의 정욕을 제어하는 것이고, 다른 하나는 선한 행실을 가지라는 것입니다. 전자는 소극적인 권면이고, 후자는 적극적인 권면입니다.

먼저 육체의 정욕을 제어하라는 말씀을 살펴보겠습니다. 육체의 정욕은 1장 14절에 의하면 구원받기 전에 따르던 사욕이며, 2장 9절에서 언급한 어둠에 속한 욕망입니다. 욕망이라고 다 나쁜 것은 아닌데 육체의 정욕은 어둠에 속한 욕망으로 타락한 본성이 부추기는 더럽고 부끄럽고 왜곡된 욕망입니다. 로마서 7장 20절에서 바울은 이런 육체의 정욕들을 죄라고 불렀습니다. 왜 그리스도인들이 육체의 정욕을 제어해야 합니까? 이것이 영혼을 거슬러 싸우기 때문입니다. 이 영혼은 거듭난 영혼으로 하나님께서 심어 주신 새로운 본성입니다. 하나님을 사랑하고 이웃을 사랑하려는 생명입니다. 육체의 정욕은 이 새로운 생명의 본성을 거슬러 하나님 사랑과 이웃 사랑의 삶을 살지 못하게 하고 이전에 따르던 사욕을 본받고 오직 자기만을 위해서 살도록 부추기고 유혹합니다. 특별한 나그네와 행인으로 부름받은 성도가 그 부르심에 합당하도록 하나님께서 거하실 신령한 집, 성전으로 지어져 가려면 가장 먼저 육체의 정욕을 제어하지 않으면 불가능합니다. 그래서 육체의 정욕을 제어하라고 하는 것입니다.

육체의 정욕을 제어할 때 기억해야 할 것이 있습니다. 베드로가 이들을 "사랑하는 자들아"라고 부르는 것을 보십시오. 정확하게 번역하면 '사랑을 받는 자들'인데, 이들은 베드로의 사랑만 아니라 하나님의 사랑을 받는 자들입니다. 비록 고향을 떠나 뿔뿔이 흩어져 고난당하는 삶을 살지만 이들은 하나님의 사랑을 받는 특별한 나그네요 존귀한 거류민입니다. 이렇게 특별한 하나님의 사랑을 받고 은혜를 입고 있으니 그 사랑과 그 은혜를 기억하면서 육체의 정욕을 제어하라는 것입니다. 억지로 이를 악물고 의무적으로 정욕을 제어하는 것이 아닙니다. 내가 하나님의 사랑을 받고 있기 때문에 그 사랑이 육체의 정욕을 제어하는 원동력이 되어야 합니다.

흔히 마음은 원이로되 육신이 약해서 못하겠다는 말을 많이 합니다. 분명히 그런 면이 있습니다. 그러나 사실 육체의 정욕을 제어하지 못하는 것은 육신이 약해서라기보다는 성령을 따라 살지 않기 때문입니다. 로마서 8장에서 "율법이 육신으로 말미암아 연약하여 할 수 없는 그것을 하나님은 하시나니 곧 죄로 말미암아 자기 아들을 죄 있는 육신의 모양으로 보내어 육신에 죄를 정하사 육신을 따르지 않고 그 영을 따라 행하는 우리에게 율법의 요구가 이루어지게 하려 하심이니라"(롬 8:3-4)라고 하셨습니다.

하나님은 제어하지도 못하는 육체의 정욕을 제어하라고 하시지 않습니다. 예수님을 육신의 모양으로 보내 육신을 따르지 않고 영을 따라 사심으로 예수 믿는 우리가 성령의 능력으로 율법의 요구인 하나님 사랑과 이웃 사랑의 삶을 살 수 있도록 길을 열어 주셨습니다.

> 그러므로 형제들아 우리가 빚진 자로되 육신에게 져서 육신대로 살 것이 아니니라. 너희가 육신대로 살면 반드시 죽을 것이로되 영으로서 몸의 행실을 죽이면 살리니 _롬 8:12-13

이에 대해 이제 우리도 예수를 믿고서 영으로써 몸의 행실을 죽일 수 있게 되었습니다. 육체의 정욕을 제어할 수 있게 되었습니다. 이것을 갈라디아서 5장에서는 이렇게 말합니다.

> 내가 이르노니 너희는 성령을 따라 행하라. 그리하면 육체의 욕심을
> 이루지 아니하리라. 육체의 소욕은 성령을 거스르고 성령은 육체를
> 거스르나니 이 둘이 서로 대적함으로 너희가 원하는 것을 하지 못하
> 게 하려 함이니라 _갈 5:16-17

왜 그리스도인이 육체의 소욕을 따라 삽니까? 왜 육체의 정욕을
제어하지 못합니까? 육신이 약해서가 아니라 거듭날 때 우리에게
주어진 새로운 본성, 성령의 소욕 곧 하나님을 사랑하고 이웃을 사
랑하려는 마음을 따라 살지 않기 때문입니다. 결국 육체의 정욕을
제어하지 못하는 것은, 우리가 약해서가 아니라 하나님을 사랑하
고 이웃을 사랑하게 하는 성령을 따르지 않기 때문입니다.

그러므로 육체의 정욕을 제어하려면 성령의 은혜를 구해야 합
니다. 성령의 은혜는 하나님을 사랑하게 합니다. 이웃을 사랑하게
합니다. 이 사랑이 있을 때 육체의 정욕을 제어할 수 있는 것입니
다. 예수님께서 어떻게 말씀하셨습니까? 너희가 나를 사랑하면 나
의 계명을 지킨다고 하셨습니다(요 14:15, 21, 23 참고). 주님을 사랑
하는 마음이 크다면 주님의 말씀도 지킬 것이고, 주님께서 싫어하
는 육체의 정욕을 제어할 것입니다. 문제는 사랑입니다. 하나님의
사랑을 받는 자로서 우리도 주님을 더 많이 사랑할 수 있도록 성령
의 은혜를 구해야 할 것입니다.

이제 육체의 정욕을 제어하라는 소극적인 권면에 이어 적극적

인 권면이 따르는데, 이방인 중에서 선한 행실을 가지라는 말씀입니다. 이 행실은 매일의 삶을 의미합니다. 베드로는 이미 1장 15절에서 "너희는 모든 행실에 거룩한 자가 되라"고 단호하게 권면한 적이 있습니다. 선한 행실은 사욕을 따라 사는 이방인들과 구별되는 거룩함과 별개로 생각할 수 없는 한 짝입니다. 그리스도인이 왜 매일의 일상을 거룩하게 구별해서 선하게 살아야 합니까? 무엇보다도 하나님을 사랑해서입니다만, 또 다른 이유는 세상 사람들이 우리를 보고 있기 때문입니다. 이 편지를 쓰는 당시, 그리스도인은 악행을 한다는 비방을 당했습니다. 황제 숭배를 거부하였기에 사람들은 그리스도인을 국가에 대해 반역하는 자들, 로마의 평화를 파괴하는 자들이라고 비방했습니다. 성찬식을 하면서 주의 살을 먹고 피를 마신다고 하니, 식인종이라고도 비방했습니다.

이런 오해가 있고 그 오해에 따른 비방이 있는데 어찌 선하게 살지 않을 수 있겠습니까? 누군가가 나를 보고 있으며 그 사람이 나의 신앙을 오해해서 비방하고 있다면 더 거룩하고 선하게 살아야 하지 않겠습니까? 그렇지 않으면 하나님을 욕하는 그들의 입술에 기름칠을 더해 줄 뿐입니다. 그 오해와 비방을 불식시키는 방법은 선한 행실 외에는 없습니다. 그러나 성도의 선행은 오른손이 하는 일을 왼손이 모르게 하는 선행이 되어야 합니다. 즉, 자기를 드러내고 자기를 과시하는 선행, 사람에게 보이는 선행이 아니라 세상과 구별된 생각과 가치관에서 나오는 자연스러운 일상 자체가 선한 행실이 되도록 해야 합니다. 마태복음 5장 13-16절을 보십시오.

너희는 세상의 소금이니 소금이 만일 그 맛을 잃으면 무엇으로 짜게 하리요. 후에는 아무 쓸데없어 다만 밖에 버려져 사람에게 밟힐 뿐이니라. 너희는 세상의 빛이라. 산 위에 있는 동네가 숨겨지지 못할 것이요 사람이 등불을 켜서 말 아래에 두지 아니하고 등경 위에 두나니 이러므로 집 안 모든 사람에게 비치느니라. 이같이 너희 빛이 사람 앞에 비치게 하여 그들로 너희 착한 행실을 보고 하늘에 계신 너희 아버지께 영광을 돌리게 하라 _마 5:13-16

소금이 되라고 말씀하지 않고, "너희는 세상의 소금"이라고 합니다. 빛이 되라가 아니라, "너희는 세상의 빛이라"입니다. 그리스도인은 그 존재 자체가 세상의 소금이고 빛이라는 말씀입니다.

이 말씀은 마태복음 5장 앞 부분의 팔복에 이어서 나오는 말씀입니다. 팔복은 천국 백성의 내적 상태를 말하는 것입니다. 심령이 가난한 것, 애통하는 것, 온유한 것, 의에 주리고 목마른 것, 긍휼히 여기는 것, 마음이 청결한 것, 화평하게 하는 것, 의를 위하여 박해를 받는 것은 거듭난 자들 본성의 독특한 특징들입니다. 이 독특한 특징들을 가지고 있는 자체가 복이 있는 것입니다. 예수님은 이런 팔복의 특징을 갖고 있는 거듭난 성도는 그 존재 자체가 이미 세상의 소금이고 세상의 빛이니 그 독특함을 숨기지 말라고 하십니다. 숨기지 않으면 자연스럽게 드러납니다. "이같이 너희 빛이 사람 앞에 비치게 하여 그들로 너희 착한 행실을 보고 하늘에 계신 너희 아버지께 영광을 돌리게 하라"고 하십니다. 의도를 가지고 착한 행실을 보이라는 말씀이 아니고 일상 자체가 착한 행실이 되는 존재가 되라는 말씀입니다. 'doing' 이전에 'being'입니다.

지금 베드로는 예수님의 이 말씀을 인용해서 선한 행실을 가지라고 권면하고 있습니다. 그러니 이방인들 중에서 선한 행실을 하라는 것은 의도적으로 그들 앞에서 착한 행실을 보이라는 뜻이 아니고, 하나님을 모시고서 신령한 집인 성전으로 지어져 가고 있다면, 예수님을 모퉁잇돌로 해서 그 돌에 맞게 삶을 깎고 다듬어 가고 있다면, 그런 성전 건축 공사 자체가 세상의 소금, 세상의 빛과 같은 독특한 것이니까 그것을 애써 숨기지 말라는 것입니다. 나그네와 외국인이요, 택한 백성이요, 거룩한 나라요, 왕 같은 제사장이며, 하나님의 소유가 된 백성의 그 독특한 존재 됨을 육체의 정욕으로 막지만 않으면, 자연스럽게 이방인들 중에 그 독특함이 선한 행실로 비치게 될 것이라는 뜻입니다.

사람은 입는 옷에 따라 행동이 달라질 때가 많습니다. 특별히 제복이 그렇습니다. 멀쩡한 남자들도 예비 군복만 입혀 놓으면 이상하게 달라집니다. 말이 달라지고 행동이 달라집니다. 똑같은 제복이라도 예비군복이 아니라 장교복이나 장군 옷이나 사관생도 옷을 입으면 함부로 행동하지 못합니다. 제복이 그 사람의 신분을 나타내 주기 때문에 그 옷에 맞는 행동이 나오는 것입니다. 그리스도인들은 하나님을 모시고 사는 신령한 성전 공사를 하고 있는 사람으로서, 왕 같은 제사장, 왕을 위한 제사장이라는 제복을 입고 있는 사람들입니다. 그러니 이 신분에 맞고 이 사명에 맞는 말과 행동을 하며 살아야 합니다.

무엇보다, 우리 안에 하나님께서 계시고 그 하나님께서 우리를 사랑하십니다. 그러니 그 사랑으로 육체의 정욕을 제어하면서 마음이 가난한 사람으로, 애통하는 사람으로, 온유한 사람으로, 의에 주리고 목마른 사람으로, 긍휼히 여기는 사람으로, 마음이 청결한 사람으로 화평하게 하는 사람으로, 의를 위하여 박해를 받는 사람으로 존재해야 합니다. 그러면 세상은 우리를 통하여 착한 사람을 보게 될 것이며, 또 착한 교회를 보게 될 것입니다. 이런 우리를 통해 하나님께서 영광을 받으실 것입니다.

10 성도의 선행 : 사회에서 ①
벧전 2:13-17

그리스도인은 하나님을 모시고 사는 성전으로 지어져 가는 존재들입니다. 성전은 하나님의 처소인 동시에 하나님 앞에 제사를 드리는 장소입니다. 제사가 없는 성전을 상상할 수 없듯이 그리스도인도 하나님을 모시고 사는 성전이기에, 하나님께서 기뻐 받으시는 신령한 제사를 올려드려야 하는 왕 같은 제사장이며 왕을 위한 제사장들로 부름 받고 있습니다(2:9 참고).

그렇다면 신약의 성도가 드릴 신령한 제사란 무엇입니까? 우리는 더 이상 짐승을 잡아서 제사를 드리지 않습니다. 우리가 드리는 제사는 로마서 12장 2절에 의하면, 이 세대를 본받지 않고 하나님의 선하시고 기뻐하시고 온전하신 뜻을 분별하여 거기에 우리의 삶을 거룩한 산 제물로 드리는 '영적 예배'를 말합니다. 똑같은 말을 베드로전서 2장 11-12절은 육체의 정욕을 제어하고, 이방인 중에서 '행실을 선하게 가지는 것'이라고 가르칩니다. 그것이 우리가 하나님께 드릴 신령한 제사입니다.

그런 의미에서 육체의 정욕을 제어하는 것과 이방인 중에서 선한 행실을 가지고 사는 것이 어떤 의미인지를 이해하는 것이 필요합니다. 앞 장에서 대략적으로 살펴보았는데 조금 더 생각하도록 하겠습니다.

> 인간의 모든 제도를 주를 위하여 순종하되 혹은 위에 있는 왕이나 혹은 그가 악행하는 자를 징벌하고 선행하는 자를 포상하기 위하여 보낸 총독에게 하라 _벧전 2:13-14

베드로는 그의 독자들에게 영혼을 거스려 싸우는 육체의 정욕을 제어하고 이방인 중에서 행실을 선하게 가져 하나님께 영광을 돌리라고 말하고 나서, 곧바로 왕이나 총독에게 순종하되 주를 위하여 그렇게 하라고 합니다. 이 말은 성도의 정치관을 말하는 정도가 아닙니다. 육체의 정욕을 제어하고 이방인 중에 선한 행실을 가지는 구체적인 삶의 내용에 해당되는 것임을 기억해야 합니다.

마치 사도 바울이 로마서 12장 1-2절에서 구원받은 성도들을 향하여 너희 몸을 거룩한 산 제물로 드리라고 한 뒤, 그 구체적인 덕목으로 13장 1절에서 위에 있는 권세들에게 복종하라고 한 것과 같은 논리입니다. 베드로도 너희는 하나님을 모시고 사는 성전이며 하나님께서 기뻐 받으실 신령한 제사를 드리고 사는 제사장들이기 때문에 육체의 정욕을 제어하고 이방인 중에 행실을 선하게 가져야 한다고 말하고 나서 그 구체적인 내용으로서 인간의 모든 제도를 주를 위하여 순종할 것을 제시하는 것입니다.

왜 이렇게 이어질까요? 흔히 '선행'이라고 하면 쉽게 구제와 봉사 같은 종교적, 윤리적 형태를 띤 어떤 행사를 연상하지만 기독교의 선행을 종교적, 윤리적 형태를 띤 것으로만 국한시킬 수 없습니다. 신앙은 분명히 예배와 기도같이 종교적 형태를 띤 것과 구제와 봉사 같이 윤리적 형태를 지닌 것이 기본이 됩니다. 그것이 중요합니다. 그러나 거기에 머물면 안 됩니다. 그것이 기본이 되고 바탕이 되어 삶의 모든 영역, 특별히 불신자와 함께 살아가는 세상살이에서 그들과 구별되는 존재 자체로 우리의 선행이 드러나야 합니다. 예수님께서 천국백성의 특징으로 팔복을 언급하면서 그 복을 가진 너희가 세상의 빛이고 소금이라고 말씀하신 것처럼 성도의 선행은 doing 이전에 being입니다.

그 존재 됨이 불신자와 더불어 살아가는 세상 속에서 인간의 모든 제도를 주를 위해 순종하는 태도와 자세로 드러나야 한다는 것입니다. 이 말이 정상적인 정권과 제도 속에서 주어지는 것이 아니라 정권과 권세들이 힘을 부당하게 휘두르고 있고, 정당하게 사는 모든 것이 부당함에 파묻히는 것처럼 여겨지는 현실에서 떨어진 요구임을 유념하십시오. 그런 맥락에서 복종이라는 내용이 나오고, 공경과 사랑하라는 요구가 주어집니다. 어떻게 그것이 가능합니까? 권세와 나라와 정부의 출처를 알기 때문입니다. 모든 나라와 사회 속에 세워진 제도나 권력은 하나님께서 악행하는 자를 징벌하고 선행하는 자를 포상하기 위해 허락하신 일반은총의 수단입니다. 14절에 "그가 악행하는 자를 징벌하고 선행하는 자를 포상하기 위하여 보낸 총독에게 하라"고 하지 않습니까? 모든 권세가 하나님께로부터 위임된 권세라면 그 권세에 순종하는 것은 그리스도인의 당연한 삶의 자세입니다.

에베소서 2장 2절을 보면 구원받기 이전의 우리의 모습과 상태를 한마디로 불순종으로 설명합니다. "그때에 너희는 그 가운데서 행하여 이 세상 풍조를 따르고 공중의 권세 잡은 자를 따랐으니 곧 지금 불순종의 아들들 가운데서 역사하는 영이라". 이런 우리가 하나님의 은혜로 거듭나면 무엇을 요구받습니까?

너희가 진리를 순종함으로 너희 영혼을 깨끗하게 하여 _벧전 1:22

진리에 순종하는 것을 요구받습니다. 이 큰 차이를 이해하겠습니까? 불순종과 순종, 이것은 그 사람의 가장 뚜렷한 삶의 양식 중의 하나입니다. 구원은 불순종이 특징이던 사람들을 진리에 순종하는 순종의 사람으로 변화시켜 놓습니다.

그리스도인은 순종적인 삶의 태도를 가진 사람들입니다. 하나님을 왕으로 모시고 살기 때문입니다. 우리는 왕 되신 하나님께 순종합니다. 이 왕은 교회와 성도만 다스리는 것이 아니라 온 세상을 다스리는 만왕의 왕이십니다. 우리는 인간 세상의 모든 제도가 하나님께서 주신 것이며, 그것을 통하여 하나님은 선을 장려하고 악을 억제하여 하나님의 심판이 떨어지지 않도록 역사를 유지하고 계신다는 것을 압니다. 그리고 그 속에서 택한 자를 건지는 구원의 역사가 펼쳐진다는 것도 압니다. 그래서 그리스도인은 하나님께서 위임하신 권세에 순종하는 태도를 가집니다. 이 순종적인 자세는 세속 정부에 관한 태도만이 아니라 17절 뒤에 이어 나오는 주인과 사환의 관계에서도, 남편에 대한 아내의 자세와 부모에 대한 자식의 태도에서도 분명히 드러납니다.

에베소서 5장 18-21절에서 성령 충만을 말할 때도 동일합니다. 성경은 성령 충만을 종교적인 엑스터시(ecstacy)로 설명하지 않고 성령의 다스림을 온전히 받음으로써 시와 찬송과 신령한 노래들로 화답하며 피차 복종하는 것이라고 설명합니다. 피차에 복종하는 순종적인 삶의 태도가 성령 충만의 가장 강력한 증거입니다. 다시 말씀드리지만 그리스도인은 순종적인 삶의 태도를 가진 사람들입니다.

그러나 이 말이 세상 정부와 제도에 대한 무조건적인 굴종을 말하는 것이 아니라는 사실을 분명히 해야 합니다. 실제로 역사 속에서 교회들이 이것을 잘 이해하지 못해서 실패한 경우가 많습니다. 예를 들어, 독일 교회가 히틀러에게 충성을 맹세한 것이나, 한국 교회가 일제에 굴복하여 신사참배를 한 것, 독재 정부나 불의한 권력에 침묵하고 아부했던 경우들입니다. 그리스도인의 순종적인 삶의 태도는 '주 안에서' 혹은 '주를 위해서'라는 조건이 붙어 있다는 것을 명심해야 합니다. 인간의 모든 제도를 주를 위해서 순종하라고 하지 않았습니까?

우선 이 베드로의 편지를 받고 있는 독자들의 상황을 보십시오. 그들이 왜 주거지를 **빼앗기고** 재산을 몰수당하여 먼 이방 지역으로 쫓겨나 흩어진 나그네로 살고 있습니까? 로마 황제가 신이라는 로마 당국의 정책에 반대했기 때문입니다. 우리의 주는 가이사가 아니고 오직 예수 그리스도 뿐이라는 것을 고집했기 때문입니다. 그들은 권세를 주신 하나님의 뜻에 반하는 로마 당국의 황제 숭배를 강요하는 정책을 따르지 않고 저항했습니다. 그러나 그것을 반대한다고 머리에 띠를 두르고 데모하지는 않았습니다. 하나님의 이름으로 로마 정부를 뒤집어엎으려고도 하지 않았습니다. 단지 그들은 로마 정부의 황제 숭배 요구가 자신들의 신앙에 정면으로 배치되는 부당한 압력이기에, 그렇게 하지 못하겠다고 분명한 의사를 표명하고 그냥 쫓겨났을 뿐입니다. 쫓겨난 그곳에서 또 그리스도인의 일상에서 주 안에서 순종하는 순종적 태도를 가지고 살아야 합니다.

이것은 13-17절 본문과 거의 비슷한 내용을 담고 있는 로마서 13장 5절에서 더 분명하게 확인됩니다.

> 그러므로 복종하지 아니할 수 없으니 진노 때문에 할 것이 아니라 양
> 심을 따라 할 것이라 _롬 13:5

성경은 위에 있는 권세에 복종할 때 양심을 거스르면서 복종하는 것이 아니라 양심을 따라 복종하라고 말합니다. 악한 권세가 하나님께서 기뻐하시지 않는 권력을 휘둘러 우리로 하여금 하나님께 불순종하게 만들고 죄를 짓게 만들고 불의한 사회를 조장하게 한다면, 굴종할 것이 아니라 양심을 따라 복종하라는 것입니다. 양

심을 따라 복종하는 것이란, 땅의 권세보다 더 높은 하늘의 권세에 복종하는 것입니다. 땅의 힘 있는 권세와 보이지 않는 하늘의 권세가 충돌할 때, 교회와 성도는 양심을 따라 어디에 복종해야 할지를 선택해야 한다는 말씀입니다.

사도행전 5장 17-32절에서 유대 지도자들이 베드로와 그의 일행에게 예수의 이름으로 사람들에게 가르치지 말라고 했을 때 베드로와 사도들이 어떻게 했습니까? "우리는 사람보다 하나님께 순종하는 것이 마땅하다"고 하면서 계속 그리스도의 복음을 전파했습니다. 그것이 양심에 따라 복종하는 것입니다. 국가가 하나님께서 금하신 것을 명하거나 하나님께서 명하신 것을 금하게 할 때, 그리스도인은 양심에 따라 국가에 불복종할 수 있어야 합니다. 그때 처벌과 국가 권력의 진노가 두려워 하나님의 법에 불복종한다면, 이는 곧 양심을 저버리는 것입니다. 교회와 그리스도인은 양심의 자유를 가지고 국가와 권세에 대해 정치로부터의 도피도 아니고 부패 권력에 대한 아부도 아닌 삶을 균형 있게 살아 내야 합니다. 그것이 선행으로써 어리석은 사람들의 무식한 말을 막는 것이며(15절), 자유로 악을 가리는 데 쓰지 않고 하나님의 종과 같이 하는 것이며(16절), 그것이 곧 뭇 사람을 공경하고 형제를 사랑하고 하나님을 두려워하고 왕을 존대하는 것이라고 베드로는 말하고 있습니다(17절).

그렇다면 이런 생각을 할 수 있습니다. 모든 권세가 선을 장려하고 악을 억제하기 위해서 하나님이 허락하신 일반 은총의 수단이라면, 왜 하나님은 그 정부가 악하고 무능하고 부패하도록 놔두시는 것일까? 왜 그런 정황 속에 교회와 성도를 살게 하시는 것일까? 왜 일반 은총의 수단인 정부나 권력의 악함을 허락하실까? 우리는 그 이유를 다 알지 못합니다. 그러기 때문에 양심의 자유에 따라 불의한 정권에 불복종하는 때가 생긴다 해도, 그런 정황이 하나님의 절대적인 주권 앞에 통제되고 있다는 것을 잊지 말고 겸손한 태도를 분명히 해야 합니다. 우리는 우리의 구원이 하나님의 절대 주권에 의해 이루어졌으며 지금도 그렇게 이루어지고 있는 것을 압니다. 바울은 로마서에서 11장까지 하나님의 구원을 설명하면서 마지막 결론을 이렇게 맺습니다.

> 깊도다 하나님의 지혜와 지식의 풍성함이여 그의 판단은 헤아리지 못할 것이며 그의 길은 찾지 못할 것이로다. 누가 주의 마음을 알았느냐. 누가 그의 모사가 되었느냐. 누가 주께 먼저 드려서 갚으심을 받겠느냐. 이는 만물이 주에게서 나오고 주로 말미암고 주에게로 돌아감이라. 그에게 영광이 세세에 있을지어다. 아멘 _롬 11:33-36

구원의 결론이 무엇입니까? 하나님의 지혜와 주권에 대한 찬송과 항복 선언입니다. 이것은 구원에서만 아니라 구원받은 자의 삶에서도 동일하게 적용되고 고백되어야 합니다. 우리의 구원이 절대적인 하나님의 주권에 의해 이루어진 것처럼, 세상의 역사도 절대적인 하나님의 주권에 의해 진행되고 있습니다. 그 믿음을 불의한 권력 앞에서 양심을 따라 복종할 때도 가져야 합니다. 우리는 악한 권력이나 제도를 왜 하나님께서 허락하고 계시는지를 다 알지 못합니다. 그러므로 그런 정황 속에서 권력에 대해 분통을 터트리거나 하나님의 통치에 무슨 문제나 하자가 있거나 부족함이 있다는 생각을 갖기 전에, 이 현실도 하나님의 적극적인 통치와 다스림 안에 있다는 사실을 믿으면서 겸손하고 온유하게 반대하고 저항할 수 있어야 합니다.

돌아보면 우리의 역사도 만족스러웠을 때가 별로 없었습니다. 지금도 그렇습니다. 우리는 더 나은 사회, 더 나은 나라를 원합니다. 빨리 그렇게 사회가 바뀌면 좋겠고 그런 정권이나 권력을 보고 싶습니다. 그런데 그게 바로 되는 것이 아닙니다. 정치인이나 권력을 잡은 자가 잘하면 다 되는 것도 아닙니다. 더 나은 사회가 되고 더 좋은 국가가 되려면 전체 국민의 민도(民度)가 높아져야 합니다. 시민 의식이나 문화 의식이 지금보다 훨씬 높아져야 합니다. 이것은 속성으로 되는 것이 아닙니다. 시간이 필요합니다. 특별히 그리스도인의 신앙 수준이 지금보다 훨씬 높아져야 합니다만, 하나님을 사랑하고 이웃을 사랑하는 것을 종교적 색채를 입혀서 나타내려고 하기 전에, 그 사람의 존재 양식 자체로 드러내는 것이 어찌 하루아침에 되겠습니까?

그리스도인의 정치적 입장은 보수도 아니고 진보도 아닙니다. 우리는 주를 모시고 사는 성전이며, 우리의 삶을 하나님 앞에 신령한 영적 제사로 올려드리는 제사장들입니다. 어떤 정황에서도 하나님의 주권을 인정하면서 주 안에서 삶의 정황을 해석하고 양심을 따라 복종하는 태도를 견지해야 합니다. 나와 생각이 다른 사람과 소위 나쁜 사람들을 다 뒤집어엎어서 더 좋은 나라를 만들고 더 좋은 사회를 만드는 것을 목표로 삼지 말고, 이런 정황을 하나님께서 만들어 내셨고 정하셨다는 것을 알고 있는 의와 거룩과 생명을 담고 있고 유일한 존재로서, 그 속에 사랑이라는 내용을 담아 양심을 따라 복종하도록 노력해야 합니다.

예수님의 성육신이 그것을 잘 말해 줍니다. 예수님은 말도 안 되는 인간 역사의 정황 속에 들어오셨습니다. 그리고 그 부당한 역사의 통치를 받으면서 살아 내셨습니다. 그 통치를 뒤집어엎는 운동을 하지 않고, 그 속에서 하나님이 맡기신 구속의 일을 묵묵히 감당하셨습니다. 그처럼 우리도 우리의 정치적, 경제적, 모든 정황을 그렇게 인식하고서 그 속에서 염려하고 걱정하며 때로 탄식하고 기도하면서 우리의 삶을 살아 내야 합니다. 단지 분노만 할 것도 아니며, 그렇다고 비겁하게 외면하는 것도 아니라 살아 내되 진리를 말하고 의로움을 말하고 사랑하면서 살아 내는 것, 그것이 이방인 중에서 행실을 선하게 하여 하나님께 영광을 돌려야 할 그리스도인의 사회적인 책임입니다. 그것이 왕 같은 제사장들의 선지자적인 삶의 태도이며 우리 몸을 거룩한 산 제물로 드리는 영적 예배입니다. 이 예배를 잘 드리기를 바랍니다.

11 성도의 선행 : 사회에서 ②

벧전 2:13-17

우리는 지금 육체의 정욕을 제어하고 이방인 중에서 행실을 선하게 가져 하나님께 영광을 돌리게 하려 한다는 말씀(2:11-12)의 의미를 생각하고 있습니다. 이 말씀은 당시 로마 제국으로부터 악행을 일삼는다는 오해와 비방을 받던 교회와 성도를 향한 권면입니다. 당시 로마 제국은 정치나 사회의 체제 자체가 여러 종류의 신을 섬기는 종교적인 체제였습니다. 특별히 로마 황제를 신으로 추앙하고 숭배하도록 강요하는 정책을 펼쳤는데 그리스도인들은 신앙의 양심을 내세우면서 거부했습니다. 그 결과 생계의 터전과 주거지를 빼앗기고 쫓겨나 나그네처럼 여기저기 떠돌아다니게 된 것입니다.

베드로는 이들을 향하여 인간의 모든 제도를 주를 위하여 순종하라고 합니다. 왜 이 말을 하는지 맥락을 이해해야 합니다. 흔히 교회의 선행, 성도의 선행을 말하면 구제나 봉사를 가장 먼저 생각하지만, 베드로는 지금의 상황에서 가장 먼저 행해야 할 선행은 그런 것 이전에 인간의 모든 제도를 주를 위하여 순종하는 것이라고 합니다. 왜냐하면 그리스도인이 나라의 법도 안 지키고 통치자의 권위도 무시하면서 악행한다고 하는 비방과 오해를 받고 있기 때문입니다. 그야말로 오해이고 비방입니다.

당시 그리스도인들이 거부한 것은 로마의 황제 숭배 정책입니다. 이것은 예수님만을 주와 그리스도로 고백하고 섬기는 그리스도인들의 신앙 양심으로는 도저히 순종할 수 없는 법입니다. 그래서 나라의 법이지만 주를 위하여 신앙 양심을 걸고 어길 수밖에 없었던 상황입니다. 그런데 그렇게 황제 숭배를 거부한 결과는, 모든 경제적 사회적 불이익과 더불어 악행을 행한다는 말도 안 되는 비방과 오해였습니다.

어떻게 해야 합니까? 다른 설명이 통하지 않습니다. 이들에게 신앙이나 교리가 통하지 않습니다. 정말 교회가 악행을 행하는지 그렇지 않은지를 그리스도인들의 선행을 통해 보일 수밖에 없습니다. 선을 장려하고 악을 억제하기 위해 하나님께서 허락하신 인간의 모든 제도에 주를 위하여 순종하는 모습으로 말미암아, 그리스도인들의 황제 숭배 거부가 동일한 맥락에서 나온 신앙적 태도임을 보여, 그리스도인을 악행하는 자들이라고 비방하는 어리석고 무식한 말을 막고 하나님의 영광을 찾아와야 하는 것입니다.

그러므로 이 구절은, 나치 정권에 충성을 맹세했던 독일 교회와 일제 치하에서 신사 참배를 받아들였던 과거의 한국 교회처럼, 주를 위하여 도저히 수용할 수 없는 정책에 신앙 양심을 팔고 무릎 꿇은 교회가 자신들의 수치를 방어하기 위해 사용하는 구절이 될 수 없습니다. 이 말을 바르게 사용하려면 로마의 황제 숭배 정책을 거부하여 쫓겨나 고난 중에 있었던 당시의 교우들처럼, 주를 위하여 온갖 희생과 고난을 감수하면서 신앙을 지켰던 사람들이 해야 하는 말입니다. 인간의 모든 제도를 주를 위하여 순종하라는 말이 그런 의미입니다. 그래서 16절은 이렇게 연결됩니다.

> 너희는 자유가 있으나 그 자유로 악을 가리는 데 쓰지 말고 오직 하나님의 종과 같이 하라 _벧전 2:16

무슨 뜻입니까? 주를 위한 순종은 강요가 아닙니다. 무조건 아무 생각도 없이 맹종하는 것이 아닙니다. 이것은 하나님의 권위 아래 자신을 두어 양심의 자유를 따르는 순종입니다. 인간의 모든 제도나 권력은 그 배후에 선을 장려하고 악을 억제하기 위한 하나님의 주권이 들어 있는 하나님의 일반 은총의 수단입니다. 그런데 그렇게 권력을 위임한 하나님의 권위와 하나님으로부터 권세를 위임받은 이 땅의 권위가 충돌할 때, 교회와 그리스도인은 위의 권세에 복종할 것인지, 땅의 권세에 복종해야 할 것인지 양심의 자유를 따라 선택해야 합니다. 주를 위해서 자유를 선택해야 하는 것입니다.

그때 그 자유를 악을 가리기 위해 사용하지 말라고 합니다. 로마의 황제 숭배 정책은 분명히 주를 위해서 순종할 수 없는 법입니다. 선을 장려하고 악을 억제하기 위한 법이 아니라, 거꾸로 악을 장려하고 선을 억제하는 정책입니다. 그런데도 그리스도인이 그런 법에 굴종한다면 이유가 무엇이겠습니까? 권력이 무섭고 힘이 무서워서입니다. 자신의 재산과 생명에 해가 올 것이 두려워서 그런 것입니다. 양심을 따라 순종하는 것이 아니라, 양심을 덮고 순종하는 것입니다. 선택할 수 있는 자유를 바르게 사용하는 것이 아니라, 악을 가리고 악을 핑계하기 위해 잘못 사용하는 것입니다. 자유로 악을 가리고 악을 덮고 있는 것입니다. 자신의 비겁함을 변명하는 핑계로 자유를 들먹이지 말라는 것입니다.

이것은 그리스도인의 모든 세상살이에 동일하게 적용되는 원리입니다. 자유가 무엇입니까? 인본주의가 말하는 자유는 자기 마음대로 하는 것입니다. 그들은 아무런 규제나 제제나 제한을 받지 않고 사는 것을 자유라고 생각합니다. 그러나 그런 자유는 하나님 외에는 허락되지 않은 것입니다. 인간은 피조물입니다. 피조물은 존재 자체가 제한적입니다. 그러므로 피조물이 마치 자신이 창조주나 되는 것처럼 자유를 제한 없이 행하려고 하면 안 됩니다. 자유라고 하면서 아무거나 먹고 하고 싶은 대로 하면 어떻게 되겠습니까? 죽습니다. 날고 싶다고 빌딩에서 뛰어내리면 자유롭게 훨훨 날아다니는 것이 아니라, 죽습니다. 피조물이 자신의 피조성을 망각하고 창조주처럼 생각할 때 그것은 자유가 아니라 파괴와 혼란과 사망을 초래합니다. 운전자가 자유라고 하면서 차선을 지키지 않고 마음대로 차를 운행한다면 결과가 뻔하지 않습니까? 무서운 사고입니다.

피조물에게 허락된 자유는 조건이 주어져 있습니다. 하나님이 아니기 때문입니다. 피조물의 자유는 자신에게 주어진 조건을 잘 지킬 때 누릴 수 있습니다. 물고기는 물속에서 자유롭습니다. 그것이 하나님께서 주신 조건입니다. 물고기가 자유를 내세워 마음대로 한다고 물 밖으로 나오는 순간, 어떻게 됩니까? 생명을 잃게 됩니다. 고통과 죽음에 직면하게 됩니다. 피조물의 자유는 무한대의 자유가 아님을 기억해야 합니다. 그리스도인도 피조물입니다. 그러므로 그리스도인의 자유도 하나님께서 자신을 구원하신 목적과 조건 속에서 누려져야 합니다. 그때 자유가 생명으로 이어지고 은혜로 나타납니다. 하나님께서 우리를 구원하신 목적이 무엇입니까? 하나님을 영화롭게 하고 영원토록 그를 즐거워하는 삶을 살게 하기 위해서입니다. 그러므로 그리스도인의 자유는 하나님을 영화롭게 하는 방향으로 사용되어야 합니다.

그리스도인의 자유는 '목적이 있는 자유'입니다. 방향이 있는 자유입니다. 하나님을 사랑하는 자유, 이웃을 섬기는 자유입니다. 의와 거룩과 생명을 위한 자유입니다. 그렇지 않고 썩어지고 더럽고 쇠하여질, 이 땅의 것을 사랑하고 그것을 더 많이 모으려고 집착하는 데 이 자유를 사용하는 것은 잘못된 사용입니다. 베드로는 그리스도인임에도 마치 구원받지 못한 사람처럼, 오직 자기만을 위해 이기적인 욕망으로 살면서 그것을 정당화하는 변명으로 자유를 언급하지 말라고 합니다. 자유는 그렇게 사용하라고 주신 것이 아니라고 합니다. 자유는 하나님의 뜻대로 악을 억제하고 선을 확대하는 방향으로 사용되어야 합니다. 악을 가리기 위해 사용되는 자유는 사악한 자유입니다.

성도는 자유를 하나님의 종처럼 사용해야 합니다. 종과 자유, 묘한 역설입니다. 16절의 "하나님의 종"은 21절 이하에 언급하는 '예수 그리스도'를 내다보는 말이고, 18절부터 사환들은 주인에게 순종하는 삶을 살라고 하는 내용이 이어지는데, 여기서 베드로는 이사야 53장에 나오는 고난받는 하나님의 종을 모델로 제시합니다. 이것은 성도들이 자유를 바르게 사용하는 모델입니다. 이사야 53장에 나오는 하나님의 종이 이스라엘을 회복하고 열방 가운데 이방의 빛이 되게 하는 그 핵심이 고난이기에, 예수 그리스도는 하나님의 종으로 오셔서 고난을 받으시고 일생 동안 자기를 위해 자유를 쓰지 않고 하나님의 뜻을 위해 사용하셨습니다. 그가 그렇게 고난받는 하나님의 종의 길을 걸어가신 결과, 우리가 죄와 사망에서 해방되어 자유를 얻고 생명을 누리게 되었습니다.

성도는 그 길을 따라가는 자들입니다. 우리의 구원자 예수 그리스도처럼 자신에게 주어진 귀한 자유를 악을 가리는 데 사용할 것이 아니라, 하나님의 종처럼 하나님의 뜻을 위해 사용해야 합니다. 하나님을 사랑하는 데 사용하고, 이웃을 섬기는 데 사용하고, 이 땅에서 의로움과 거룩함을 실현하는 데 사용해야 합니다. 하나님의 권위에 자신을 쳐서 순종시키는 데 사용해야 합니다.

그렇게 살 때, 고난이 올 수 있습니다. 인간의 모든 제도를 양심을 따라 순종하고 주를 위해 순종하는데, 상이 아니라 고난이 올 수 있습니다. 그들이 로마의 황제 숭배를 거부했을 때 고난이 오지 않았습니까? 자유를 하나님을 위해 사용했기 때문입니다. 동일합니다. 그들처럼 신앙적인 명목이 뚜렷하지 않다 할지라도 일상을 하나님 앞에서 상식과 양심을 따라 사는데, 칭찬이 아니라 애매한 고난이 올 수 있습니다. 비방과 오해를 받을 수 있습니다. 그러나 그것이 우리의 참된 자유 사용을 주저하게 하거나 외면하게 해서는 안 됩니다. 왜냐하면 우리는 마귀의 종이 아니라 하나님의 종이기 때문입니다.

당시의 이런 특별한 상황을 고려한다고 해도, 성도의 선행을 말하면서 정치와 사회의 제도를 가장 먼저 언급하는 베드로의 권면은, 신앙을 개인적인 경건의 영역에만 축소시키는 경향이 강한 한국 교회의 현실에서는 굉장히 의미심장한 말씀이 아닐 수 없습니다. 하나님은 예배당 안에서만 하나님이 아니십니다. 하나님은 온 세상의 왕이며 주권자이십니다. 하나님의 통치는 성도의 가정과 교회당 안에서만 이루어지는 것이 아니라 세상의 모든 영역, 불신자와 함께 살아가는 직장, 국회 의사당이나 증권 거래소, 시장, 재판정에서도 그리스도인을 통하여 이루어집니다.

따라서 교회와 성도는 자신이 살아가는 모든 영역에서 하나님의 백성과 세상의 구성원으로서의 마땅한 역할을 성실히 감당하되, 주를 위하여 순종하는 태도로 해야 합니다. 세상의 소금이고 빛인 교회가 정작 세상에서는 말도 안 되는 욕심과 악행을 일삼으면서 예배당 안에 갇혀 자기들끼리 하나님을 찬송하며 영광 돌리는 것은 있을 수 없는 일입니다. 주를 위하여 신앙 양심을 지킨 자로서 자신들을 악행한다고 비방하는 세상을 향해 그들이 하나님을 인정하고 하나님께 영광을 돌릴 수밖에 없도록 다른 모든 영역에서 최선을 다해 상식을 지키고 법을 준수해야 합니다. 그리고 그때, 최대한 겸손하고 온유한 태도로 그렇게 해야 합니다. 17절을 보십시오.

> 뭇 사람을 공경하며 형제를 사랑하며 하나님을 두려워하며 왕을 존
> 대하라 _벧전 2:17

하나님의 권위 아래 자신을 두는 순복의 태도를 가지면, 그래서 하나님의 종처럼 자유를 바르게 사용하면 사람은 겸손해집니다. 다른 사람과의 관계에서 무례한 태도를 가지지 않게 됩니다. 뭇 사람을 공경하고 형제를 사랑하고 하나님을 두려워하고 왕을 존대하는 것은, 구체적인 행동 이전에 그 사람의 삶의 태도입니다. 사람을 대하는 태도이며 자신의 삶을 살아 내는 자세입니다. 무례하지 않는 것이 굉장히 중요합니다. 지금 이들은 신앙 양심을 따라 황제 숭배를 거부하고 있습니다. 진리를 위해서이고 또 주를 위해서입니다. 그렇게 할 때 나는 당당하지만 무례하지 않을 수 있습니다. 당신들은 진리를 모르는 사람이라는 업신 여김과 깔보는 태도를 보이지 않을 수 있습니다.

우리는 전도한다는 명분 아래 다른 사람들을 배려하지 않고 복음의 습격을 나가는 식의 종교적 무례를 조심해야 합니다. 왜 절 앞마당에 가서 찬송을 부르고 예배를 드립니까? 그것은 심각한 무례이고 몰상식입니다. 복음은 우리의 전 생애를 걸고 다른 사람들

앞에서 거룩하게 살아 내야 하는 총제적인 진리이지, 그렇게 황당하게 습격하는 무기가 아닙니다. 기독교의 진리는 독선적이고 배타적입니다. 우리는 주 예수 그리스도 외에 그 어떤 것도 구원의 도리로 받지 않습니다. 오직 예수 그리스도만 하나님께 가는 유일한 길이고 진리이며 생명입니다. 천하에 구원받을 만한 다른 이름이 없습니다. 오직 예수입니다. 오직 성경이고 오직 믿음이고 오직 은혜입니다. 얼마나 독선적인 성격이 강합니까? 배타적입니다. 인정합니다. 그러나 진리는 본래 그렇습니다. 이것도 답이 될 수 있고 저것도 답이 될 수 있다는 식의 모호함은 진리가 아닙니다. 포용적이고 사랑이 많아서 그런 것이 아니라 답을 몰라서, 그럴 수밖에 없는 모호함입니다. 진리는 분명합니다. 답이 아닌 것을 답이라고 모호하게 말할 수 없습니다. 길이 아닌 것을 길이라고 할 수 없는 것입니다.

그러나 답을 가진 사람은, 진리를 소유한 사람은 무례하지 말아야 합니다. 겸손해야 합니다. 따뜻하고 온유해야 하며 착해야 합니다. 답을 가졌기 때문입니다. 생명을 얻었기 때문입니다. 박사하고 유치원에 다니는 아이하고 싸울 수는 없는 법입니다. 박사가 유치원 아이를 아무것도 모른다고 놀리고 조롱하고 무시하고 깔봅니까? 그것만큼 유치한 것이 없습니다.

베드로가 "뭇 사람을 공경하라"고 했을 때, '뭇사람'은 모든 사람을 의미합니다. 모든 사람은 다른 종교를 믿는 사람들까지도 포함합니다. 정치적으로 나와 생각이 다른 사람, 좌파 우파, 진보, 보수, 자유주의자, 근본주의자 다 포함됩니다. 말도 안 되는 법을 요구하는 로마 황제도 포함됩니다. 내가 꺼리고, 나와 생각이 다른 모든 사람이 여기에 포함됩니다. 하나님은 뭇 사람을 공경하라고 하십니다. 공경하라는 말은 존귀하게 여기라는 뜻입니다. 이것은 다른 사람을 대하는 태도입니다. 나와 생각이 다르고, 환경이 다르고, 배움이 다르고, 가진 것이 다르고, 신앙이 다르다고 해서 함부로 여기거나 조롱하거나 업신여기거나 무례한 태도를 가지지 말라는 것입니다.

특별히 옳은 일을 하고 의로운 것을 선택할 때 이런 태도는 너무나 중요합니다. 어쩌면 '옳은 일' 자체보다 오히려 '자세와 태도'가 더 중요할 수도 있습니다. 우리는 내가 옳은 일을 하고 있기 때문에 옳지 못한 사람을 비웃을 때가 있습니다. 선한 일과 의로운 결정을 했기 때문에 반대편에 속한 사람들을 무시하고 조롱하고 멸시하는 태도를 가지기도 합니다. 그러나 하나님은 그렇게 하지 말라고 하십니다. 그런 자세는 우리를 악행한다고 비방하는 이방인 중에서 행실을 선하게 가지는 것이 아닙니다. 오히려 불쌍히 여기는 마음을 가지고 최대한 그들을 존귀하게 대해야 합니다. 하나님께 지음받은 인생인데도, 그 안에 하나님이 없고 진리가 없으며 생명이 없어서 저럴 수밖에 없다는 것을 알아 안타까운 마음과 불쌍한 마음을 가져야지, 우습게 여기거나 사탄을 대하는 것처럼 대해서는 안 된다고 하십니다. 그들 배후에 그들을 그런 모습으로 내 주위에 허락하신 하나님의 주권을 믿기 때문입니다. 이해는 못하지만 그렇게 하신 하나님이 선하신 분임을 믿기 때문입니다. 그것이 뭇 사람을 공경하고 형제를 사랑하고 하나님을 두려워하고 왕을 존대하는 태도를 가지고 의와 거룩함과 진리를 풀어 내는 그리스도인들의 삶의 자세입니다.

12 성도의 선행 : 사회에서 ③

벧전 2:18-25

초대 교회 때는 성도들 중에 가난한 사람들이나 노예들이 많았습니다. 노예 성도가 많았던 것은 당시 팍스 로마나(Pax Romana) 체제의 도시들이 거의 노예를 경제 활동의 중요한 자원으로 활용했기 때문입니다. 1세기 말 로마의 인구가 120만 명이었는데 그중에 노예가 40만 명이었습니다. 게다가 이탈리아 전체를 따져 봐도 인구 6백만 명 중 2백만 정도가 노예였다고 하니 인구의 1/3이 노예였던 셈입니다. 보통 자유인 한 가정에 한두명의 노예가 있었고, 부자들은 400명이 넘는 노예들을 소유하고 있었습니다. 그래서 4천 명이 넘는 노예를 둔 집도 있고, 심지어 황제 가에는 2만 명이 넘는 노예들이 있었다고 하니, 당시 노예가 얼마나 많았는지 알 수 있습니다. 이들은 농사, 뱃일, 광산이나 건축 현장 같은 육체 노동만이 아니라 집안의 가사, 육아, 간병, 가정 교사 같은 일, 그리고 사람의 힘이 필요한 곳이라면 거의 모든 분야에 투입되어 일을 했습니다. 로마 제국을 '노예 경제 사회'라고 부르는 이유가 여기에 있습니다. 그 정도로 노예가 많았으니 자연스럽게 그중에 복음을 듣고 교회로 들어온 예수 믿는 노예들이 있었던 것입니다.

중요한 것은 이들이 예수를 믿고 교회 공동체 안에 들어왔어도 여전히 최하의 밑바닥 인생이었다는 것입니다. 아이러니죠. 그들은 복음을 통해 세상이 모르는 자유와 존귀가 자기에게 있다는 것을 알게 되었습니다. 하나님께서 그들을 왕 같은 제사장이며 거룩한 나라요 하나님의 소유가 된 백성으로 택하셨다는 것을 배웠습니다. 얼마나 감격스럽습니까? 그러나 말씀 밖의 세상, 예배가 끝난 후 돌아간 현실은 여전히 비참한 노예일 뿐이었습니다. 그렇다면 그들은 누구입니까? 존귀한 하나님의 자녀입니까, 아니면 비참한 노예입니까?

우리가 그런 노예가 되었다고 생각해 보십시오. 당시 노예들은 그렇게 많은 일을 함에도 불구하고 결혼을 하거나 아이를 낳을 합법적인 권한이 없었고, 그 어떤 인권을 누릴 법적 제도도 없었습니다. 반대로 주인이 노예에게 벌을 내리거나 때릴 때는 아무런 법적 규제나 제한이 없었고, 인권은커녕 노예들에게는 물건에 붙는 상표가 붙었습니다. 인격이 아니라는 것이죠. 집안에서 가장 낮은 계급에 속했으며, 단지 주인 재산의 일부일 뿐이었습니다. 더군다나 선한 주인이 아닌 악한 주인을 만나면 어떠했겠습니까? 매일 부당하고 억울한 일을 당하는 것은 예사요, 욕을 듣고 채찍에 맞는 것은 일상이었습니다. 우리가 예수를 믿게 된 노예라면 어떤 생각이 들겠습니까? '자유를 주시고 하나님의 자녀라는 존귀한 신분을 주신 하나님께서 왜 이런 비참하고 억울한 현실은 그대로 두시는 것일까' 하는 의문이 들지 않겠습니까? 베드로는 이들을 향하여 권면합니다.

> 사환들아 범사에 두려워함으로 주인들에게 순종하되 선하고 관용하는 자들에게만 아니라 또한 까다로운 자들에게도 그리하라 _벧전 2:18

사환은 노예 중에도 항상 주인 앞에서 대기하고 있다가 주인이 명령하면 군소리 없이 순종해야 하는 몸종들을 일컫는 말입니다. 이들은 하나님 앞에서 천사보다 존귀한 하나님의 자녀입니다. 그러나 현실에서는 주인의 명을 따라야 하는 비참한 몸종입니다. 예수를 믿는 순간 얻었던 놀라운 자유와 하나님의 자녀라는 그 엄청난 신분이 현실에서는 아무런 힘을 발휘하지 못했습니다. 애굽에서 종살이하던 구약 이스라엘을 해방하여 자유의 백성이 되게 하신 후, 안식년과 희년법을 통하여 그들 가운데 그 어떤 사람도 다시는 다른 사람의 종이 되지 못하도록 제도를 마련해 주셨던 하나님께서 왜 구약도 아닌 신약 시대에 이런 비합리적인 노예 제도를 허락하셨던 것일까요? 구약의 율법에서는 그렇게 약한 자를 배려하셨던 하나님께서 왜 지금은 압제하는 강자들에게가 아닌 억울한 일을 당하는 약자인 노예에게 참으라고 하실까요?

분명히 해야 할 것이 있습니다. 구약의 율법은 성도들 사이에서 해당되는 법이고, 지금 이 권면은 불신자와 함께 살아가는 세상살이에서 적용해야 하는 말씀입니다. 같은 성도들끼리 어떻게 누구는 주인이 되고 누구는 종이 될 수 있겠습니까? 성도들 사이에서는 약한 자가 배려받고 강한 자가 양보하는 것이 당연합니다. 그러나 세상은 그것이 통하지 않습니다. 예나 지금이나 세상은 정의가 아닌 이익을 위해 달려갑니다. 교회는 썩지 않고 더럽지 않고 쇠하지 않는 기업을 소망으로 삼지만, 세상은 썩고 더럽고 쇠하는 것을 꿈꾸며 살아갑니다. 근본이 다르고 추구하는 가치와 목표가 다릅니다. 소속이 다르고 본질이 다릅니다. 세상은 교회의 본질과 교회가 추구하는 가치와 목표를 우습게 여깁니다. 그래서 황제 숭배를 거부하는 교회를 향하여 악행을 일삼는다고 욕하며 비방하고 있습니다.

이런 형편에서는 교회가 말하는 어떤 교리와 변명도 세상에 통하지 않습니다. 악을 선으로 갚는 선행 외에는 아무것도 통하지 않습니다. 베드로는 인간의 모든 제도를 주를 위하여 순종하되 양심을 따라 하며, 예수 믿는 사환들에게는 범사에 두려워함으로 주인들에게 순종하는 선행을 통해 악행한다고 비방하는 세상의 비방을 잠재우고 그들 가운데 하나님의 영광을 드러내라고 했습니다. 이것이 지금 문맥의 흐름입니다.

예수 믿는 노예가 악한 주인의 부당한 대우 때문에 고통을 겪고 있습니다. 주인을 대하는 것 자체가 공포이고 두려움입니다. 그러나 성경은 범사에 '두려워함으로' 주인에게 순종하라고 말합니다. 이 두려움은 17절에서 이미 언급한 하나님을 두려워하는 두려움입니다. 즉, 하나님 한 분을 사랑하고 두려워하면 다른 모든 두려움, 특별히 악하고 까다로운 주인이 주는 공포와 두려움을 극복할 수 있다는 뜻입니다. 그런데 베드로는 거기서 그치지 않습니다. 그리고 나서 곧장 악한 주인이 주는 부당한 고난을 하나님을 생각함으로써 견디라고 합니다. 그것이 세상 속에서 행해야 할 성도의 선한 행실이라고 가르칩니다. 이 말을 조금 더 바르게 이해하려면 19-20절의 번역을 살필 필요가 있습니다. 한글 성경은 "부당하게 고난을 받아도 하나님을 생각함으로 슬픔을 참으면 이는 아름다우나 죄가 있어 매를 맞고 참으면 무슨 칭찬이 있으리요. 그러나 선을 행함으로 고난을 받고 참으면 이는 하나님 앞에 아름다우니라"로 번역해서, 악한 주인이 주는 부당한 고난을 하나님을 생각함으로써 참으면 그것은 아름답다고 했습니다. 그런데 원문을 보면, 부당한 고난을 참고 견디는 것은 아름다운 정도를 넘어 '카리스', 즉 은혜로운 것이라고 되어 있습니다.

즉, '아름다움'을 '은혜로움'이라고 번역하는 것이 더 좋겠습니다. 무슨 뜻입니까? 자신을 욕하고 비방하는 세상을 향해 교회와 성도는 의롭거나 아름답거나 선한 차원을 넘어 오직 하나님만이 하실 수 있는 은혜로운 일을 통해 세상의 오해와 비방을 잠재워야 한다는 뜻입니다. 지금 베드로는 교회와 성도의 선행을 도덕적 윤리적 차원이 아니라, 은혜의 차원으로 격상하여 설명하고 있는 것입니다. 21절부터는 예수님을 말하면서 이 논리를 강화합니다.

이를 위하여 너희가 부르심을 받았으니 그리스도도 너희를 위하여 고난을 받으사 너희에게 본을 끼쳐 그 자취를 따라오게 하려 하셨느니라. 그는 죄를 범하지 아니하시고 그 입에 거짓도 없으시며 욕을 당하시되 맞대어 욕하지 아니하시고 고난을 당하시되 위협하지 아니하시고 오직 공의로 심판하시는 이에게 부탁하시며 친히 나무에 달려 그 몸으로 우리 죄를 담당하셨으니 이는 우리로 죄에 대하여 죽고 의에 대하여 살게 하려 하심이라. 그가 채찍에 맞음으로 너희는 나음을 얻었나니 너희가 전에는 양과 같이 길을 잃었더니 이제는 너희 영혼의 목자와 감독 되신 이에게 돌아왔느니라 _벧전 2:21-25

부당한 고난을 하나님을 생각하며 견디고 참으신 예수님의 십자가를 통해 우리가 구원을 얻었습니다. 성경은 그렇게 구원받은 성도들이 부당한 고난을 하나님을 생각하면서 참고 견디는 것을 통하여 하나님의 은혜를 드러내야 한다고 말합니다. 교회가 존재하는 이유, 성도가 예수 믿고 나서 바로 천국에 가지 않고 이 땅에 남아 있는 이유가 여기에 있습니다. 이것은 소위 축복을 최고의 복음으로 여기는 현대 교회에 너무나 낯선 진리입니다. 어떻게 불의한 일로 고난받는 것이 교회와 성도의 존재 이유가 될 수 있단 말입니까? 믿기 어려운 이 말은 3장 9절에서 다시 반복됩니다.

악을 악으로, 욕을 욕으로 갚지 말고 도리어 복을 빌라. 이를 위하여 너희가 부르심을 받았으니 이는 복을 이어받게 하려 하심이라 _벧전 3:9

만일 성경의 이 진술이 사실이라면, 그리스도인이 부당한 고난을 당하는 것은 선택이 아니라 필수입니다. 예수 믿는 사람이 부당한 고난을 당하는 것은 이상하거나 죄를 지어 그런 것이 아니라, 너무나도 당연한 일입니다. 억울한 일을 당하여서 "하나님, 왜 이러십니까?"라고 기도하면, 하나님은 "내가 그것을 위해서 너를 불렀는데 아직도 모르고 있느냐?"라고 답변하신다는 것입니다. 충격적입니다. 하나님께서 우리를 부르신 목적이 잘살게 해 주는 것도 아니고, 오래 살게 해 주는 것도 아니랍니다. 꼬인 문제를 해결해 주는 것도 아니고, 나를 통해서 나쁜 사람을 벌하시려는 것도 아니랍니다. 오히려 불의하고 부당한 고난을 당하게 하기 위해서이고, 그것을 통하여 하나님의 은혜를 이 세상 속에 드러내려 하는 것이랍니다. 황당합니다. 이렇게 받아들이기 힘들고 충격적인 진리가 어디 있습니까? 그러나 사실입니다.

하나님은 이것이 불의한 세상이 교회를 욕하고 비방할 때 하나님께서 그 비방을 잠재우시는 방법이라고 말씀하십니다. 정의를 드러내는 정도가 아닙니다. 선하고 아름다움을 나타내는 정도가 아닙니다. 은혜를 드러내라고 하십니다. 세상은 정의 정도로 자신의 불의를 포기하지 않습니다. 세상은 윤리적인 선함 정도로 자신의 악함을 중단하지 않습니다. 그러나 부당한 고난을 주는 악한 주인에게 하나님을 두려워하는 두려움으로써 순종하는 예수 믿는 사환들의 말도 안 되는 선행, 악을 악으로 갚지 않고 악을 선으로 갚는 은혜에 속한 일을 통하여서 세상은 신자들 속에 있는 하나님을 볼 것이며, 그분께서 은혜로 베푸신 죄인들의 구원에 대해 진지한 고민을 하게 될 것입니다.

왜 우리가 이렇게 낯설고 우리 본성에 맞지 않는 이 길을 가야 합니까? 다른 이유가 없습니다. 하나님께서 우리를 이렇게 부르고 계시기 때문입니다. 그리스도께서 우리를 따라오게 하시려고 우리의 본이 되어 먼저 이 길을 가셨기 때문입니다. 하나님께서 그리스도의 십자가를 통해 나에게 오셨습니다. 다른 길은 없습니다. 우리가 하나님께로 가는 길도 그리스도의 십자가 외에는 다른 길이 없습니다. 그러나 우리에게는 나를 위한 그리스도의 십자가와 고난은 쉽게 받아들이면서도, 내가 따라가야 할 길로 그리스도의 십자가를 받아들이기는 주저하는 악한 경향들이 있습니다. 이 둘은 결코 분리될 수 없습니다. 악이 준동하고 불의가 횡행하는 이 세상에서 하나님을 드러내며 하나님께로 가는 길은 예수 그리스도가 걸어가신 그 길, 그가 본으로 보여 주신 그 길, 불의한 자를 대신하여 고난당하신 십자가의 길, 그 길 외에 다른 길이 없습니다. 그것이 성도가 이 세상에서 행해야 할 선행이며 영광으로 가는 길입니다.

우리 중에는 아직 직장이 없어서 힘든 사람들이 있을 것입니다. 직장이 있어도 말단으로서 상사의 온갖 잔소리와 부당한 업무지시를 참아 가며 일하는 사람들도 있을 것입니다. 뿐만 아니라 교회에 와서 말씀 듣고 은혜 받을 때는 생각 못하고 있지만 현실로 돌아가면 부당하고 억울한 일들이 산처럼 기다리고 있어서 말씀과 현실의 괴리가 마치 롤러코스터처럼 느껴지는 사람들도 있을 것입니다. 하지만, '내 인생이 왜 이렇지? 하는 생각이 들 때마다 예수 그리스도를 생각하십시오. 예수님께서 나를 부르신 목적을 생각하십시오. 죄가 없으신 그분, 죄를 범하지도 않으시고 그 입에 거짓도 없으신 그리스도께서도 부당한 욕을 당하시고 부당한 고난을 당하셨습니다. 그러면서도 욕을 욕으로 갚지 않고 공의로 심판하시는 하나님께 모든 것을 부탁하시고, 묵묵히 자신에게 주어진 십자가의 길을 순종으로 걸어가셨습니다. 우리가 구원받은 것은 이 은혜의 결과입니다. 우리가 생명을 얻고 자유를 얻은 것은 머리에 띠를 두른 투쟁의 결과가 아니라, 예수 그리스도께서 감당하신 이 십자가의 은혜 때문입니다. 그가 채찍에 맞음으로 우리가 나음을 입었습니다. 그가 악을 악으로 갚지 않고 선으로 악을 이긴 결과, 우리가 죄에 대해 죽고 의에 대해 살아났습니다. 그러니 우리도 이 부당한 세상 속에서 아름다움을 추구하고 정의로움을 추구하는 차원을 넘어, 은혜를 드러내고 은혜를 추구하는 삶을 살아야 합니다. 그 길을 가신 그리스도의 본을 따라 작은 일에 순종의 발걸음을 한 걸음 떼어 놓으시기를 바랍니다. 이를 위해서 우리가 부름을 받았습니다.

우리가 이 길을 잘 가면 어떻게 될까요? 단지 세상의 오해와 비방을 잠재우는 정도가 아닙니다. 고린도후서 4장 말씀을 보십시오.

우리가 사방으로 우겨쌈을 당하여도 싸이지 아니하며 답답한 일을 당하여도 낙심하지 아니하며 박해를 받아도 버린 바 되지 아니하며 거꾸러뜨림을 당하여도 망하지 아니하고 우리가 항상 예수의 죽음을 몸에 짊어짐은 예수의 생명이 또한 우리 몸에 나타나게 하려 함이라. 우리 살아 있는 자가 항상 예수를 위하여 죽음에 넘겨짐은 예수의 생명이 또한 우리 죽을 육체에 나타나게 하려 함이라. 그런즉 사망은 우리 안에서 역사하고 생명은 너희 안에서 역사하느니라 _고후 4:8-12

부당한 일을 당합니다. 우겨쌈을 당하고, 답답한 일을 만나고, 박해를 받고, 거꾸러뜨림을 당하고, 억울한 일을 봅니다. 그런데 그 속에서 항상 예수의 죽음을 몸에 짊어지는 법을 배웁니다. 그 속에서 내가 사는 것이 아니라 내 안에 예수 그리스도께서 사시는 예수의 생명을 경험합니다. 사망이 내 안에서 역사하는데 내 주위의 사람들이 살아나는 하나님 나라의 비밀을 보게 됩니다. 은혜의 현상입니다. 신자 한 사람의 생애 속에 이것보다 더 큰 영광은 없습니다. 이것보다 더한 신자의 명예가 없고, 믿음의 보상이 없고, 더 큰 복이 없습니다. 그러니 절망과 한숨의 순간이 올 때, 너무 억울해서 견딜 수 없을 때, '지금'이 은혜를 보이고 은혜를 드러내는 기회임을 알고서 하나님을 생각하며 견디고 참고 선으로 악을 이기기 위하여 하나님께 엎드리십시오.

13 성도의 선행 : 가정에서 ①

벧전 3:1-6

앞에서 우리는 악한 주인으로부터 당하는 부당하고 억울한 고난에 대해 하나님을 생각하면서 참는 사환의 순종이 성도의 선행이라고 확인했습니다. 놀라운 것은 교회와 성도가 세상의 그런 부당함과 억울함 속에서 선으로 악을 갚는 은혜를 드러내기 위해 부름받은 존재라는 말씀이었습니다. 예수를 믿으면 어려움과 고난이 없어지고 하는 일이 다 잘될 것이라고 여겨 왔던 사람들에게, 예수를 믿으면 오히려 억울함과 부당함을 겪게 된다는 이런 성경의 말씀은 충격적이고 당황스러운 진리가 분명합니다. 하지만 이번 3장에서도 같은 내용이 이어집니다. 믿지 않는 악한 주인의 횡포 속에 있는 사환에서, 이제 믿지 않는 남편에게 어려움을 겪고 있는 아내의 입장으로 무대와 대상은 바뀌었지만, 적용해야 할 신앙의 원리는 동일하게 억울함과 부당함을 참고 '순종하라'입니다.

3장 1절은 뭐라고 말합니까? "아내들아 이와 같이 자기 남편에게 순종하라"고 말합니다. 그냥 순종하라가 아니라 "이와 같이"입니다. 앞에서 이미 다루었던 인간의 모든 제도를 주를 위하여 순종하라는 말씀, 그리고 사환들도 범사에 하나님을 두려워함으로써 주인에게 순종하라는 말씀과 같이 아내들도 남편에게 순종해야 한다는 것입니다. 순종하라는 이 말은 아내를 일방적으로 굴종의 구석으로 몰아넣는 강요와 윽박지름이 아닙니다. 믿지 않는 남편의 구원을 위한 선교적 차원의 권면입니다. 순종의 태도는 성령의 통치 아래 있을 때 자연스럽게 맺히게 되는 신앙의 가장 기본적인 열매이기 때문입니다.

당시는 아내가 무조건 남편의 종교를 따라가야 하는 시대입니다. 그런 상황에서 아내가 예수를 믿고 남편의 종교를 따르지 않게 되었다면, 그것 자체가 이미 어쩔 수 없는 불순종입니다. 믿지 않는 남편의 입장에서는 예수를 믿는다고 남편의 종교를 거부하는 아내가 곱게 보일 리가 없습니다. 여기에 또 다른 불순종을 더하면 어떻게 되겠습니까? 아예 남편의 구원을 포기하는 것과 같습니다. 베드로는 믿지 않는 남편과 함께 사는 믿는 아내들에게 그렇게 하지 말고 남편에게 순종하여 아내가 믿는 기독교 신앙에 대해 다시 생각할 수 있는 기회를 제공하고 남편을 믿음으로 이끌도록 하라고 합니다. 즉 "이는 혹 말씀을 순종하지 않는 자라도 말로 말미암지 않고 그 아내의 행실로 말미암아 구원을 받게 하려 함이니"(3:1)라고 하면서, 선교적 차원에서 설명하고 있습니다.

한 가지 주의해야 할 것은, 선교적 차원에서 아내의 순종을 말하는 이 구절을 믿지 않는 사람과의 결혼을 정당화하는 변명으로 사용해서는 안 된다는 것입니다. 지금 이 상황은 남편과 아내 둘 다 예수를 믿지 않다가 아내만 복음을 받아 믿게 된 경우에 가깝습니다. 처음부터 여자는 믿고 남자는 믿지 않는 상황에서 결혼을 권한다거나 결혼을 통해 믿게 하라는 말씀이 아닙니다.

1절에서 주목해야 할 것은 혹 말씀을 순종하지 않는 자라도 말로 말미암지 않고 그 아내의 행실로 말미암아 구원을 받게 하려 한다는 부분입니다. 말과 행실이 대조되고 있습니다. 말로 말미암지 않고 행실로 말미암아 구원을 받게 하라는 말은 복음을 전하지 말라는 뜻이 아닙니다. 교회와 성도는 항상 입술의 말로 복음을 전해야 합니다. 입술로 전하기를 힘써야 합니다. 그러나 이 남편은 이미 복음이 전해졌음에도 적극적으로 복음을 거부하고 있는 상태입니다. 말씀을 순종하지 않는 자가 그런 의미입니다. 복음을 반대하는데 그냥 반대가 아니라 심한 적대감을 갖고 있습니다. 그도 그럴 것이 무조건 남편의 종교를 따라가야 하는 아내가 그것을 거부하고 있고, 자기 아내를 이렇게 만든 것이 기독교라고 생각하고 있는데 어찌 호의적일 수 있겠습니까? 이런 상황에서 말로 복음을 전하는 것은 더한 반발을 불러일으킬 뿐입니다. 이런 때는 입술로 복음을 전하기보다 말 없는 순종의 행동으로 복음을 보여 줄 수밖에 없습니다. 2절에 "너희의 두려워하며 정결한 행실을 봄이라"고 함이 그런 의미의 말씀입니다.

복음에 대해 적대감을 가진 믿지 않는 남편을 믿음으로 인도할 만한 아내의 말 없는 행실이 무엇입니까? 두려워하며 정결한 행실입니다. 여기서 두려워한다는 것은 하나님을 경외하는 두려움입니다. 믿는 아내가 하나님을 경외하므로 자신을 어렵게 하고 힘들게 하는 믿지 않는 남편에게 순종하는 것 자체가 정결한 행실입니다. 한 걸음 더 나아가 베드로는 이것을 믿는 아내가 해야 할 '단장'이라고 말합니다.

> 너희의 단장은 머리를 꾸미고 금을 차고 아름다운 옷을 입는 외모로 하지 말고 오직 마음에 숨은 사람을 온유하고 안정한 심령의 썩지 아니할 것으로 하라 이는 하나님 앞에 값진 것이니라 _벧전 3:3-4

믿지 않는 남편 앞에서 믿는 아내가 할 수 있는 최고의 화장, 치장이 무엇입니까? 외적인 꾸밈이 아닌, 순종할 만한 남편이 아님에도 불구하고 기꺼이 순종하는 속사람의 꾸밈입니다. 베드로가 머리를 꾸미고 금을 차고 아름다운 옷을 입는 외모의 단장을 하지 말라는 것은, 믿는 여성은 화장을 해서는 안 된다는 뜻이 아닙니다. 믿지 않는 여성들이 화려한 치장을 통해 자기를 과시하고 다른 사람의 관심을 끄는 일에 최고의 목적을 두는 것처럼 하지 말고, 믿지 않는 남편에게 순종할 수 있는 마음이 되도록 속사람을 가꾸는 데 우선순위를 두고 거기에 힘쓰라는 뜻입니다.

외모를 꾸미는 화장은 영혼이 없는 잠깐 반짝이는 단장에 불과합니다. 그런 외모의 단장으로 기독교에 적대감을 갖고 있는 믿지 않는 남편을 믿음으로 인도할 수는 없습니다. 이런 남편을 위한 아내의 화장은 언제나 남편에게 순종하게끔 해 주는 마음의 단장입니다. 믿지 않는 남편이 적대감을 가지고 예수 믿는 아내를 괴롭힐 때, 아내가 복수심이나 억울한 마음을 먹지 않고서 그런 남편에게 순종하기 위해서는 반드시 온유하고 안정한 심령이 필요합니다. 그런 마음을 꾸미고 가꾸는 것이 믿는 아내가 남편을 위해 할 수 있는 가장 아름다운 화장입니다. 이 화장은 남편만 인정하는 것이 아니라 하나님도 인정해 주시는 최고의 화장입니다.

이는 하나님 앞에 값진 것이니라 _벧전 3:4

예수 믿는 사환이 악한 주인에게서 부당하고 억울한 고난을 당할 때 하나님을 생각하면서 참는 것이 하나님 앞에 아름다운 것이라고 한 것처럼, 믿는 아내가 믿지 않는 남편에게 괴로움을 당하면서도 온유하고 안정된 심령으로 순종하는 것은 하나님 앞에 값진 것입니다. 하나님께서 기뻐하신다는 뜻입니다.

이렇게 생각해 보십시오. 악한 주인에게 부당한 고난을 당하는 사환이나, 믿지 않는 남편을 만나 어려움을 겪는 아내나, 사실은 자기가 원해서 그렇게 된 것이 아닙니다. 하나님께서 맡기신 역할입니다. 부당함과 억울한 상황을 만날 때 반드시 하나님의 주권을 생각해야 한다는 말입니다. 사람은 태어날 때 자기가 원해서 부모를 선택하지 않습니다. 태어나 보니까 원치 않는 부모에게서 태어났습니다. 하나님의 절대적인 주권입니다. '왜 나의 부모는 이런 부모인가?' 하는 억울함과 부당함을 가지기 전에, 이런 부모님 밑에 태어나게 하신 하나님의 뜻을 생각할 수 있어야 합니다. 감독

이 각본을 쓰고 영화를 찍을 때 그냥 찍지 않습니다. 그 각본에 가장 어울리는 배우를 찾아서 역할을 맡깁니다. 배역을 다 정하고 영화를 찍으면서 감독이 최고로 기쁠 때가 언제일까요? 배우가 자기 역할을 잘 소화할 때입니다. '역시 내가 보는 눈이 있었어'라고 생각하지 않겠습니까? 악한 주인 밑에서 고생하는 사환이나 믿지 않는 남편이 주는 어려움을 겪어야 하는 아내는 '왜 나만 이런 억울함과 부당함을 감당해야 하는가' 하는 생각이 들 때, 이 부당함과 억울함이 감독 되신 하나님께서 맡기신 나의 배역일 수 있다는 생각을 할 수 있어야 합니다.

마태복음 6장 25절 "목숨을 위하여 무엇을 먹을까 무엇을 마실까 몸을 위하여 무엇을 입을까 염려하지 말라"는 말씀이 있습니다. 그리고 32절은 "이는 다 이방인들이 하는 것이라. 너희 하늘 아버지께서 이 모든 것이 너희에게 있어야 할 줄을 아시느니라"라고 했습니다. 무슨 뜻입니까? 성도는 자신이 자기의 목숨과 존재를 만들고 유지하지 못하며 책임지지 못한다는 것을 아는 사람들입니다. 우리의 생명을 유지하고 보존하는 것은 하나님의 책임입니다. 우리의 책임은 내 목숨을 내가 유지하고 보존하는 것이 아니라 주어진 생명의 목적을 다하는 것입니다. 무엇을 먹을까 무엇을 입을까 무엇을 마실까 염려하는 것은 하나님을 모르는 이방인들이 생명의 보존을 자신이 해야 한다는 생각에서 비롯되는 것입니다. 신자는 그것을 하나님께서 책임져 주시는 줄 믿고 하나님께 맡기고 생명을 주신 하나님의 의도대로 그 책임을 다하는 것이 마땅합니다. 그 책임이 무엇입니까? 33절은 "먼저 그의 나라와 그의 의를 구하라"고 말합니다.

그의 나라와 그의 의를 구하는 것은 곧 그의 통치에 순종함을 뜻합니다. 내가 원하는 대로 살지 않고 하나님께서 명하시는 대로 살아서, 나라는 존재가 하나님의 통치 아래 순종하고 있을 때 가장 복되고 가장 영광스럽다는 것을 드러내는 것이 신자의 책임입니다. 문제는 그것이 대부분 우리가 좋은 것을 누리고 멋있는 역할을 소화할 때보다 부당함과 억울함과 괴로움과 고난 속에서 하나님을 경외함으로 자신의 역할에 순종하는 것을 통해 더 선명하게 드러난다는 사실입니다.

믿지 않는 남편과 함께 살면서 고통과 억울함과 부당함을 당하는 아내가 있습니까? 그래서 '왜 나만 이런 어려움을 겪어야 하는가?' 하고 생각하는 사람이 있습니까? 그것을 억울함과 지겨움이라는 관점에서 생각하지 말고 내 인생의 감독 되신 하나님께서 나에게 맡긴 배역이라고 생각해 보십시오. 믿지 않는 남편에게 부당한 고난을 당하면서 그에게 순종하여 그를 구원의 자리까지 인도하는 역할은 아무에게나 맡기지 않습니다. 말씀을 순종하지 않는 남편에게 말이 아닌 순종의 행실로 남편을 구원에 이르게 하는 역할을, 하나님께서 다른 사람이 아니라 나에게 맡기신 것입니다. 이 역할을 감당할 수 있는 사람이 나밖에 없다고 하나님이 인정하고 맡기신 것입니다. 따라서 '왜 나만 이런 어려움을 겪어야 하는가?' 하고 생각할 것이 아니라, 나만 할 수 있는 특권과 영광으로 생각하고 감당해야 합니다.

5-6절은 역사 속에서 이러한 단장으로 남편에게 순종하는 믿음의 여인의 역할을 감당했던 거룩한 부녀들을 예로 들면서, 사라를 언급합니다. 사라는 남편 아브라함을 '주'라 칭하며 순종했습니다. 그런데 이 남편이 어떤 남편입니까? 자신이 살기 위해 아내를 바로에게 넘겨 주었던 못난 남편이요 이해하기 힘든 남편입니다. 용서하지 못할 남편이요 순종하기 힘든 남편이지 않습니까? 그런데 사라는 이런 남편을 '주'라고 부르면서 순종했습니다. 무엇이 사라를 이렇게 순종하는 아내로 만들었을까요? 성경은 하나님께 소망을 두었기 때문이라고 그 이유를 분명히 밝히고 있습니다(5절). 더이상 사랑하기 힘들고 순종할 수 없는 남편에게 온유함과 안정함으로 순복하게 하는 것은 내 인생의 감독 되신 하나님께 소망을 둘 때 가능하다는 것입니다.

남편이 괴로움을 주고, 고통을 주고, 눈물을 주고, 마음을 아프게 할 때, 남편이나 이 세상의 그 무엇에 소망을 두지 말고 내 인생의 감독 되신 하나님께 소망을 두는 기회로 삼길 바랍니다. 머리를 꾸미고 금을 차고 아름다운 옷으로 자신을 치장하는 삶에서, 이제는 속사람을 온유함과 안정함으로 단장할 수 있는 기회로 만들어 가시기를 바랍니다.

이것은 비단 아내에게만 해당되는 말씀이 아닙니다. 지금 자신의 형편이 억울하고 부당해서 눈물 나고 고통스러운 모든 사람에게 해당되는 내용입니다. 하나님께서 나 외에는 그 억울함을 감당하고 그 부당함을 감당할 사람이 없어서 아무도 할 수 없는 배역을 나에게 맡기셨습니다. 그 억울하고 가슴 아픈 상황에서 하나님의 뜻에 순종해 보십시오. 말도 안 되는 처지에서 나를 억울하게 하고 괴롭히는 자를 위하여 그리스도의 마음을 가지고 두려움으로 순종해 보십시오. 내가 당하는 억울함과 부당함이 영화의 한 장면이 되어 우리는 사라와 거룩한 부녀들이 그랬던 것처럼, 장차 천국에서 영원토록 회자되고 기억될 만큼 역사에 남는 명장면을 소화한 명배우로 남게 될 것입니다.

14 성도의 선행 : 가정에서 ②
벧전 3:7

신약 성경에는 부부에 관한 여러 말씀들이 있습니다. 가장 유명한 구절이 에베소서 5장 18-33절의 말씀인데 성령 충만할 때 나타나는 피차 복종하는 모습을 남편과 아내에게 적용한 것입니다. 여기서는 아내에 대한 분량이 22-24절까지 3절인 반면 남편은 25-33절까지 9절이나 됩니다. 남편에게 할당된 분량이 아내보다 세 배의 분량입니다.

그런데 지금 우리가 보는 베드로전서는 이런 신약 성경의 다른 구절들과는 조금 다른 관점에서 남편과 아내의 관계를 다루고 있습니다. 분량도 아내가 3장 1-6절까지이고, 남편은 3장 7절 달랑 한 구절밖에 되지 않습니다. 왜 베드로전서는 남편에 대한 권면이 이리 짧은 것일까요?

에베소서 5장은 '피차'의 문맥입니다. 성령 충만하면 피차에 복종하는데 그 피차를 아내와 남편에게 각각 적용했습니다. 그런데 베드로전서의 문맥은 피차가 아니라 '이와 같이'의 문맥입니다. 3

장 1절은 "아내들아 이와 같이 자기 남편에게 순종하라"고 했고, 3장 7절은 "남편들아 이와 같이 지식을 따라 너희 아내와 동거하라"고 했습니다. 이는 2장 12절부터 시작되는 흐름입니다. 지금 교회와 성도들이 로마의 황제 숭배 정책을 거부했다는 이유로 욕을 듣고 있으며, 악행한다는 비방을 받고 있습니다. 이것은 정당한 비판이 아니라 부당한 비방이요, 억울한 욕입니다. 이런 상황에서 욕과 비방을 잠재우고 하나님의 영광을 찾아오기 위해 베드로가 내린 처방이 무엇입니까? 이방인들 가운데서 행실을 선하게 가지는 것입니다.

> 너희가 이방인 중에서 행실을 선하게 가져 너희를 악행한다고 비방하는 자들로 하여금 너희 선한 일을 보고 오시는 날에 하나님께 영광을 돌리게 하려 함이라 _벧전 2:12

이렇게 선행을 처방으로 제시한 다음, 베드로는 선행의 구체적인 모습을 2장 13절부터 설명하는데, "인간의 모든 제도를 주를 위하여 순종하되"로 시작합니다. 그리고 18절 "사환들아 범사에 두려워함으로 주인들에게 순종하되 선하고 관용하는 자들에게만 아니라 또한 까다로운 자들에게도 그리하라"로 이어지는데, 이것은 부당함과 억울함을 감당하는 것이 지금 너희들이 세상을 향해 보여야 할 선행이라는 뜻입니다. 가장 억울하고 가장 부당한 십자가를 참고 인내하신 그리스도 때문에 우리가 구원받았다는 것을 생각하면서, 너희들도 너희들을 악행한다고 비방하는 이방인 중에서 그런 은혜를 드러내는 역할을 하라는 말씀입니다. 그리고 "이와 같이"가 등장합니다. 아내들도 "이와 같이 자기 남편에게 순종하라"이고, 남편들도 "이와 같이 지식을 따라 아내와 동거하라"고 했습니다. 이것은 피차에 복종하는 문맥이 아니라, 부당하고 억울한 상황에서 하나님을 두려워하는 경외함으로 그리스도처럼 은혜를 드러내는 역할을 감당하라는 선교적 관점의 문맥입니다. 부당함과 억울함의 분량이 누가 더 많을까요? 남편보다 아내가 훨씬 많고, 주인보다 노예가 훨씬 많습니다. 그래서 말씀이 아내에게는 길게, 남편에게는 짧게 주어지는 것입니다.

그럼 이제 남편이 감당해야 할 역할이 무엇인지 살펴볼까요?

> 남편들아 이와 같이 지식을 따라 너희 아내와 동거하고 그를 더 연약한 그릇이요 또 생명의 은혜를 함께 받을 자로 알아 귀히 여기라. 이는 너희 기도가 막히지 아니하게 하려 함이라 _벧전 3:7

당시 상황이 남편의 종교를 무조건 따라야 하는 시대적 상황이라, 남편만 예수를 믿고 아내 혼자 믿지 않을 가능성은 거의 없습니다. 그렇다면 둘 다 믿는 상황이라고 보고서 남편이 지식에 따라 아내와 동거하라는 것인데, 당시 남편들은 사회 관습과 시대의 흐름, 자기의 본성과 인간의 전통에 따라 아내와 동거했습니다. 하지만 예수 믿는 남편은 지식에 따라 아내와 동거해야 한다는 것입니다. 그렇다면 이 지식은 어떤 지식일까요?

하나님의 은혜로 예수를 믿게 된 남편들이 교회에 나와 진리의 말씀을 듣고서 그전에는 모르던 사실을 알게 되었습니다. 아내가 자신과 똑같은 하나님의 형상으로 지음받은 '존귀한 자'라는 사실입니다. 이것은 당시, 남편은 주인과 같고 아내는 하인과 같이 취급받았던 것을 고려할 때 가히 혁명적인 진리입니다. 그렇게 똑같이 하나님의 형상인 부부가 남편은 교회를 위해 자신을 다 내 주어서 사랑한 그리스도의 역할을 하고, 아내는 교회가 그리스도께 복종하듯 복종하는 역할을 맡았다는 것을 배웁니다. 세상 남자들이 모르는 지식이죠. 학교에서 가르쳐 주지 않는 지식입니다. 오직 하나님의 자녀들이 그리스도의 몸 된 교회에서 말씀을 들을 때만 알 수 있는 지식입니다.

당시에는 아무도 남편의 의무를 말하거나 가르치지 않았습니다. 오직 아내의 의무와 책임만을 말하고 강요했습니다. 그러나 복음은 아내에 대한 남편의 권리뿐만 아니라 의무와 책임도 가르칩니다. 남편에게는 아내를 사랑해야 하는 의무가 있습니다. 돌보고 배려하며 귀히 여겨야 할 책임이 있습니다. 돈만 벌어다 주면 자신이 할 일을 다한 것이 아닙니다. 아내를 사랑해야 합니다. 자기 자신을 사랑하듯이 아내를 사랑해야 합니다. 그것이 남편의 책임이요 의무입니다. 하나님은 아내가 남편에게 그렇게 사랑받으며 존중받고 배려받는 것을 통해 행복을 느끼고 하나님의 돌보심을 맛보도록 지으셨습니다. 세상의 모든 것이 다 주어져도 남편의 사랑과 배려가 없으면 행복할 수 없는 존재가 아내입니다. 남편은 그것을 알아야 합니다. 그 지식을 갖고 아내와 동거해야 합니다.

특별히, 아내가 자신보다 더 연약한 그릇이라는 것을 늘 기억해야 합니다. 여성은 육체적으로 남자보다 약하고 정서적으로 더 섬세하고 예민합니다. 아내는 마구 던져도 되는 놋그릇이 아니라 매우 조심해서 다루어야 하는 값비싼 도자기와 같습니다. 작은 충격에도 금이 가고 깨질 수 있는 그릇을 대하듯이 귀하게 여기고 사랑해야 합니다. 말을 해도 조심스럽게 하고, 마음을 다해 보살피며 사랑해야 합니다.

아내를 귀하게 여기라고 했는데, 이 말은 따로 해석할 필요가 없습니다. 누가 이 말의 뜻을 모르겠습니까? 너무나 분명합니다. 소중하게 여기고 존귀하게 대하는 것입니다. 하나님께서 내게 주신 배우자이므로 귀하게 여겨야 합니다. 아내는 내 뼈 중의 뼈요 살 중의 살입니다. 생명의 은혜를 함께 이어받을 동역자입니다. 이것이 성경이 가르쳐 주는 지식입니다. 그러므로 아내에게 함부로 하지 말고 모든 일에 아내를 배려하면서 아내의 뜻을 묻고 그 뜻을 존중해 주어야 합니다. 아내를 함부로 대하는 것은 자신을 함부로 대하는 것과도 같습니다. 질서상 남편이 가정의 머리 역할을 한다 해도, 남편은 마음과 생각과 모든 계획에서 아내를 최고의 우선순위로 두어야 합니다. 그래서 아내가 '내가 남편에게 귀히 여김을 받고 있구나'를 느끼게 해야 합니다. 다른 사람이 봐도 저 사람은 자신의 아내를 귀하게 여긴다는 것을 알 수 있도록 해야 합니다. 그것이 귀하게 여기는 것입니다.

부부로 함께 살면서 아내가 어떤 생각과 감정을 갖고 있는지를 모르고 살면, 그것은 지식에 따라 동거하는 것이 아닙니다. 귀하게 여기는 것이 아닙니다. 빨래는 벗어 놓으면 저절로 되는 것이 아닙니다. 밥은 때가 되면 자동으로 나오는 것이 아닙니다. 집이 깨끗하게 정돈되어 있는 것은 그냥 되는 것이 아닙니다. 그것을 위해 아내는 큰 수고와 고생을 합니다. 자식은 또 그냥 나왔습니까? 그렇지 않습니다. 열 달이나 뱃속에 넣고 있으면서 수많은 정서적 기복을 경험합니다. 혹시나 자식이 없으면 몇 배나 더한 고통과 아픔을 맛봅니다. 여성들은 이 모든 과정을 통해 남자들보다 훨씬 심한 우울감을 느낄 수 있고, 육체의 고단함도 쌓입니다. 그걸 알아 주고 인정하고 감사해야 합니다. 그리고 할 수 있으면 최대한 도와야 합니다.

아내는 단지 남편의 사회 생활을 뒷바라지하고 성공을 돕는 수단으로 주어진 존재가 아닙니다. 함께 생명의 유업과 하나님의 은혜를 이어받을 귀한 동역자입니다. 하나님께서 내게 주신 나의 반쪽입니다. 나의 뼈고 살입니다. 아내가 아프면 내가 아픈 것이고, 아내가 힘들면 내가 힘든 것입니다. 그래서 늘 살피고 존중하고 배려하며 인정해 주어야 합니다. 그것이 귀하게 여기는 것입니다.

이것은 당시 사회에서 통념되는 남자의 관점에서 본다면 우습고 부당하고 놀랍고 조롱당할 일인지 모르지만, 그렇게 해야만 합니다. 그것이 곧 하나님의 말씀이 가르치는 참된 지식에 따라 아내와 동거하는 것이기 때문입니다. 그래서 세상이 "아, 저런 남편도 있구나." 하고 느낄 수 있도록 보여 주어야 합니다. 그것이 악행한다고 교회를 비방하는 이방인 중에서 행실을 선하게 가지는 남편의 선행입니다.

남자와 여자가 결혼을 하면 둘이 함께 삽니다. 동거합니다. 함께 산다고 해서 로맨틱하고 좋은 일만 있는 것은 아닙니다. 혼자 살 때는 자기 마음대로 살아도 되지만, 두 사람이 동거하게 되면 그렇게 살 수 없습니다. 서로가 서로에게 통제가 되고, 영향을 주며 간섭을 받아야 됩니다. 그래서 함께 살 때 가장 중요한 것은 함께 사는 법을 배우고 익히는 것입니다. 특별히 성경을 통해 예수 믿는 남편과 아내가 서로를 어떻게 대해야 하는지를 배워야 합니다. 하나님께서 남편과 아내에게 맡기신 역할과 배역이 무엇이며, 따라오는 책임과 의무가 무엇인지를 알아야 합니다. 그리고 그 지식에 따라 동거해야 합니다.

하나님은 남자와 여자를 다르게 지으셨습니다. 부부로 함께 살면서 '서로가 이렇게 다르구나' 하는 것을 발견할 때마다 그것이 당연한 것인 줄 알아야 합니다. 당연한 것을 틀린 것이라 여긴다면, 서로 바로잡고 고치려고만 할 텐데, 그렇게 되면 부부가 행복할 수 없습니다. 함께 사는 두 사람이 매일 서로 고치려고만 하면 어떻게 행복할 수가 있겠습니까?

무엇보다 남편과 아내는 다 죄의 본성을 가지고 있는 죄인들입니다. 이것을 잊지 말아야 합니다. 죄인 한 사람이 사는 것도 얼마나 문제가 많습니까? 그런데 부부가 된다는 것은 죄인 두 사람이 함께 사는 것을 의미합니다. 서로가 서로에게 섭섭한 점이 발견될 때 어떻게 생각해야 되겠습니까? 그것이 당연하다고 생각하십시오. 죄인이기 때문에 당연한 것입니다. 죄인들이 이기적으로 생각하고 이기적으로 행동하는 것이 당연한 것이라는 지식이 있어야 함께 살면서 그런 죄성들이 드러날 때 이해하고 참아 낼 수 있습니다. 중요한 것은 상대가 죄성을 드러낼 때는 참아야 하고 당연한 것으로 여기면서 견뎌야 하지만, 내가 죄성을 드러낼 때 당연하다고 생각해서는 안 됩니다. 그것은 자기 합리화입니다. 그때는 속히 회개하고서 하나님의 은혜로 죄성을 이길 수 있게 해 달라고 기도해야 합니다. 그것이 지식에 따라 아내와 동거하는 것입니다.

아내에게 나의 죄성을 드러내는 남편이 아니라, 하나님의 은혜를 드러내는 남편이 될 수 있기를 바랍니다. 그래야 기도가 막히지 않습니다(3:7). 그래야 세상이 예수 믿는 남편을 보고 하나님의 선하심을 느끼게 될 것입니다.

15 성도의 선행 : 결론 ①

벧전 3:8-12

성도는 택하신 족속이요 왕 같은 제사장이며, 거룩한 나라요 하나님의 소유가 된 백성입니다(2:9). 성도는 말세에 나타내기로 예비하신 구원을 얻기 위하여 하나님의 능력으로 보호를 받고 있는 존재들입니다(1:5). 그러므로 이들은 세상 속에서 빛의 행실로 하나님의 아름다운 덕을 드러내고 하나님께 영광을 돌려야 합니다. 아이러니한 것은 빛의 복음에 충실할 때 교회와 성도가 오히려 세상으로부터 욕을 먹고 비방을 받을 수 있다는 점입니다. 어둠이 빛을 싫어하기 때문입니다. 이때 교회는 그것을 부당하거나 억울하게 여기지 말고 더욱 선행에 힘써서 세상의 비방을 잠재워야 합니다. 2장 12절에 "이방인 중에서 행실을 선하게 가져 너희를 악행한다고 비방하는 자들로 하여금 너희 선한 일을 보고 오시는 날에 하나님께 영광을 돌리게 하려 함이라"고 하는 선행의 가이드 라인이 그것 때문에 주어집니다.

이 가이드 라인을 따라 선행의 구체적인 내용이 제시됩니다. 인간의 모든 제도를 주를 위하여 순종하라는 말씀(2:13), 사환들이 주인들에게 순종하라는 말씀(2:18), 아내가 믿지 않는 남편에게 순종하라는 말씀(3:1), 남편이 지식을 따라 아내와 동거하라는 말씀(3:7)이 다 거기에 해당됩니다. 이것이 성도의 선행인데 모두 억울하고 부당하게 여겨질 수 있는 상황을 하나님을 경외함으로 참고 그리스도의 고난을 바라보면서 따라갈 때만 이룰 수 있는 내용들입니다.

지금까지 베드로가 말한 것이 무엇입니까? 교회가 이 세상을 어떻게 살아가야 하는지에 관한 것입니다. 예수 믿는 우리가 교회죠. 교회는 썩지 않고 더럽지 않고 쇠하지 않을 기업을 유산으로 받아서 그 영광스러운 소망을 향하여 나그네와 거류민의 마음을 가지고 달려가는 사람들의 모임입니다. 문제는 그렇게 가는 믿음의 길 한복판에서 원치 않는 악을 만난다는 데 있습니다. 때로는 불의한 세속의 정권이 주도하는 조직적인 악을 대하고, 때로는 선하고 관용하는 주인이 아닌 악하고 까다로운 주인을 만나기도 합니다. 믿지 않는 남편, 핍박하는 남편을 만나고, 기도를 막히게 하는 아내를 만나기도 합니다. 왜 이런 일이 생깁니까? 믿음이 없어서가 아닙니다. 하나님께서 나를 돌보시지 않아서도 아닙니다. 피하면 좋겠지만 피해야 할 것이 아닙니다. 피할 수 있는 것도 아닙니다. 왜냐하면 교회의 본질 자체가 그들 속에서 악을 악으로 갚지 않고, 그 부당함과 억울함을 참고 견디면서, 하나님의 은혜와 생명을 드러내도록 부름 받았기 때문입니다.

성경에 이런 말씀들은 예수 믿으면 다 잘되고 고난이 없어지고 복을 받는다고 믿는 피상적인 복음에 익숙한 사람들에게 가히 충격적인 내용입니다. 어떻게 하면 이 충격적인 부르심에 순종할 수 있겠습니까? 8절은 이렇게 이어집니다. "마지막으로 말하노니". 여기서 마지막은 끝이라는 뜻이 아니고 '결론적으로' 라는 뜻입니다. 무엇의 결론입니까? 성도의 선행을 말하는 문맥의 결론입니다. 너희를 악행한다고 비방하는 세상의 비방을 잠재우는 선행을 행하기 위해서는 결론적으로 이런 것들이 필요하다는 뜻입니다.

> 너희가 다 마음을 같이하여 동정하며 형제를 사랑하며 불쌍히 여기며 겸손하며 악을 악으로, 욕을 욕으로 갚지 말고 도리어 복을 빌라. 이를 위하여 너희가 부르심을 받았으니 이는 복을 이어받게 하려 하심이라 _벧전 3:8-9

베드로는 교회가 세상에서 선행을 행하기 전에 먼저 교회 공동체 안에서 마음을 같이하는 하나 됨이 필요하다고 말하고 있습니다. 무엇에 마음을 같이해야 합니까? 하나님의 부르심입니다. 억울한 상황에서도 악을 악으로 갚지 않고 욕을 욕으로 갚지 않으며, 도리어 복을 빌도록 우리를 부르신 그 '부름' 말입니다. 그 길의 마지막이 썩지 않고 더럽지 않고 쇠하지 않는 하늘에 간직된 기업이라는 산 소망을 받은 교회는, 하나님을 경외하는 믿음을 가지고 자신을 어두운 데서 빛으로 부르신 이 부르심의 길을 가는 것에 마음을 모으고 뜻을 같이해야 합니다. 그래야 같은 길을 가는 믿음의 형제들을 이해할 수 있고, 세상에서 억울하고 부당한 일을 당해도 교회에 오면 서로를 동정하고 사랑하고 불쌍히 여기면서 겸손히 섬기는 강력한 생명의 공동체가 되는 것입니다. 교회가 이런 뜨거운 진리의 공동체성을 회복하지 못하면 어떻게 세상을 향하여 악을 악으로, 욕을 욕으로 갚지 않고 도리어 복을 비는 이 '거룩한 부르심'을 수행하며 감당할 수 있겠습니까?

이를 위해서 강단의 복음이 바르게 전해져야 합니다. 교회가 예수 믿으면 잘되고, 예수 믿으면 건강해지고, 예수 믿으면 형통하다는 말만 전하고 거기에만 익숙해지면, 교인들이 세상 가운데 선을 행하기는커녕 악을 행하면서도 부자가 되고, 성공하기만 하면 복을 받았다고 허탄한 자랑을 일삼게 됩니다. 그 결과가 무엇입니까? 교회가 세상을 염려하는 것이 아니라, 세상이 교회를 염려하고 걱정하는 지경까지 가게 되는 것입니다. 지금이라도 교회는 바른 복음의 가르침에 귀를 기울이고 모두 다 마음을 같이해야 합니다. 그리고 그것을 바탕으로 서로 동정하며 불쌍히 여기고 사랑하면서, 세상에서 만나는 모든 부당함과 억울함을 악과 욕으로 갚지 않고 도리어 복을 비는, 거룩한 순례자의 사명을 감당하기 위한 은혜를 구해야 할 것입니다.

우리는 이 길을 가도록 부름받았습니다. 진짜 복 받기를 원한다면 이 길을 가야 합니다. "이는 복을 이어받게 하려 하심이라"(3:9)고 말씀하지 않습니까? 베드로는 10-12절에서 시편 34편을 인용하면서 복을 이어받는 것이 무엇인지를 설명하고, 이것이 진짜 복이라고 강력하게 변증합니다.

> 그러므로 생명을 사랑하고 좋은 날 보기를 원하는 자는 혀를 금하여 악한 말을 그치며 그 입술로 거짓을 말하지 말고 악에서 떠나 선을 행하고 화평을 구하며 그것을 따르라. 주의 눈은 의인을 향하시고 그의 귀는 의인의 간구에 기울이시되 주의 얼굴은 악행하는 자들을 대하시느니라 하였느니라 _벧전 3:10-12

베드로가 시편 34편을 인용한 것은 처음이 아닙니다. 이미 2장 3절에서 "너희가 주의 인자하심을 맛보았으면 그리하라"고 시편 34편 8절을 인용한 바 있습니다. 그런데 8-12절에서 다시 시편 34편 12-16절을 인용하고 있습니다. 그만큼 시편 34편이 베드로의 권면을 확증하는 데 중요한 의미와 교훈을 제공하고 있다는 뜻입니다. 시편 34편의 부제는 "다윗이 아비멜렉 앞에서 미친 체하다가 쫓겨나서 지은 시"라고 되어 있습니다. 이 시의 배경을 더 자세히 알려면 사무엘상 21장 10절 이하를 보면 되는데, 거기에는 가드 왕 '아기스' 앞에서 미친 체하여 쫓겨난 것으로 되어 있습니다. 시편 34편은 '아비멜렉' 앞에서 미친 척했다고 되어 있고, 사무엘상 21장은 '아기스' 앞에서 그랬다고 되어 있는데 둘 다 맞습니다. 아비멜렉은 사람의 이름을 일컫는 명사가 아니라 애굽의 왕을 바로라고 부르는 것처럼 블레셋의 왕을 총칭하는 명사입니다. 당시 블레셋은 가드와 가사와 아스돗 같은 여러 도시 국가로 형성되어 있었는데, 다윗이 사울을 피해 도망간 지역이 가드 지방이었고 당시 가드 왕이 '아기스'였던 것입니다. 그것을 시편 34편은 블레셋의 왕을 총칭하는 아비멜렉으로 썼고, 사무엘상 21장은 가드 왕인 아기스로 기록한 것입니다.

다윗은 사울을 피하여 블레셋의 가드까지 도망갔습니다. 그러나 가드 사람들이 골리앗을 죽였던 다윗을 알아보고는 아비멜렉 앞으로 데려갔습니다. 죽음을 눈앞에 둔 위기 상황입니다. 그러한 절체절명의 상황에서 다윗은 순간의 기지로 미친 체하여 놓임을 받고 겨우 살아 나옵니다. 그리고 그 모든 과정에서 맛본 여호와의 선하심을 노래로 지어, 이스라엘에게 가르치고 부르게 한 것이 바로 시편 34편입니다. 그가 자신이 구원받은 것을 어떻게 설명하는지 보십시오.

> 이 곤고한 자가 부르짖으매 여호와께서 들으시고 그의 모든 환난에서 구원하셨도다. 여호와의 천사가 주를 경외하는 자를 둘러 진 치고 그들을 건지시는도다 _시 34:6-7

다윗은 자신이 미친 체하고 살아 나온 것을 하나님께서 환난에서 구원하신 것으로, 여호와가 천사를 보내 여호와를 경외하는 자신을 둘러 진 치고 건지신 것이라고 고백합니다. 그리고 34편 8절에 "너희는 여호와의 선하심을 맛보아 알지어다. 그에게 피하는 자는 복이 있도다"라고 하면서 자신이 여호와의 선하심을 맛보았다고 말합니다.

무슨 말입니까? 여호와께 피하는 것이 곧 그를 경외하는 것이고,

그런 자가 절체절명의 상황에서도 여호와의 선하심을 맛보게 된다는 뜻입니다. 그래서 34편 11절부터 다윗은 여호와를 경외하는 법을 가르칩니다. "너희 자녀들아 와서 내 말을 들으라. 내가 여호와를 경외하는 법을 너희에게 가르치리로다". 그리고는 본문 8-12절에서 베드로가 인용한 34편 12-16절의 내용이 이어집니다.

> 생명을 사모하고 연수를 사랑하여 복 받기를 원하는 사람이 누구뇨.
> 네 혀를 악에서 금하며 네 입술을 거짓말에서 금할지어다. 악을 버리
> 고 선을 행하며 화평을 찾아 따를지어다. 여호와의 눈은 의인을 향하
> 시고 그의 귀는 그들의 부르짖음에 기울이시는도다. 여호와의 얼굴
> 은 악을 행하는 자를 향하사 그들의 자취를 땅에서 끊으려 하시는도
> 다 _시 34:12-16

베드로가 왜 이 부분을 인용했을까요? 지금 그는 억울하고 부당한 상황에서도 하나님을 생각하면서 악을 악으로 갚지 않고 도리어 복을 비는 것이 성도의 선행이며, 그것이야말로 진짜 복을 이어받는 길이라고 말하고 있습니다. 그리고 그것을 확증하기 위하여 시편 34편에 나오는 다윗의 예를 들고 있는 중입니다. 다윗이 어떤 사람입니까? 왕으로 택함받고 기름 부음을 받았지만, 사울에게 미움받고 쫓겨 다니는 부당함과 억울함을 당했습니다. 그런데 그렇게 억울하게 쫓겨 다니는 상황에서도 악을 악으로 갚지 않으며, 욕을 욕으로 갚지 않고 도리어 사울을 위하여 복을 비는 선을 행했습니다. 어떻게 그렇게 할 수 있었습니까? 앞에서 하나님께 소망을

두었던 거룩한 부녀들이 그랬던 것처럼, 여호와께 피했기 때문입니다.

보통의 경우, 억울하고 부당한 일을 당하면 그리고 그런 상황에서 아무것도 할 수 없는 무력한 상황이면 한이 생기기 마련입니다. 풀 길이 없는 한이 맺힙니다. 그러나 그리스도인은 그런 상황에서도 피할 곳이 있음을 기억해야 합니다. 그리스도인은 여호와께 피할 수 있습니다. 찬송가 70장은 이렇게 노래합니다.

1. 피난처 있으니 환난을 당한 자 이리 오라
   땅들이 변하고 물결이 일어나 산 위에 넘치되 두렵잖네
2. 이방이 떠들고 나라들 모여서 진동하나
   우리 주 목소리 한 번만 발하면 천하에 모든 것 망하겠네
3. 만유 주 하나님 우리를 도우니 피난처요
   세상의 난리를 그치게 하시니 세상의 창검이 쓸데없네
4. 높으신 하나님 우리를 구하니 할렐루야
   괴롬이 심하고 환난이 극하나 피난처 되시는 주 하나님

누가, 선을 행함으로 부당한 고난을 받으면서도 억울함과 한을 품지 않고, 악을 악으로 갚지 않고 욕을 욕으로 갚지 않으며, 도리어 복을 빌어 여호와의 선하심을 맛보는 자리로 갈 수 있습니까? 여호와께 피하는 사람입니다. 여호와께 피하는 것은 어느 날 불쑥 되는 것이 아닙니다. 평소에 혀를 금하여 악한 말을 그치며, 그 입술로 거짓을 말하지 않고, 악에서 떠나 선을 행하고, 화평을 구하

며 따르는 여호와를 경외하는 삶을 살 때 나타나는 내공이며 실력입니다. 그런 사람이 절체절명의 상황에서도 여호와의 천사가 둘러 진 치고 건져 주는 여호와의 선하심을 맛보아 알게 됩니다. 그런 사람이 생명을 사랑하고 좋은 날을 보게 될 것입니다.

주의 눈은 그렇게 여호와를 경외하는 자를 향하고, 주의 귀는 그런 자의 간구에 귀를 기울이신다고 합니다. 불의한 세속 정부가 주는 부당함, 악하고 까다로운 주인에게서 받는 억울함, 믿지 않는 남편과 기도를 막는 아내를 견뎌야 하는 어려움 속에서도 악을 악으로 갚지 않고 도리어 복을 비는 선행을 하려면, 평소에 혀를 금하여 악한 말을 그치며 거짓을 말하지 않고 악에서 떠나 선을 행하고 화평을 구하는 여호와를 경외하는 삶을 살아야 합니다. 그것이 여호와께 피하는 것입니다. 어리석어 보이고 바보같이 보여도, 여호와의 선하심을 맛보아 아는 참된 복을 이어받는 길입니다. 그렇다면 선을 행하다가 고난을 받고 참아야 하는 이 길로 부름받은 것은, 세상이 모르는 여호와의 선하심을 맛보아 아는 것이 준비되어 있으며, 생명을 사랑하고 좋은 날을 보게 되리라는 약속의 말씀이니 얼마나 복된 것입니까?

그 길을 갈 수 있도록 성경의 가르침에 청종하며 마음을 같이하기를 바랍니다. 그렇게 같은 믿음의 길을 가면서 서로를 이해하고 동정하고 사랑하며 불쌍히 여기고 겸손하게 섬기면서, 우리에게 주어진 성도의 선행을 감당하는 은혜가 모두에게 있기를 바랍니다.

16 성도의 선행 : 결론 ②
벤전 3:13-17

사람들은 누구나 고생하지 않고 편하게 사는 것을 원하며, 바라는 바대로 누리고 살기를 꿈꿉니다. 돈과 권력을 갈망하는 이유가 무엇입니까? 그것이 자신들이 꿈꾸는 것을 가능하게 해 주며 고생 없는 편안한 삶을 살게 해 준다고 믿기 때문입니다. 이런 가치관이 신앙의 영역에 투영되면, 고생하지 않고 안락하게 사는 것이 하나님께 복을 받은 것이고, 어렵고 힘들게 사는 것은 복을 받지 못한 것이라는 생각을 갖게 됩니다. 예전에는 군대에 안 가고 면제받은 남자를 '신의 아들'이라고 불렀습니다. 게다가 방위로 가게 되면 '사람의 아들', 현역으로 가면 '어둠의 자식들'이라고도 했습니다.

이렇듯 세상은 고생 안 하면서 자기 하고 싶은 것 다 하고 사는 사람을 '복 받은 사람', '신의 아들'이라 부릅니다. 반대로 고생하고 힘들게 살면 '어둠의 자식들', '저주받은 인생'이라고 말하기도 합니다. 그러나 성경은 다르게 말합니다. 성경은 누구보다 편하게 살 수 있음에도 하나님과 다른 사람을 위해 고난당하는 사람들, 얼마든지 쉽게 살 수 있지만 부르심을 따라서 쉬운 길이 아닌 좁고 어려운 길을 가는 사람들, 선을 행하다가 부당하고 억울한 일을 겪는 사람들, 그러면서도 악을 악으로 갚지 않고 도리어 복을 비는 사람들을 '신의 아들'이요, '하나님의 자녀'라고 부릅니다. 성경은 이들이야말로 진짜 복을 받은 사람들이라고 가르칩니다.

> 선을 행함으로 고난을 받고 참으면 이는 하나님 앞에 아름다우니라. 이를 위하여 너희가 부르심을 받았으니 _벧전 2:20-21
> 악을 악으로, 욕을 욕으로 갚지 말고 도리어 복을 빌라. 이를 위하여 너희가 부르심을 받았으니 이는 복을 이어받게 하려 하심이라 _벧전 3:9

유명한 정신 상담학자인 모건 스콧 펙(Morgan Scott Peck, 1936~2005) 박사는 그의 책《아직도 가야 할 길》에서 "삶이 어려운 이유는 삶이 쉽다고 생각하기 때문이다."라고 말했습니다. 인생이 쉽지 않다는 것은 누구나 알아야 하는 보편적인 진리입니다. 이것만 붙들어도 훨씬 더 견고한 삶을 살 수 있습니다. 그런데 삶이 쉽다고 생각하다가 고난이 찾아와 견디지 못하고 쓰러지는 사람들이 너무 많습니다. 믿음으로 사는 것도 동일합니다. 신앙생활이 힘든 이유 중 하나는 신앙생활이 쉽지 않다는 성경의 진리를 외면하거나 모르기 때문입니다. 그것을 모르기 때문에 조금만 어려움이 와도 '나는 예수를 믿는데도 왜 이럴까?' 하고 생각하면서 혼란에 빠지고 침체되며 흔들리는 것입니다.

지금 우리는 계속해서 '선을 행하라'는 말씀을 듣고 있습니다.

하나님의 백성은 선하신 하나님을 믿는 자이기 때문에 누구보다 선을 행하며 살아야 합니다. 2장 12절에서도 이방인 중에서 행실을 선하게 가지라고 했고, 2장 20절에서도 선을 행하다가 고난을 받아도 참고 계속 선을 행하라고 했습니다. 또 3장 10-11절도 생명을 사랑하고 좋은 날 보기를 원하면 악에서 떠나 선을 행하고 화평을 구하라고 했는데, 오늘 본문 3장 13절에서도 "또 너희가 열심으로 선을 행하면 누가 너희를 해하리요"라고 하면서 계속 선을 행하라고 촉구합니다.

13절이 12절의 "주의 눈은 의인을 향하시고 그의 귀는 의인의 간구에 기울이시되 주의 얼굴은 악행하는 자들을 대하시느니라"는 말씀과 이어지기 때문에 '또'로 시작합니다. 이렇듯 교회는 정말 적극적으로 선행의 길을 가야 합니다. 더군다나 세상이 교회를 악행한다고 비방하는 상황에서는 더욱 그렇게 해서, 그들의 비방을 잠재우고 우리가 믿는 복음을 증거할 수 있는 기회를 얻어야 합니다. 다시 말해서 세상의 비방에 대한 베드로의 처방은 다름 아닌 '선행'입니다.

그러나 이렇게 열심히 선을 행함에도 비방이 그치지 않고 계속해서 모함을 당하고 핍박을 당하며 어려움을 당할 수 있습니다. 선을 행하다가 받는 고난입니다. 화평을 구하다 당하는 어려움입니다. 하나님의 말씀대로 살다가 맛보는 손해입니다. 믿음을 지키다가 만나는 핍박입니다. 악을 선으로 갚다가 받는 억울함입니다. 순종하다가 당하는 고통입니다. 이럴 때 마음이 흔들릴 수 있습니다.

'대체 언제까지 이 고난이 계속되는 거지? 이 고난의 끝이 있긴 한 걸까?' 하는 생각과 더불어, 두려움을 느낄 수도 있고 근심할 수도 있습니다. 어떻게 해야 합니까? 사도는 이렇게 말합니다.

> 그러나 의를 위하여 고난을 받으면 복 있는 자니 그들이 두려워하는
> 것을 두려워하지 말며 근심하지 말고 _벧전 3:14

애매한 고난이 계속될 때, 그래서 두려움과 근심이 생길 때 그 고난이 의를 위하여 받는 고난이며 참으로 복된 고난임을 기억하라는 것입니다. 그리스도인이 당하는 고난에는 자신이 잘못해서 당하는 고난조차도 하나님의 사람으로 구비되고 온전하게 만들어져 가는 수단이 되는 복된 성격이 있습니다. 그렇다면 의로운 고난은 내가 잘못해서 당하는 고난과 비교할 수 없는 복된 성격이 있다는 것을 믿어야 합니다.

> 선을 행함으로 고난받는 것이 하나님의 뜻일진대 _벧전 3:17

무릇 쉬운 고난은 없습니다. 의로운 고난도 힘든 고난입니다. 오히려 더 힘든 고난이 바로 의로운 고난입니다. 그런데도 이 고난이 복된 것은 그것이 하나님의 뜻이기 때문입니다. 모든 고난에 하나님의 뜻이 있지만 의로운 고난에는 더 특별한 의미가 있습니다. 특별한 하나님의 뜻이 있고 하나님의 계획이 있습니다.

인생의 목적이 무엇입니까? 어떤 목표를 가지고 살아갈 때 가치 있고 영광스럽고 존귀한 인생이 됩니까? 내 욕심을 이루고 내 소

원을 이루는 것입니까? 그런 목적을 가지고 살면 그 목적 때문에 다른 많은 사람들이 희생되고 다칠 수 있습니다. 다른 사람들의 눈에 눈물을 흘리게 할 수도 있습니다. 가치 있는 인생이 되는 것은 내 소원을 이루는 때가 아닙니다. 인생이 빛나고 거룩하고 가장 영광스러울 때는 나의 수고와 나의 희생을 통하여 하나님의 뜻이 이루어지는 때입니다. 하나님의 계획이 나를 통하여 성취될 때입니다. 그것이 진짜 복입니다.

요셉의 생애를 보면 그는 형들에 의해 애굽으로 팔려 가는 고난을 당했습니다. 그러나 하나님은 요셉의 고난을 통해서 야곱의 가족과 애굽의 모든 사람들이 기근 속에서도 살아 남게 하는 은혜를 계획하십니다. 요셉의 고난을 통해서 애굽에 이스라엘이라는 민족이 형성되게 하십니다. 이처럼 하나님께서 나의 고난을 사용하셔서 다른 사람을 살리고 다른 사람을 구할 수 있다면, 그 고난은 얼마나 영광스러운 고난입니까? 내가 당하는 애매한 고난을 통해서 죽어 있는 사람이 살아나고 하나님의 위대한 구원 계획이 이루어질 수만 있다면, 그 고난은 얼마나 복된 고난입니까? 의로운 고난을 참고 견디면 결국 하나님의 뜻이 이루어집니다. 우리를 악행한다고 비방하는 자들이 결국 자신의 비방에 부끄러움을 느끼고, 우리에게 있는 소망의 이유를 묻는 일이 일어나게 될 것입니다.

> 너희 마음에 그리스도를 주로 삼아 거룩하게 하고 너희 속에 있는 소망에 관한 이유를 묻는 자에게는 대답할 것을 항상 준비하되 온유와 두려움으로 하고 _벧전 3:15-16

복음이 가장 왕성하게 전파될 때가 언제입니까? 하나님의 나라가 가장 왕성하게 확장되었을 때가 언제입니까? 불신자가 신자들의 삶에 매력을 느끼고 도전을 받으며 호기심을 느끼게 될 때가 언제입니까? 형통할 때가 아닙니다. 고난 중에 있을 때입니다.

의로운 고난을 당하면서도 낙심하지 않고, 원망하거나 불평하지 않고, 오히려 하나님께 영광을 돌리면서 더 진실하고 더 성실하게, 그리고 더 경건하게 살면서 선을 행할 때, 그들은 우리의 이런 삶을 호기심을 가지고서 주목하게 될 것입니다. 처음에는 비방하고 비난하다가도 우리의 그런 삶이 계속될 때 그들은 이렇게 생각할 것입니다. '이상하다. 분명히 원망하고 불평하고 욕하고 무너질 것이 당연한 상황인데, 어째서 오히려 감사하고 찬양하며, 더 경건하며, 더 선하게 살까? 왜 다들 넘어지는데 저들은 넘어지지 않고 다시 일어서게 되는 것일까? 왜 그렇게 욕을 먹어도 계속 저렇게 선한 삶을 살 수 있을까? 왜 악한 말로 비방을 하고 괴롭히는데도 악을 악으로 갚지 않고 도리어 복을 빌고 참고 선을 행할까? 왜 이 사람들은 되갚지 않을까? 그 비결이 무엇인가? 저들의 삶의 저런 힘은 어디서 오나?'라고 하면서 우리를 주목하게 될 것입니다.

그래서 결국 이렇게 묻습니다. "아니 그렇게 절망스럽고 고통스러운 상황 속에서도 낙심하지 않고 오히려 소망을 가지고 감사하며 살고 더 거룩하고 선하게 살아가는 비결이 무엇입니까? 어떻게 그렇게 살 수 있습니까? 당신에게 있는 그 소망의 이유는 무엇입니까?" 이때 우리는 묻는 그들에게는 온유함으로, 하나님 앞에서

는 두려움으로 "내 마음에 그리스도가 주가 되시며 그리스도가 소
망이 되기 때문입니다."라고 대답할 준비를 하고 있어야 합니다.
그러면 그들은 교회를 비방했던 자신의 비방을 부끄러워하면서 우
리가 믿는 하나님, 우리가 소망하는 하나님을 다시 생각하게 될 것
입니다.

바로 이것을 위해 교회는 세상 속으로 부름을 받았습니다. 그러
나 지금 한국 교회를 향하여 이렇게 묻는 사람이 과연 있을까요?
교회 안에 성공한 사람은 많습니다. 부자가 된 사람도 많고, 유명
한 사람도 많습니다. 그러나 이런 도전을 주는 사람은 많지 않습니
다. 이것이 우리의 문제입니다. 우리에게 이런 식의 호기심을 불러
일으키고 영향을 주는 사람이 없습니다. 신의 아들이요 하나님의
자녀임에도 고난을 피하는 것만 좋아하지, 마땅히 행해야 할 거룩
함과 의로운 고난을 동반하는 선행은 회피합니다. 예수 믿는 증거
를 잘되고 성공하여 부자가 되는 것으로만 드러내려고 하는 자들
이 너무 많다는 것입니다.

우리는 세상을 부끄럽게 만드는 사람들입니까, 아니면 세상 앞
에서조차 부끄러운 사람들입니까? 이 장에서 살펴본 말씀이 한국
교회의 기도 제목이며 우리의 기도 제목이 되어야 합니다. 주께서
우리를 불쌍히 보셔서 우리를 통해서 이런 호기심과 충격과 도전
을 받는 사람들이 생겨나고, 이런 질문을 던지는 사람들이 있으며,
그 질문에 온유함과 두려움으로 준비된 대답을 할 수 있기를 바랍
니다.

17 성도의 선행 : 결론 ③

벧전 3:18-22

교회가 세상에서 부당한 비방을 받고 있을 때 하나님의 처방은 '선행'입니다. "너희가 이방인 중에서 행실을 선하게 가져 너희를 악행한다고 비방하는 자들로 하여금 너희 선한 일을 보고 오시는 날에 하나님께 영광을 돌리게 하려 함이라"(벧전 2:12)는 말씀이 그것입니다. 그 다음 2장 13절부터 3장 8절까지 선행의 구체적인 내용이 제시되는데, 인간의 모든 제도를 주를 위하여 순종하라는 것, 범사에 악한 주인에 대한 사환들의 순종, 불신 남편에 대한 아내들의 순종, 그리고 남편들은 아내를 귀하게 여기면서 지식에 따라 동거하라는 말씀입니다. 기억해야 할 것은 이와 같은 성도의 선행이 세상의 부당한 비방에 대한 하나님의 처방이 분명하지만, 다만 그것으로 끝나지 않고 신앙의 본질로 연결된다는 사실입니다.

> 이를 위하여 너희가 부르심을 받았으니 그리스도도 너희를 위하여 고난을 받으사 너희에게 본을 끼쳐 그 자취를 따라오게 하려 하셨느니라 _벧전 2:21

이를 위해서 부르심을 받았다고 합니다. 그리스도를 따라 억울함과 부당함을 참고 견디면서 선으로 악을 갚는 선행은, 하나님의 부르심입니다. 세상에서 비방을 당하지 않는 때에도 성도의 선행은 마땅히 그래야 하는 본질적인 성격이 있다는 것입니다. 3장 17절은 "선을 행함으로 고난받는 것이 하나님의 뜻일진대 악을 행함으로 고난받는 것보다 나으니라"고 말합니다. 선을 행함으로 고난받는 것이 하나님의 뜻이라는 것입니다. 선행은 특별한 시대의 특별한 문제를 위한 처방을 넘어, 모든 시대와 모든 교회와 모든 성도를 향한 하나님의 보편적인 부르심이며 하나님의 뜻입니다.

왜 우리가 이방인 중에서 선을 행해야 합니까? 이 선행으로 억울함과 부당함을 당할 수 있지만 결국 하나님의 복을 이어받기 때문입니다. "악을 악으로 욕을 욕으로 갚지 말고 도리어 복을 빌라. 이를 위하여 너희가 부르심을 받았으니 이는 복을 이어받게 하려 하심이라"(벧전 3:9). 왜 선을 행하다가 고난받는 것이 복을 이어받는 것이 됩니까? 앞서 3장 10-12절에서 베드로는 시편 34편을 인용하면서 다윗이 사울이 주는 모든 부당함과 억울함을 되갚지 않고 도리어 복을 빌고 선으로 악을 이겼을 때 어떻게 여호와의 선하심을 맛보게 되었는지를 설명했습니다. 여호와의 선하심을 맛보는 것, 그것이 성도의 선행이 주는 현재의 복입니다. 교회는 의를 위하여 고난받는 선행이 이처럼 복 있는 것임을 알고, 고난 중에도 그리스도를 주로 삼아 거룩하게 하여 자기 속에 있는 소망에 관한 이유를 묻는 자들에게 대답할 것을 항상 온유함과 두려움으로 준비하고 있어야 합니다.

3장 18-22절은 여기에 이어서 성도의 선행이 가지고 오는 미래적인 복을 설명하는 부분입니다. 그리스도께서 십자가의 고난을 통해 부활의 영광과 천상의 승리를 얻으신 것처럼 성도의 선행도 결국 그와 같은 승리를 이어받을 것이기 때문에, 현재의 고난에 낙심하지 말고 소망 가운데 선을 행하라는 뜻입니다.

다만 몇 가지 난해한 구절들이 있습니다. 육체로는 죽임을 당하시고 영으로는 살리심을 받았다는 18절의 말씀과 영으로 가서 옥에 있는 영들에게 선포했다는 19절의 말씀이 그것인데, 신약 성경에서 가장 난해한 구절로 유명합니다. 전체적인 문맥의 흐름에서 보면 의외로 쉽게 풀리는 문제인데, 모호한 그 한 부분만 붙잡고 씨름하는 것은 지혜롭지 못하고 어리석은 것입니다.

먼저 베드로가 왜 예수님의 죽으심과 부활을 언급하는지 이해해야 합니다. 18절은 "그리스도께서도"로 시작합니다. 사도는 성도가 선을 행하다가 의로운 고난을 당하는 것이 복이며, 그것을 위해 하나님께서 너희를 부르셨다고 말하는 중입니다. 그러다가, 그리스도께서도 그 길을 가셨다고 합니다. 그리스도가 불의한 자를 대신하여 의로운 고난과 의로운 죽음을 당하신 것 때문에 우리가 하나님 앞으로 인도함을 받아 구원을 얻었다고 합니다. 왜 이 말을 합니까? 교회가 세상 속에서 선행을 하다가 의로운 고난을 당하는 것에 그와 같은 하나님의 뜻과 섭리가 있다는 말입니다. 우리가 그리스도의 고난처럼 대속의 죽음과 대속의 고난을 당하지는 않습니다. 그리스도의 고난과 우리의 고난은 본질이 다릅니다. 그러나 고난의 성격은 유사한 면이 있습니다. 우리가 그리스도처럼 의로운 고난을 당하면서도 선을 행하면 그것을 통해 세상과 악한 주인과 믿지 않는 남편이 우리가 믿는 하나님을 다시 보게 될 것이며, 우리가 주목하는 소망에 대해 묻게 될 것입니다. 그러니 낙심하지 말고 선을 행하라는 뜻입니다.

그리스도께서 육체로는 죽임을 당하시고 영으로는 살리심을 받았습니다. 이것은 영육 이원론을 말하는 것이 아닙니다. 주님도 그렇고 우리도 그렇고, 죽을 때는 육체만 죽지 영혼은 죽지 않습니다. 영이 죽었다가 부활한다는 사상은 성경 어디에도 없습니다. 영혼은 불멸합니다. 주님의 부활은 육체의 부활이었습니다.

그러면 영으로는 살리심을 받았다는 것은 무슨 뜻입니까? 이 말은 장사된 사흘 동안 그리스도의 육체는 무덤 안에 있었고, 영만 부활해서 음부로 가서 거기에 있는 영혼들에게 복음을 전했다는 말이 아닙니다. 한국 교회에 그와 같은 해석이 많이 퍼져 있지만, 그것은 성경 전체의 사상과 맞지 않습니다. 그렇게 하면 이 땅에서 꼭 복음을 들어야 할 이유가 없어집니다. 그것은 로마 가톨릭의 해석입니다. 누가복음 16장 26절과 히브리서 9장 27절은 분명하게 한 번 죽은 후에는 심판이 있어 다시 복음을 들을 기회가 없다고 말합니다. 이 명백한 말씀을 모호한 구절을 해석한다고 뒤집어엎는 것은 성경 해석의 바른 원리가 아닙니다.

베드로는 그리스도가 죽으신 것은 우리의 죄를 위함이라고 말합니다. 18절에 "그리스도께서도 단번에 죄를 위하여 죽으사 의인으로서 불의한 자를 대신하셨으니"라고 했는데 육체로는 죽임을 당하셨다고 설명한 것입니다. 그러면 그 뒤에 나오는 영으로는 살리심을 받았다는 말은 무엇을 설명하기 위한 말입니까? 우리를 하나님 앞으로 인도하려 하심에 해당됩니다. 그리스도는 십자가의 죽음으로 우리의 죄를 단번에 해결하셨고, 부활하심으로 생명을 주셔서 우리를 하나님 앞으로 인도하십니다. 그리스도의 죽음은 우리의 죄를 위함이고, 그리스도의 부활은 우리를 살려 하나님 앞으로 인도하기 위해서입니다. 그것이 베드로가 그리스도가 육체로는 죽임을 당하고 영으로는 살리심을 받으셨다고 말하는 의도입니다.

불의한 우리를 하나님께로 인도하기 위하여 그리스도께서 십자가에서 의로운 고난을 당하셨습니다. 육으로는 죽임을 당하고 영으로는 살리심을 받았습니다. 그런데 그것이 끝이 아닙니다. 그분은 살아나셔서 22절 말씀처럼 하늘에 오르사 하나님 우편에 계셔서 천사들과 권세들과 능력들을 다스리고 계십니다. 이것이 전체의 흐름입니다. 성도가 선행을 행하다가 의로운 고난을 당하는 것이 하나님의 부르심이고 하나님의 뜻이고 진짜 복을 받는 길이라는 것을 설명하기 위해서 이 말을 하는 것입니다. 성도는 믿음으로 사는데 고난을 당합니다. 선을 행하는데 억울함과 부당함을 겪습니다. 그런데 우리만 그 길로 부름받은 것이 아니고 믿음의 주요 온전하게 하시는 그리스도께서도 이 길로 부름받으셨습니다. 이 길을 걸어가셨습니다. 성도의 선행이 고난과 억울함과 부당함을 당하는 현재일 수 있지만, 그리스도께서 십자가의 고난을 통해 우리를 구원하실 뿐 아니라 부활하여 하늘에 올라 모든 권세와 능력과 천사들을 통치하고 다스리는 승리자가 되신 것처럼, 궁극적으로 영광의 승리가 될 것이라는 말입니다.

그렇게 그리스도께서도 선을 행하다가 고난을 당하셨지만 그 마지막은 천상의 승리라는 위로의 문맥 가운데, 19절에 "영으로 가서 옥에 있는 영들에게 선포하"셨다는 말이 나오는 것입니다. 그리고 왜 갑자기 노아의 방주와 세례 이야기가 나옵니까? 사탄은 예수님이 십자가에 못 박혀 죽으실 때 모든 것이 끝났다고 생각했습니다. 그러나 예수님은 십자가와 부활을 통해 죄에 대한 사탄의 정죄를 완전히 깨부수고 승리하셨습니다. 그리스도께서 얻은 이 승리는 우주적인 승리로서 모두에게 선포되고 알려진 소식입니다. 심지어 옥에 있는 영들에게도 알려지고 선포되었습니다. 그것을 하나님의 심판과 구원을 믿지 않는 모든 완악한 불신자를 대표하는 노아 때의 사람들을 예로 들어 표현하는 것입니다. 하나님께서 노아를 통해 선포했던 심판과 구원의 복음을 듣지 않고 죽어 지옥에 있게 된 사람들의 영혼과 그들을 미혹했던 악한 영들에게 그리스도의 승리가 선포되었다는 것이죠. 복음을 전한 것이 아니라 승리를 선포하셨습니다. 그것이 3장 18-22절의 흐름입니다.

한마디로 의로운 고난으로 말미암아 승리하신 그리스도처럼, 그리고 방주를 지으라는 하나님의 말씀에 순종하는 선을 행하다가 고난을 받았지만 홍수 심판 속에서 구원을 받은 노아와 그의 가족처럼, 우리가 선을 행하다가 고난을 받는다 할지라도 결국은 구원을 얻고 승리하게 되어 있다는 것입니다. 노아는 120년 동안 회개의 복음을 전하면서 방주를 지었습니다. 하나님의 뜻에 순종하여 선을 행했습니다. 그런데 아무도 노아의 말과 그가 짓는 방주를 주목하지 않았습니다. 오히려 노아를 비방하고 욕하고 조롱했습니다. 그러나 하나님은 홍수 심판으로 노아가 옳았다는 것을 증명하셨고 그의 여덟 식구만 구원하셨습니다. 즉, 선을 행하다가 당하는 의로운 고난의 끝은 구원입니다. 잠시 조롱을 받는다 하더라도 결국 그 길은 승리의 길입니다.

그 말을 하는 과정에서 그리스도께서 옥에 있는 영들에게 선포하는 장면이 나옵니다. 이것은 그리스도께서 지옥에 있는 영들에게 복음을 전하신 것이 아니라 승리를 선포한 것입니다. 우리가 성경의 진리를 요약해서 담은 교리로 받는 〈웨스트민스터 대요리문답〉 제50문답은 그리스도의 비하(卑下)를 설명하면서 그리스도께서 죽으신 후 사흘 동안 죽은 자의 상태로 사망의 권세 가운데 계셨는데, 그것을 다른 말로 음부에 내려가신 것이라고 표현했다고 설명하고 있습니다. "제50문 : 그의 죽음 이후 그리스도의 비하는 어디에 있는가?", "답 : 그의 죽음 이후 그리스도의 비하는 그의 장사됨과 제3일까지 죽은 자의 상태와 사망의 권세 아래 계속 처함에 있는데, 이것이 다른 말로 그가 음부에 내려가셨다고 표현되었다."

물론 이 구절에 대한 여러 해석이 있습니다. 어떤 사람들은 그리스도께서 구약의 성도들이 거하는 연옥, 음부에 내려가서 구약의 성도들에게 복음을 전하셔서 천국에 들어갈 길을 열어 놓으셨다고 해석하고, 또 어떤 사람들은 그리스도께서 십자가에서 지옥의 고통을 당한 것을 음부로 내려가신 것으로 설명한 것이라고도 해석합니다. 그러나 공교회의 신앙고백이요 표준 문서인 웨스트민스터 대요리문답은 음부로 내려가신 것을 그리스도의 장사됨과 잠시 동안 사망의 권세 아래 처함을 의미한다고 가르치고 있습니다. 그러므로 난해 구절을 해석할 때는 자기 소견에 옳은 대로 해석할 것이 아니라, 이런 공교회의 성경 해석에서 도움을 받아야 합니다. 그래야 교회의 해석이 통일되고 신자들이 혼란스럽지 않게 되는 것입니다. 마지막으로 베드로는 노아의 홍수 심판을 세례와 연결시킵니다.

> 물은 예수 그리스도께서 부활하심으로 말미암아 이제 너희를 구원하는 표니 곧 세례라. 이는 육체의 더러운 것을 제하여 버림이 아니요 하나님을 향한 선한 양심의 간구니라 _벧전 3:21

세례는 이중적인 성격이 있습니다. 노아의 방주로 비교하면 방주가 단지 심판을 피해 물 위에 떠 있는 성격만 있는 것이 아니라 마른땅을 향하여 나아가는 성격이 있는 것과 같습니다. 세례가 그렇습니다. 물로 세례를 받을 때 한편으로는 그리스도와 연합하여 죄에 대해 죽는 것입니다. 그러나 그것이 끝이 아니라, 한편으로는 하나님에 대해 살아나는 것입니다. 육체의 더러움을 제하여 버린다는 말은 죄에 대해 죽는 것이고 하나님을 향한 선한 양심의 간구는 하나님을 향하여 살아난다는 뜻입니다. 그것이 물로 받는 세례의 의미입니다.

"육체의 더러운 것을 제하여 버림이 아니요"는 헬라어 용법상 그 자체를 부정하는 것이 아니라, 그 뒤에 나오는 하나님을 향한 선한 양심의 간구를 추가하는 것입니다. 물로 받는 세례가 단지 육체의 더러움을 씻어내듯 죄에 대해 죽는 소극적인 성격만 있는 것이 아니라, 하나님에 대하여 살아나 선한 양심을 갖고 하나님을 향하여 나아가는 적극적인 요소가 있다는 것입니다.

왜 이 말을 합니까? 우리가 구원을 받고 그 구원의 표시로 세례를 받았다면 죄를 안 짓는 것으로 만족하지 말고 하나님에 대해 살아난 선한 양심의 활동으로 하나님께 적극적으로 나아가야 한다는 것을 말하기 위해서입니다. 성도의 선행은 세상의 비방에 대한 하나의 처방으로 끝나는 것이 아니고, 구원받은 성도가 하나님께 얻은 생명과 선한 양심으로 적극적으로 하나님께 나아가는 간구의 결과이니 적극적으로 선을 행하라는 것입니다. 세례는 구원의 자격증을 부여하고 끝나는 의식이 아닙니다. 이것은 구원의 시작을 알리는 예식입니다. 노아의 방주가 물 위에 떠서 홍수의 심판을 피하고 마른땅인 아라랏 산으로 가듯이 세례는 육의 더러운 것, 죄를 벗어버리는 동시에 하나님을 향하여 선한 양심을 가지고 간구하며 나아가는 믿음의 여정의 시작입니다. 그것이 바로 이방인 중에서 행실을 선하게 가져 그들 가운데 하나님의 생명과 은혜를 드러내도록 부름 받은 신자의 선행입니다.

이 길의 현재는 고난이 있지만 여호와의 선하심을 맛보는 복을 누리게 되고, 이 길의 마지막은 그리스도의 승리처럼 천상의 영광과 승리가 보장되어 있습니다. 이 승리와 영광을 소망하면서 선을 행하다가 고난을 당해도, 악을 악으로 갚지 않고 도리어 복을 빌면서 우리 속에 있는 소망을 묻는 자들에게 온유함과 두려움으로 대답할 것을 준비하며 살기를 바랍니다.

18 고난의 목적
벧전 4:1-3

베드로전서는 흩어져서 고난 당하는 성도들을 위로하고 붙들어 주기 위해 쓰인 편지입니다. 그래서 편지 내내 고난이라는 주제가 상당히 비중 있게 다루어집니다. 곳곳에 성도에게 왜 고난이 허락 되는지, 그 고난의 의미가 무엇인지를 가르쳐 주고 있습니다. 그런데 이 편지를 쓰고 있는 베드로는 원래 고난을 잘 이해하지 못했던 사람입니다. 베드로는 "주는 그리스도시요 살아 계신 하나님의 아들이시니이다"(마 16:16) 라는 멋진 신앙고백을 하고 예수님께 "바요나 시몬아 네가 복이 있도다. 이를 네게 알게 한 이는 혈육이 아니요 하늘에 계신 내 아버지시니라"(마 16:17)라고 칭찬 받았던 사람입니다. 그런데 그 뒤에 예수님께서 예루살렘에 올라가서 장로들과 대제사장들과 서기관들에게 고난을 받고 죽임을 당하고 삼 일만에 살아날 것, 즉 십자가의 고난과 부활의 도를 말씀하실 때 예수님을 붙들고 "주여, 그리 마옵소서. 이 일이 결코 주께 미치지 아니하리이다"(마 16:22)라고 항변하다가 "사탄아 내 뒤로 물러가라. 네가 하나님의 일을 생각하지 아니하고 도리어 사람의 일을 생각하는도 다"(마 16:23)라고 책망받았던 사람도 베드로입니다.

그는 고난의 의미를 몰랐던 사람입니다. 왜 메시아가 죽어야 하 는지를 이해하지 못했습니다. 그런 일이 있어서는 안 된다고 생각 했던 사람입니다. 성령의 은혜로 신앙고백을 했어도 하나님의 일 을 생각하지 않고 사람의 일을 생각하면 십자가의 도를 이해하지 못합니다. 고난의 의미를 이해할 수가 없습니다. 그랬던 그가 예수 님을 세 번 부인하는 끔찍한 실패를 통하여 자신의 비참한 실체를 깨닫고, 그리스도의 십자가가 그런 자신을 위한 십자가였음을 알 게 됩니다. 부활하신 그리스도께서 갈릴리 바닷가로 찾아오셔서 "네가 나를 사랑하느냐?"고 세 번 물으시면서 다시 자기를 세워 주 신 은혜를 체험하고 비로소 고난의 의미와 십자가의 비밀을 깨닫 게 됩니다. 그리고 고난 중에 있는 성도들에게 고난의 의미와 고난 의 목적을 말하면서 위로하고 붙들어 주는 고난의 신학자, 고난의 사도가 되었습니다. 놀랍지 않습니까? 편지 서두부터 고난을 이야 기하는 베드로를 보십시오. 1장 5-9절을 다시 보겠습니다.

너희는 말세에 나타내기로 예비하신 구원을 얻기 위하여 믿음으로 말미암아 하나님의 능력으로 보호하심을 받았느니라. 그러므로 너 희가 이제 여러 가지 시험으로 말미암아 잠깐 근심하게 되지 않을 수 없으나 오히려 크게 기뻐하는도다. 너희 믿음의 확실함은 불로 연단 하여도 없어질 금보다 더 귀하여 예수 그리스도께서 나타나실 때에 칭찬과 영광과 존귀를 얻게 할 것이니라. 예수를 너희가 보지 못하였으나 사랑하는 도다. 이제도 보지 못하나 믿고 말할 수 없는 영광스러운 즐거움으로 기뻐하니 믿음의 결국 곧 영혼의 구원을 받음이라 _ 벧전 1:5-9

고난 중에 있는 성도들에게 뭐라고 합니까? 너희가 지금 여러 가지 시험, 곧 고난을 받고 있는데 이 고난이 너희의 구원을 보호하고 있는 '하나님의 보호하심의 결과'라고 말합니다. 이런 말은 아무나 할 수 있는 말이 아닙니다. 실패를 통하여 자신의 실체를 똑똑히 확인하고 고난을 통해 예수 그리스도의 붙들어 주심을 경험한 자만이 할 수 있는 교훈이요, 살아 있는 진리입니다. 성도에게 허락되는 고난의 결국은 믿음의 연단을 통해 보이지 않는 예수님을 믿고 사랑하는 자리로 나아가는 것입니다. 그것도 그냥 사랑하는 것이 아니라 말할 수 없는 영광스러운 즐거움으로 기뻐하면서 주님을 사랑하는 자리로 나아가게 합니다. 그것이 고난의 목적입니다.

1장 8-9절에 너무나 중요한 말씀이 있습니다. "예수를 너희가 보지 못하였으나 사랑하는도다. 이제도 보지 못하나 믿고 말할 수 없는 영광스러운 즐거움으로 기뻐하니 믿음의 결국 곧 영혼의 구원을 받음이라." 믿음의 결국, 곧 영혼의 구원이 무엇입니까? 보지 못하는 주님을 사랑하되 말할 수 없는 영광스러운 즐거움으로 기뻐하는 자리에 가는 것입니다. 이것이 믿음의 결국입니다. 이것이 구원입니다. 베드로 자신이 그것을 경험했습니다. 우리의 믿음은 이 자리까지 가도록 계획되어 있습니다. 구원은 그런 것입니다. 왜 우리가 예수 믿고서 곧바로 천국에 가지 않고 이 땅에 남아 교회를 이루어 고난과 실패를 통해 성화의 삶을 살아갑니까? 이 자리에 가기 위해서입니다. 보지 못하는 주님을 말할 수 없는 영광스러운 즐거움으로 기뻐하면서 사랑하는 자리 말입니다. 아무나 받을 수 있는 복이 아닙니다. 누구나 누리는 은혜가 아닙니다. 오직 창세 전에 그리스도 안에서 택함을 입은 자들에게만 허락된 놀라운 특권이요 은혜입니다.

그러나 우리는 이 놀라운 은혜를 별로 귀하게 생각하지 않습니다. 우리는 하나님께서 주신 구원을 사모하지 않으며 구원을 주신 하나님을 사랑하지 않습니다. 우리는 틈만 나면 하나님 아닌 다른 것을 사랑합니다. 우리는 눈에 보이는 주를 말할 수 없는 영광스러운 즐거움으로 기뻐하면서 사랑하는 것이 아니라, 눈에 보이는 세상의 썩어질 것과 더러운 것과 쇠하여질 것에 훨씬 더 소망을 두고서 그것을 기뻐하고 즐거워하고 좋아하는 사람들입니다. 우리는 하나님을 마음 다해 사랑하지 않습니다. 우리는 마음 다해 돈을 사랑하고 세상을 사랑합니다. 우리는 생각보다 미련하고, 생각보다 연약하며, 생각보다 완악하고, 생각보다 믿음 없는 존재들입니다. 하나님은 이런 우리의 연약함을 아시고 우리의 패역함을 아십니다. 그래서 그분의 능력으로 보호하십니다. 하나님의 보호하심으로 둘러 진 치고 지키지 않으면, 우리는 금방 이 땅에서 더 잘 먹고, 더 잘살고,, 더 유명해지고, 더 건강하고, 더 편안한 것을 꿈꾸고, 거기에 모든 힘과 열정을 쏟는 존재들입니다. 그것이 우리입니다. 우리 자신을 너무 과대평가하지 마십시오. 우리는 지독하게 죄를 추구하고 정욕을 따르는 존재들입니다.

이런 우리가 언제 죄를 그칩니까? 이런 우리가 언제 정욕을 멈춥니까? 이런 우리가 언제 하나님을 사랑하는 삶으로 돌아섭니까? 고난 당할 때입니다. 4장 1절을 보십시오.

> 그리스도께서 이미 육체의 고난을 받으셨으니 너희도 같은 마음으로 갑옷을 삼으라. 이는 육체의 고난을 받은 자는 죄를 그쳤음이니 _벧전 4:1

육체의 고난을 받은 자가 죄를 그친다고 했습니다. 죄가 모든 불행과 비참의 씨앗이고 그런 죄를 그치게 하는 것이 고난이니, 고난이 은혜요 복입니다. 그러나 비록 고난이 우리의 구원을 보호하는 하나님의 은혜라 해도, 무릇 쉬운 고난은 없습니다. 모든 고난이 힘들고 어렵기 때문에 고난 중에 흔들릴 수 있습니다.

무엇이 필요합니까? 고난의 결과와 고난의 유익을 생각하면서 마음의 무장을 새롭게 하는 것이 필요합니다. 한글 성경 번역에는 빠져 있지만 원문에는 1절 앞에 '그러므로'라는 접속사가 있습니다. 앞의 단락인 3장 18~22절까지 그리스도의 십자가 고난이 부활을 거쳐 하나님 보좌 우편에서 우주를 통치하시는 승리로 귀결된다는 말을 받는 접속사입니다. 우리보다 앞서 고난 당하신 그리스도의 고난이 위대한 승리로 끝이 났고, 그 승리가 지옥에 있는 영들에게도 선포된 놀라운 승리임을 생각하면서 같은 마음으로 갑옷을 삼으라는 것입니다.

갑옷은 무장입니다. 그리스도의 고난과 고난이 가지고 온 놀라운 승리와 영광을 생각하면서 마음의 무장을 단단히 하라는 것입니다. 어떻게 무장해야 합니까? 이 고난은 끝이 아니며 장차 얻을 영광스러운 구원을 위한 필수 과정입니다. 이 고난이 없으면 우리는 이미 받은 구원과 장차 받을 영광스러운 구원을 소중하게 생각하지 않는 사람입니다. 이 고난이 없으면 우리는 죄를 그치지 않는 사람입니다. 하나님께서 우리에게 놀라운 승리와 구원의 영광을 안기기 위해 고난을 허락하고 계시기 때문에, 이 고난을 통해 우리는 죄를 그치고 하나님의 뜻을 향하여 나아가야 한다고 단단히 마음을 무장해야 합니다.

> 그 후로는 다시 사람의 정욕을 따르지 않고 하나님의 뜻을 따라 육체의 남은 때를 살게 하려 함이라 _벧전 4:2

이것이 우리의 구원을 보호하고 계시는 하나님께서 고난을 허락하시는 이유입니다. 하나님은 고난을 통하여 우리가 죄를 그치고 다시는 사람의 정욕을 따르지 않고 하나님의 뜻을 따라 육체의 남은 때를 살기를 원하십니다. 사람의 정욕이 무엇입니까? "음란과 정욕과 술 취함과 방탕과 향락과 무법한 우상숭배"(3절)입니다. 이런 것들은 하나님의 뜻을 거스르는 것이기에 지나간 것으로 족합니다. 어제로 충분합니다. 다시 우리의 삶에 있어서는 안 될 것들입니다.

그것은 지난날로 족합니다. 이제 우리는 보지 못하는 주님을 믿고 사랑하되 말할 수 없는 영광스러운 즐거움으로 기뻐하면서 사랑하는 삶으로 나아가야 합니다. 그리스도인에게 허락된 자유는 죄로부터의 자유인 동시에 거룩을 향한 자유이며, 보지 못하는 주님을 말할 수 없는 영광스러운 즐거움으로 기뻐할 수 있도록 하는 자유입니다. 이 자유를 하나님의 용서를 방패막이 삼아 정욕과 부끄러움과 누추함과 더러움을 펼쳐내는 자유로 사용하는 사람들이 너무 많습니다. 그래서는 안 됩니다. 그 자리에서 나와야 합니다. 벗어나야 합니다.

4장 1-3절 말씀은 죄를 그치기 위해 고난을 자초하라는 것이 아닙니다. 믿음으로 선을 행하면 의로운 고난을 당하게 되어 있습니다. 2장 21절과 3장 17절 말씀에 무엇이라고 했습니까? 그리스도인은 선을 행함으로 고난받도록 부르심을 받았고 그렇게 선을 행하다가 고난받는 것이 하나님의 뜻이라고 했습니다. 세상의 유행과 풍조를 따르지 않고 말씀을 따라 거룩한 삶을 살면 반드시 고난이 따라옵니다. 악이 아니라 선을 택하면 의로운 고난이 동반됩니다. 4장 1-3절 말씀은 그것을 피하거나 외면하지 말라는 말씀입니다. 그렇게 적극적으로 선을 행하면서 고난 당하는 길을 택하면 그 고난을 통하여 육체의 죄를 그치고 하나님을 사랑하되 말할 수 없는 영광스러운 즐거움으로 기뻐하면서 사랑하는 자리로 나아가게 됩니다.

예수 믿는 것을 다른 사람보다 더 잘되고, 어려움이 없어지고, 만사형통의 삶이 이루어지는 것으로 생각하는 어리석은 신앙은 지난 날로 족합니다. 방탕과 정욕을 따라 살면서도 그리스도의 보혈을 면죄부로 악용하는 무지와 교만은 어제까지로 충분합니다. 하나님은 우리가 우리의 남은 때를 그렇게 살기를 원치 않으십니다. 이제는 죄를 그치고 하나님의 뜻을 따라 살아가야 합니다.

선을 행함으로 고난당하는 것과 말씀대로 사는 것을 두려워하지 말고, 우리의 남은 때에 하나님의 뜻을 향하여 나아가십시오. 마음을 다하고 뜻을 다하고 목숨을 다하고 성품을 다해 하나님을 사랑하는 삶의 기쁨을 알게 될 것입니다. 십자가로 승리하신 그리스도가 베푸시는 부족함 없는 은혜를 맛 볼 것입니다.

19 낮설게 위대하게
벧전 4:1-6

고난을 좋아하는 사람은 없습니다. 할 수만 있으면 피하고 싶습니다. 힘들고 아프고 어려운 고난을 누가 좋아하고 환영하겠습니까? 그러나 고난이 유익이 되는 때가 많습니다. 베드로는 의를 위하여 고난받는 것이 복이며, 나아가 선을 행하다가 고난받는 것이 하나님의 뜻이라고 말합니다(3:14,17). 또한 성도는 고난을 통해 죄를 그치고 육체의 남은 때를 하나님의 뜻을 따라 살도록 부름받고 있다고도 말합니다(4:1-3).

뿐만 아니라 베드로는 믿지 않는 자들의 삶을 음란과 정욕과 술취함과 방탕과 향락과 무법한 우상 숭배의 삶으로 규정하고, 이 모든 것을 묶어서 한마디로 '극한 방탕으로 달음질하는 것'이라고 설명합니다. 이렇게 말하면 이거 너무 심한 것 아니냐고, 그들도 나름대로 선하게 살고 기준을 갖고 사는데 무슨 근거로 그렇게 말하느냐고 생각할지 모르지만, 이것은 심한 말이 아닙니다. 하나씩 생각해 보십시오. 음란은 성적 욕구를 자제하지 않아서 품위를 손상

시키는 행위입니다. 정욕은 성적인 방종을 포함해서 뒤에 나오는 술 취함, 방탕, 향락, 무절제한 낭비와 쾌락을 지향하는 모든 탐심을 일컫는 말입니다. 무법한 우상 숭배는 그런 탐심을 위해서 어떤 대상이라도 섬기며 그에게 영혼을 파는 것입니다. 사용한 단어들이 강렬하지만 따지고 보면 거의 모든 사람들이 이렇게 더 많은 이익과 쾌락을 추구하는 가치관으로 살아갑니다.

이 모든 것을 아우를 수 있는 말이 4절의 '방탕'입니다. 4절의 방탕은 3절의 방탕과는 다른 '아소티아스'라는 단어로 허탄한 상태를 의미합니다. 허탄하다는 것은 하늘에 있는 달과 별을 따려고 하는 행동으로서, 결코 이루지 못할 것을 이루려고 하고 잡지 못할 것을 잡으려고 하는 것을 말합니다. 문제는 그렇게 하다가 자신의 모든 시간과 재능을 낭비하는 것입니다. 그러므로 방탕은 도덕적으로나 윤리적으로 타락한 삶을 사는 것 이전에 자신에게 주어진 인생을 낭비하는 허탄한 상태를 말하며, 극한 방탕은 그렇게 자신의 존재와 소유 전체를 마지막 한 방울까지 다 허비하고 낭비하여 탕진하는 삶을 살아가는 것을 의미합니다.

방탕을 이렇게 정의해 놓고 보자면 3절에서 언급한 소위 도덕적, 윤리적 타락이 없어도 하나님께서 인생을 만드신 목적과 의도에서 벗어나는 삶은 다 방탕한 삶에 해당됩니다. 예를 들어, 아주 착하게 법 없이 살 수 있는 사람도 그 착함과 성실함과 바름이 하나님의 인생 창조 목적에 맞게 발휘되지 않는다면, 그는 착하지만 방탕하게 사는 것입니다. 그는 주어진 인생을 착하게 낭비하고 있는 것이고, 시간을 허비하고 있는 것입니다. 학생의 본분은 공부하는 것입니다. 그렇다면 술 마시고 담배 피면서 나쁜 친구들과 어울리는 학생만 방탕한 것이 아니라, 나쁜 짓을 안 해도 아무것도 안 하면서 학생의 본문인 공부를 안 하고 있는 시간은 전부 허비하고 낭비하는 방탕한 시간이 되는 것과 같은 이치입니다.

세상이 방탕하다는 것은 그런 뜻입니다. 하나님을 모르는 사람들은 그냥 방탕이 아니라 극한 방탕으로 달음질하며 살아갑니다. 방탕을 홍수처럼 쏟아내고 있으며, 그런 방탕의 홍수에 자신의 온몸을 던져 시간을 허비하며 낭비하고 있습니다. 구원은 이런 삶에서 벗어난 것입니다. 그럼에도 그리스도인들 또한 얼마든지 이렇게 살 수 있습니다. 겉으로는 음란과 정욕과 향락과 술에 취하지 않고서 나름 열심히 교회에 다니고 봉사한다고 해도 그 모든 것이 하나님께서 우리를 창조하시고 존재하게 하신 의도와 목적에 맞지 않게 흘러간다면, 그것은 허비하고 낭비하는 인생이요 방탕한 시간이 되는 것입니다.

하나님께서 인생을 창조하신 목적과 의도가 무엇입니까? 하나님을 영화롭게 하고 영원토록 그를 즐거워하는 것입니다. 하나님을 영화롭게 하는 것은 종교적이고 관념적인 것이 아니라 그를 즐거워하는 것입니다. 즐거워할 만한 모든 것보다 하나님을 더 즐거워하는 것입니다. 우리가 다른 것을 즐거워하지 않을 정도로 하나님을 가장 즐거워할 때, 하나님은 그런 우리를 통하여 영광을 받으십니다. 즐거워할 것이 없어서가 아닙니다. 무수히 많이 있는데 하나님을 즐거워하는 것과 비교가 안 되기 때문에 하나님만 즐거워하는 것입니다. 그것이 인생의 목적입니다. 이를 다른 말로는, 마음을 다하고 목숨을 다하고 성품을 다하고 힘을 다하여 하나님을 사랑하는 것입니다.

이것은 부부가 가정을 이루며 살아가는 이유와 같습니다. 부부가 결혼해서 한 몸이 되면 수많은 남자와 여자 중에서 한 사람, 아내와 남편만을 사랑합니다. 남편은 아내만 즐거워하고 아내는 남편만 사랑합니다. 즐거워할 만한 다른 남자가 없어서가 아닙니다. 사랑할 만한 다른 여자가 없어서가 아닙니다. 잘생긴 남자, 예쁜 여자, 매력적인 사람이 무수히 많지만 하나님께서 내게 주신 이 여자, 이 남자가 가장 좋은 나의 배필인 줄로 믿고 그 사람만 사랑하고 즐거워할 때 부부는 서로를 영화롭게 하는 것입니다. 그것이 부부의 영광입니다. 남편과 아내의 존재 이유가 거기에 있습니다.

하나님의 형상으로 지음 받은 인생의 존재 이유도 그러합니다. 하나님을 영화롭게 하고 영원토록 그를 즐거워하는 삶을 위해 우리는 존재합니다. 허락된 모든 시간, 재능, 건강, 소유를 통해 우리는 하나님을 사랑 가운데 더 깊이 알아 가야 하고 그를 즐거워해야 합니다. 하나님을 즐거워할 수 있다는 것이 얼마나 큰 복입니까? 그분을 사랑할 수 있다는 것이 얼마나 큰 영광입니까? 다른 어떤 피조물도 이런 은혜를 허락받지 못했습니다. 그런데 이 귀한 은혜를 다른 것을 사랑하고 다른 것을 즐거워하는 데 낭비하고 허비하며 탕진하고 있다면 그것이 곧 방탕입니다. 세상은 그렇게 살아갑니다. 방탕하게 살면서 그것이 방탕인지도 모릅니다.

우리도 그렇게 살아갈 때가 많습니다. 교회를 다니면서도 하나님을 즐거워하지 않고, 예수 믿는다고 하면서도 하나님을 영화롭게 하는 것이 무엇인지조차 모르는 사람들이 많습니다. 많은 사람들이 도덕적·윤리적으로 손가락질받지 않으면 자신은 방탕하지 않다고, 괜찮다고 생각합니다. 하지만 성경은 하나님을 영화롭게 하지 않은 시간, 하나님을 즐거워하지 않는 시간은 다 허비되고 낭비된 방탕한 시간이라고 말합니다. 하나님께서 인생을 창조하시고 이 땅에 세우신 목적대로 살지 않는 모든 순간은 과녁에서 벗어난 화살처럼 죄에 해당된다고 말씀합니다.

언제 성도가 죄를 그칩니까? 언제 성도가 극한 방탕의 삶을 사는 세상의 본질을 파악하고 그런 세상과 자신을 차별화합니까? 고난당할 때입니다. 의로운 고난이든 자신이 잘못해서 당하는 고난이든 성도는 고난당할 때 자신의 삶을 돌아봅니다. 고난을 통해서 자신의 인생을 돌아보며, 왜 이렇게 살아야 하는지 존재 이유를 묻게 됩니다. 하나님은 고난을 통하여 우리를 하나님의 창조 목적대로 돌려세우십니다. 우리는 고난을 통하여 죄를 그치고 육체의 남은 때에 사람의 정욕이 아니라 하나님을 사랑하고 이웃을 사랑하며 사는 것이 하나님의 뜻임을 알게 되고, 그렇게 살기 위해 하늘의 은혜를 구합니다. 베드로는 성도가 복음을 통해 부름 받은 것이 그와 같은 삶을 살기 위해서라고 말합니다.

이를 위하여 죽은 자들에게도 복음이 전파되었으니 이는 육체로는

사람으로 심판을 받으나 영으로는 하나님을 따라 살게 하려 함이라 _
벧전 4:6

죽은 자는 복음을 듣고 예수를 믿었지만, 사도가 이 편지를 쓸 당시 죽은 자를 말합니다. 이들에게 복음이 전파된 이유가 무엇입니까? 육체로는 사람으로 심판을 받아도 영으로는 하나님을 따라 살기 위해서입니다. 육체로는 사람으로 심판을 받는다는 것은 성도라도 이 세상에서는 주님 오실 때까지 육체의 고난과 죽음을 피하지 못한다는 뜻입니다. 성도도 죄로 초래된 인생의 보편적인 고난을 면제받지 않습니다. 성도도 늙고 병들며 해산의 고통을 느끼고 고달픈 삶을 똑같이 살아갑니다. 성도도 언젠가는 죽습니다. 육체로는 사람으로 심판을 받는 삶을 살아갑니다. 그러나 그 속에서 성도는 영이 하나님을 따라 사는 은혜를 입습니다. 하나님께서 인생을 창조하신 목적을 알게 되고 하나님의 형상이 회복 되어, 자기만 사랑하는 죄를 이기고 하나님을 사랑하고 이웃을 사랑하는 삶을 살 수 있게 됩니다. 복음은 그것을 위해 우리에게 전파되어 우리의 삶에 역사되고, 구원이라는 이름으로 하나님 사랑과 이웃 사랑의 삶을 펼쳐 가게 합니다. 물론 이것이 하루아침에 되지 않습니다. 평생을 통해 넘어지고 쓰러지고 실패하고 후회하는 삶을 거듭하면서 한 걸음씩 이 길로 이끌려 갑니다. 그리고 그 길에 고난이 친구처럼 우리와 동행하며 우리는 그 속에서 함께하시는 하나님을 만나고 그분을 사랑하는 법을 배워 갑니다. 우리가 지금 그 인생을 살고 있습니다.

그러나 불신자들은 복음으로 사는 이런 성도들의 삶을 놀랍고 이상하게 여기면서 비방합니다. 자신들처럼 극한 방탕으로 달음질하지 않기 때문입니다. 전에는 우리도 그렇게 살았습니다. 그러나 복음으로 거듭나고 고난을 통해 그런 삶이 어제로 족하다는 것을 알고 남은 생애를 하나님의 뜻을 따라 삽니다. 세상 사람들에게 이런 성도의 삶은 한없이 낯선 것입니다. 교회와 성도는 세상에서 낯선 존재들입니다. 그리스도의 십자가와 복음은 성도를 이렇게 낯선 자들로 세상에 파송합니다. 세상도 우리를 낯설어하고 우리도 극한 방탕으로 달음질하는 세상의 본질에 낯설음을 느끼면서 사는 것이 정상입니다. 그렇게 사는 것이 하나님 앞에서는 한없이 위대하고 아름다운 삶입니다. 고난 없이 이 위대한 삶을 시작하면 좋겠지만 우리는 그렇게 대단하지 않습니다. 그래서 하나님은 우리에게 고난을 허락하시고 이 위대한 삶의 여정을 시작하게 하십니다. 우리가 이 여행 중에 있습니다. 그러니 세상 사람들의 삶이 우리에게 낯설지 않고, 우리의 삶도 세상이 하나도 어색하게 여기지 않는다면 뭔가 문제가 있는 것입니다. 그것은 정상이 아닙니다.

언젠가는 우리 모두 이 땅의 여행을 끝내고 하나님을 만나야 합니다. "산 자와 죽은 자를 심판하기로 예비하신 이에게 사실대로 고하리라"(벧전 5:5)고 한 것처럼 사람에게 한 번 죽는 것은 정한 것이요 그 후에는 심판이 있습니다. 그날에 한 사람도 예외 없이 산 자와 죽은 자 모두 자기가 살아온 대로 사실대로 고하면서 그분을 대해야 합니다. 그때 우리는 어떻게 주님을 대할 수 있겠습니까? 그때 하나님이 낯설어서는 안 됩니다. 지금 잠시 세상이 우리를 낯설어 하는 것이 힘들다고 세상의 방식과 동조하여 세상과 친하게 지내면 하나님이 그런 우리를 낯설어하십니다. 지금 세상을 낯설게 살아야 하나님과 친하게 됩니다.

텔레비전 프로그램 중에 〈너는 내 운명〉이라는 프로가 있습니다. 부부의 일상을 모니터링해서 보여 주는 프로그램으로 중국에서 활동하는 추자현이라는 배우와 그의 중국인 남편이 직업이 배우이다 보니 촬영차 다른 지방에 가면 한동안 부부가 떨어져 있어야 합니다. 그렇게 헤어져 있는 동안 두 사람이 얼마나 애틋하게 보고 싶어 하는지, 오랜만에 만나면 끌어안고 뽀뽀하고 웃고 울면서 상봉의 기쁨을 누립니다. 그런데 한번 생각해 보십시오. 두 사람 중 누군가가 외도를 하면 그렇게 끌어안고 뽀뽀하면서 기쁘고 애틋하게 상봉할 수 있을까요? 만나는 것이 얼마나 힘들고 어색하고 낯설겠습니까? 나중에 하나님 앞에서 우리가 그분을 뵐 때 어떤 모습일지 상상해 보십시오. 지금 우리가 어떻게 살아가고 있습니까? 성경은 하나님이 우리의 남편이라고 비유하는데 우리가 혹시 외도하고 바람피우는 아내처럼 살고 있지는 않습니까? 오늘 우리는 무엇을 즐거워하고 무엇을 기뻐합니까? 하나님은 우리에게 어떤 분이십니까? 그 무엇보다 즐거워하고 기뻐할 만한 분입니까? 아니면 우리가 즐거워하는 다른 것을 구하기 위해 필요한 우상과 같은 분입니까?

요트를 타고 바다를 항해하던 사람이 조난을 당해 무인도에 도착했습니다. 무인도에서 맨손으로 생존하는 것이 얼마나 어렵습니까? 아무 도구도 없이 죽을힘을 다해 겨우 움막을 짓고 나무와 나무를 비벼 불을 피웠습니다. 그렇게 살아가는 어느 날, 먹을 것을 구하기 위해 움막을 나섰다가 돌아와 보니 그토록 어렵게 지은 움막이 불타고 있었습니다. 그는 너무나 절망해서 살 소망을 잃어버리고 하나님을 원망하면서 무기력하게 드러누웠습니다. 그런데 잠시 후 구조선이 왔습니다. 그리고 구조선 선장이 이렇게 말했습니다. "당신이 피운 연기를 보고 이곳에 왔습니다."

성도에게 허락되는 고난도 이런 것입니다. 고난은 힘들고 어려우며 우리를 깨뜨리고 절망하게 합니다. 그러나 그 고난이 우리로 하여금 하나님을 찾고 부르짖고 의지하게 만듭니다. 고난이 하나님을 우리의 삶에 개입하게 하는 연기의 역할을 합니다. 우리는 고난을 통해 삶을 낭비하는 자리에서 그분을 즐거워하며 사랑하는 자리로 돌아와 그 사랑에 반응하여 낯선 하나님을 친근한 분으로 알아가는 은혜를 누립니다. 그렇게 변화되는 만큼 세상은 우리를 낯설어할 것입니다. 그러나 그것이 위대한 삶입니다. 그것이 아름다운 삶입니다. 어쩌면 성도의 위대한 삶은 세상이 자신을 낯설어하는 것과 비례할지 모릅니다. 육체의 남은 때를 복음을 따라 하나님을 영화롭게 하고 영원토록 그를 즐거워하면서 세상이 우리를 낯설어하게 만드는 위대한 삶을 시작하십시오.

20 낯설고 위대한 삶을 위해 요청되는 것

벧전 4:7

우리는 지금 육체의 남은 때를 사람의 정욕을 따르지 않고 하나님의 뜻을 따라 살라는 말씀을 받고 있습니다(벧전 4:2). 하나님은 성도들이 하나님의 뜻을 따라 살 수 있도록 끊임없이 복음을 주십니다.

> 이를 위하여 죽은 자들에게도 복음이 전파되었으니 이는 육체로는
> 사람으로 심판을 받으나 영으로는 하나님을 따라 살게 하려 함이라 _
> 벧전 4:6

하나님께서 교회를 통하여 말씀을 주시는 이유는 우리로 세상을 따라 살지 않고 하나님을 따라 살게 하려 함입니다. 베드로전서가 계속해서 가르치는 것이 무엇입니까? 악을 악으로 갚지 않고, 욕을 욕으로 돌리지 않으면서 도리어 복을 비는 삶입니다(벧전 3:9). 의를 위하여 고난받고 선을 행함으로 고난을 받아 불의한 자들을 하나님 앞으로 인도하는 삶입니다(벧전 3:17-18). 그것이 우리를 향

한 하나님의 부르심이고, 하나님의 뜻을 따라 사는 것입니다.

그러나 우리는 이렇게 끊임없이 선포되는 하나님의 말씀을 들으면서도 하나님의 부르심을 외면하고 자신의 뜻을 고집하는 미련한 죄인들입니다. 무엇이 이런 우리의 미련함을 중단하게 합니까? 고난입니다.

> 육체의 고난을 받은 자는 죄를 그쳤음이니 _벧전 4:1

하나님은 말씀과 고난이라는 두 방편을 통해 성도들의 삶을 사람의 정욕이 아니라 하나님의 뜻을 향하여 돌려세웁니다. 우리는 지금 그 복된 하나님의 손길에 붙잡혀 이 낯설고 위대한 순례의 여정을 가고 있는 중입니다. 세상은 음란과 정욕과 술 취함과 향락과 무법한 우상 숭배로 극한 방탕에 달음질하면서 자신들처럼 살지 않는 교회를 비방할 것입니다. 그러면서도 "어떻게 그렇게 살 수 있냐?"고 묻습니다. 그리스도인은 이 물음에 대답할 수 있는 내용을 항상 준비하고 있다가 온유와 두려움으로 자신에게 있는 소망을 말해 줄 수 있어야 합니다(벧전 3:15).

어떻습니까? 세상으로부터 이런 질문을 유발시킬 거룩한 삶을 살고 있습니까? 그 물음에 대답할 내용을 소망으로 준비해 놓고 있습니까? 악을 악으로 갚지 않고 도리어 복을 비는 삶은 하루아침에 되지 않습니다. 선을 행하다가 고난받는 삶이 단지 오래 믿었다고 저절로 되는 것이 아닙니다. 우리는 그것을 압니다. 매 순간 자신을 하나님 앞에 세워 하나님의 뜻을 묻고 고민하며 생각하는 경건의 훈련이 없다면 어떻게 그렇게 살 수 있겠습니까? 무엇보다 하나님의 은혜가 없으면 이 낯설고 위대한 순례의 여정은 도저히 불가능합니다. 그래서 이 말씀이 등장합니다.

> 만물의 마지막이 가까이 왔으니 그러므로 너희는 정신을 차리고 근신하여 기도하라 _벧전 4:7

사도는 두 가지를 말합니다. "만물의 마지막이 가까웠다.", "그러니 정신을 차리고 깨어서 기도하라." 종말을 말하고, 기도를 말합니다. 육체의 남은 때를 사람의 정욕이 아니라 하나님의 뜻을 따라 살기 위해서는 이 두 가지가 필요하다는 뜻입니다.

먼저 '만물의 마지막'이라는 것은, 자기 삶의 마지막이 가깝다는 종말론적 의식을 말합니다. 한 번 죽는 것은 정한 이치요 그 후에는 심판이 있습니다. 모든 인생이 산 자와 죽은 자를 심판하는 하나님 앞에서 자신의 삶을 사실대로 고해야 할 때가 있습니다(벧전 4:5). 그런데도 우리는 영원히 살 것처럼 미련을 떱니다. 종말 의식은 세상의 끝과 자신의 마지막을 생각하고 사는 것입니다. 이것은 단지 세상의 끝에 관한 생각만이 아니라, 오늘 하루를 내 인생의 마지막 날인 것처럼 진지하게 하나님 앞에서 세우는 신전 의식이기도 합니다. 이 의식이 있어야 성도가 성도답게 살아갈 수 있습니다. 이 생각을 가지고 있어야 하나님께서 부르신 낯설지만 위대한 순례의 여정을 갈 수 있습니다.

개가 개처럼 사는 것을 아무도 뭐라 하지 않습니다. 소가 소같이 산다고 말하는 사람 없습니다. 그런데 사람이 개처럼 살고 소같이 사는 것은 심각한 문제입니다. 의식의 문제입니다. 사람인데 사람처럼 생각하지 않고 짐승같이 생각하면 짐승처럼 삽니다. 의식이 중요합니다. 한 사람의 삶은 의식의 결과입니다. 그리스도인이 그리스도인답게 살려면 무엇을 가져야 합니까? 만물의 마지막이 가까웠다는 종말 의식입니다. 내 삶을 하나님의 존전 앞에 세우는 신전 의식입니다. 전도서 12장 13-14절에 지혜자가 이렇게 말합니다.

> 일의 결국을 다 들었으니 하나님을 경외하고 그의 명령들을 지킬지어다. 이것이 모든 사람의 본분이니라. 하나님은 모든 행위와 모든 은밀한 일을 선악 간에 심판하시리라 _전 12:13-14

일의 결국을 다 들은 자리, 만물의 끝에서 지금의 자신을 바라보는 것, 영원의 관점에서 오늘을 살아내는 것, 모든 행위와 은밀한 일을 다 보고 계시며 장차 산 자와 죽은 자를 선악 간에 심판하실 하나님 앞에서 오늘 나의 삶을 헤아려 생각하는 것, 그것이 성도들이 가져야 할 종말 의식이고 지혜입니다. 이 종말론적 신앙이 있어야 선을 행하다가 고난받을 수 있으며, 자신을 향한 하나님의 뜻에 자기를 쳐서 복종시킬 수 있습니다.

이 종말론적 의식, 신전 의식이 있는지 돌아보기 바랍니다. 어떻게 확인할 수 있습니까? 우리의 삶이 하나님께 영향을 받고 있으며 간섭을 받고 있는지를 생각해 보십시오. 신앙은 부부가 같이 사는 것과 비슷합니다. 정상적인 남편과 아내는 서로가 서로를 간섭하고 영향을 받습니다. 서로의 눈치를 봅니다. 그처럼 신앙도 매사 하나님과 그분의 말씀에 영향을 받아야 합니다. 하나님의 눈치 보는 것이 있는지를 살펴보십시오. 간혹 우리 부부는 같이 살지만 조금도 서로를 간섭하지 않는다는 말을 무슨 대단한 용기나 자유이며 실력인 것처럼 말하는 사람들이 있는데, 그것은 자랑할 것이 아니라 참으로 못나고 부끄러운 말입니다.

부부란 그런 게 아닙니다. 나와 아무 상관도 없었던 사람을 어느 날 좋아하고 사랑하게 되어서 그렇게 좋아하고 사랑하는 것만큼 그 사람의 눈치를 보며 그에게 나의 마음을 맞추고 배려하면서 그가 좋아하는 것이 나의 기쁨이 되며 그의 슬픔이 나의 상함이 되는 한 몸으로 묶이는 것이 부부입니다. 못난 사람이 아니고서는 아무도 그것을 속박과 구속이라고 말하지 않습니다. 그것은 부부만이 가질 수 있는 특권이요 영광이며 자랑입니다. 한 몸이 어떻게 서로를 간섭하지 않을 수 있습니까? 간섭하지 않고 영향받지 않는다면 한 몸이 아니죠. 부부가 아닙니다.

기독교 신앙도 그렇습니다. 하나님을 믿는데 조금도 하나님의 영향을 받지 않고 간섭도 받지 않는 것이 가능할까요? 불가능합니다. 그것은 영혼의 자유도 아니고 신앙의 성숙도 아닙니다. 그것은 하나님을 안 믿는 것입니다. 그의 삶에 삼위 하나님께서 계시지 않는 것입니다. 기독교 신앙은 철저하게 하나님과 그분의 말씀에 영향을 받고 간섭과 통치를 받는 것입니다. 삼위 하나님의 존재 앞에 나를 세워서 나의 생각과 의식 속에 성부 성자 성령 하나님께서 계시게 하는 것, 그렇게 해서 육체의 남은 때 오늘 이 시간을 그분 앞에서 어떻게 살아야 할지를 고민하고 생각하는 것, 그것이 만물의 마지막이 가까움을 알고 하나님 앞에 나를 세우는 종말 의식이며 신전 의식입니다.

이 의식이 없다면 정신을 차려 깨어서 기도해야 합니다. 다시 베드로의 말을 들어 보십시오. "만물의 마지막이 가까이 왔으니 그러므로 너희는 정신을 차리고 근신하여 기도하라." 베드로가 누구입니까? 겟세마네 동산에서 시험에 들지 않게 깨어 기도하라는 주님의 말씀을 무시했다가 세 번이나 주님을 부인했던, 뼈아픈 '기도의 실패'를 경험했던 사람입니다. 그런 그가 기도에 깨어 있으라고 합니다. 기도가 무엇입니까? 내가 필요한 것을 얻어 내는 도깨비 방망이가 아닙니다. 기도는 지금 나의 삶을 향한 하나님의 뜻을 묻고 나를 하나님 앞에 세우는 시간입니다. 기도는 무아지경에서 하는 주술이 아닙니다. 기도는 정신을 차린 상태에서 하나님의 뜻을 묻고 자신의 뜻을 내려놓는 교제의 시간입니다. 그러므로 무릎을 꿇거나 엎드리거나 하늘을 보고 비는 정형적인 기도의 형태를 띠는 기도의 시간과 더불어, 일상을 하나님 앞에서 그분을 의식하면서 살아 내는 자세가 바로 '정신을 차리고 깨어서 기도하는 것'입니다. 쉬지 말고 기도하라는 말씀이 그런 의미입니다.

나를 향한 하나님의 뜻을 분별하는 것이 얼마나 중요합니까? 로마서 12장 1-2절은 "그러므로 형제들아 내가 하나님의 모든 자비하심으로 너희를 권하노니 너희 몸을 하나님이 기뻐하시는 거룩한 산 제물로 드리라. 이는 너희가 드릴 영적 예배니라. 너희는 이 세대를 본받지 말고 오직 마음을 새롭게 함으로 변화를 받아 하나님의 선하시고 기뻐하시고 온전하신 뜻이 무엇인지 분별하도록 하라"고 했습니다. 우리가 정말 구원받은 백성이라면 하루를 시작하면서 이 생각을 해야 합니다. '오늘 어떻게 살아야 하나님이 기뻐하실까? 오늘 만나는 사람과 말을 하고 일을 할 때 어떻게 하는 것을 하나님은 원하실까?' 이 생각을 안 하면 낯설고 위대한 신앙의 여정을 떼어 놓는 것이 아니라, 그냥 세상이 흘러가는 대로 따라 살고 내 마음과 생각이 이끄는 대로 타락한 죄성을 따라갈 뿐입니다.

하나님의 뜻은 모든 사람에게 다 일률적으로 적용할 수 있는 획일화된 공식이 아닙니다. 하나님의 뜻을 분별하는 어떤 법칙이 있는 것입니까? 그렇지 않습니다. 하나님의 뜻은 동전을 넣으면 자동으로 나오는 자판기처럼 천편일률적인 물건이 아닙니다.

때가 오래 되었으므로 너희가 마땅히 선생이 되었을 터인데 너희가 다시 하나님의 말씀의 초보에 대하여 누구에게서 가르침을 받아야 할 처지이니 단단한 음식은 못 먹고 젖이나 먹어야 할 자가 되었도다. 이는 젖을 먹는 자마다 어린아이니 의의 말씀을 경험하지 못한 자요 단단한 음식은 장성한 자의 것이니 그들은 지각을 사용함으로 연단을 받아 선악을 분별하는 자들이니라 _히 5:12-14

이 말씀은 세월이 지나고 어른이 될 정도의 시간이 지났음에도 여전히 젖을 먹고 단단한 음식을 먹지 못하는 자들을 책망하는 말씀입니다. 이들은 의의 말씀을 경험하지 못합니다. 의의 말씀을 경험하지 못했다는 것은 오랫동안 예수를 믿었음에도 불구하고 영적, 도덕적 문제를 삶에서 적용하고 실천할 능력을 전혀 갖추지 못한 것을 의미합니다. 예를 들어, 마마보이는 문제가 생기면 어떻게 행동합니까? 쪼르르 엄마를 찾아갑니다. 이와 같이, 마땅히 자신이 생각하고 기도하고 고민하면서 하나님의 뜻을 헤아리고 분별해야 하는데, 그렇게 하지 못하고 문제가 생길 때마다 누군가를 찾아가서 답을 구하는 식의 신앙을 지적하는 것입니다.

왜 이와 같은 문제가 생길까요? 몇 가지 이유가 있지만 가장 큰 이유는 지각을 사용하지 않았기 때문입니다. 하나님께서 우리에게 뜻을 알리시는 방식은 단도직입적이지 않습니다. 지각을 사용하도록 하십니다. 우리에게 주신 말씀은 나만을 위한 특별 맞춤 양복이 아닙니다. 하나님의 말씀은 일차적으로 그 시대의 문화와 상황과 문제가 반영되어 있는 말씀입니다. 우리는 이런 말씀을 오늘날 우리를 위한 말씀으로 받습니다. 말하자면 하나님의 말씀은 간접 화법입니다. 성경을 기록한 그 시대의 사람들에게 주신 말씀을 나의 물음과 상황에 대한 답변으로 도출해 내게 하는 간접적 대화 방식입니다.

우리는 성경 말씀에 기초하여 우리 삶의 다양한 정황들 속에서 하나님의 뜻을 찾아갑니다. 그런데 이것이 무조건 외워서 답안지에 옮겨 적는 단답형 방식이 아니라, 답이 도출되는 원리를 알고 그 원리를 바탕으로 해서 어떤 문제든지 응용해서 풀어 내야 하는, 지각을 사용하는 방식입니다. 하나님은 하나님의 뜻을 신령한 사람에게 기도 응답받아서 알아 내게 하시지 않습니다. 교회를 통해 주시는 말씀으로 하십니다. 그것도 목사가 "이렇게 하십시오."라고 하는 단답형으로써가 아니라, 그 말씀을 붙들고 끊임없이 자신이 묵상하고 적용하고 실천하는 훈련을 통해 하나님의 뜻을 찾는 영적 감각을 익히도록 하는 방식입니다. 하나님은 우리가 지각을 사용하여 연단을 받아서 하나님의 뜻을 선악 간에 분별하기를 원하십니다. 직관적이고 신비적이지 않습니다. 자다가 꿈을 꾸는데 하나님의 뜻이 계시되거나, 기도하는데 환상 중에 하나님께서 내 뜻은 이렇다고 음성을 들려주시는 것을 기대하지 마십시오. 오늘 우리의 삶을 하나님의 말씀 앞에 세워서 고민하는 훈련을 해야 합니다. 끊임없이 하나님을 의식하셔야 됩니다. 말 한마디, 생각 하나에 삼위 하나님께서 보고 계시며, 탄식하고 계시며, 긴장하고 계시다는 생각을 해야 합니다.

이것은 사실 하루아침에 되지 않습니다. 어린아이가 넘어지고 자빠지는 수많은 시행착오를 거쳐서 비로소 걸음을 배우듯이 끊임없는 훈련과 경험의 산물입니다. 사이비와 이단의 특징이 무엇입니까? 이런 과정 없이 신비한 집회 한 번으로 다 해결해 준다고 약속하는 것입니다. 그런 것은 없습니다. 이 과정을 거치지 않으면 결코 하나님의 뜻을 자신의 모든 정황 속에서 분별해 내는 성숙한 신앙을 구비할 수 없습니다. 물론 이스라엘이 막 출애굽했을 때, 광야에 있을 때는 하나님께서 직접 말씀하셨습니다. 기적과 권능으로 하나님의 살아 계심을 보여 주셨습니다. 구름 기둥과 불 기둥으로 인도하셨습니다. 그러나 약속의 땅 가나안에 들어가서 이방인의 제사장 나라로 살아가야 하는 사명을 받았을 때는 그렇게 하지 않으십니다. 이미 주신 율법을 통해 농사를 지을 때는 어떻게 하는 것이 하나님께서 기뻐하시는 것일까 생각하도록 하셨습니다. 그렇게 살아가지 못할 때는 선지자를 통해 그렇게 살도록 말씀을 상기시켜 주셔서 다시 성경적 사고 방식을 갖고 하나님의 말씀 앞에 자신을 세워서 살도록 하셨습니다. 그래서 '들으라 이스라엘, 쉐마 이스라엘'이 주어지는 것입니다. 이스라엘은 그것이 싫었습니다. 그래서 즉시 답을 주는 거짓 선지자들의 말을 들었고, 바로 답이 나오는 우상에게 고개를 돌렸습니다. 바알과 아세라는 제사 드리면 바로 비가 온다고 했기 때문입니다. 삶의 변화는 하룻밤의 기적이 아니라 평생의 과업입니다.

아내들이 제일 답답해하는 것이 무엇입니까? 아내가 마음이 상했는데 남편들이 자신이 무엇을 잘못했는지 그 이유를 모르는 것입니다. 지금 나의 어떤 말과 행동이 아내의 심기를 건드렸는지 알아차리려면 매사에 아내를 염두에 두어야 하는데 남편들이 그것을 안 합니다. 아내를 염두에 두지 않기에 모르는 것입니다.

이제부터 하나님을 염두에 두기를 바랍니다. 그것이 곧 종말론적 신앙입니다. 하나님을 염두에 두고 지각을 사용하여 고민하고 생각하면서 하나님의 뜻에 대한 영적 감각을 익히고 훈련하기를 바랍니다. 한 주가 쌓여서 한 달이 되고 한 달이 일 년이 되면, 우리는 하나님께서 이런 경우에는 기뻐하시고 저런 경우는 싫어하신다는 것을 지각을 사용하여 분별하는 그리스도인으로 자라갈 것입니다.

21 낮설고 위대하게 살기 ①

벧전 4:7-11

저는 초등학교 때 유신 교육을 받았고 국민 교육 헌장을 암송했으며, 고등학교와 대학에서 교련 수업을 했습니다. 그 영향 때문인지 어릴 때 이해가 안 되었던 것 중의 하나가 올림픽 개막식이었습니다. 참가국 선수단이 국기를 앞세우고 본부석 앞을 지나가는데, 대한민국이나 북한은 줄도 잘 맞추고 대열도 흐트러짐 없이 질서 정연하게 인사를 하고 지나가는 것이었습니다. 게다가 선수들의 얼굴과 걸음에는 경기를 앞두고 승리를 염원하는 비장한 각오들이 서려 있었습니다. 그런데 선진국이라 하는 미국이나 유럽 선수들을 보면 줄도 안 맞추고 껌도 질경질경 씹으면서 서로 떠들고 웃고 아주 자유분방하게 본부석 앞을 지나갔습니다. 그들에게는 올림픽에 대한 간절함이나 승리에 대한 결기가 보이지 않았습니다. 나라를 대표하는 선수단이 앞으로 있을 경기에 대한 긴장감도 없이 줄도 맞추지 않고 껌을 씹으면서 웃고 떠드는 모습이 예의가 없는 모습이라고 생각했고, 올림픽에 왜 나왔는지 이해가 잘 안 되었습니다.

나중에 어른이 되어 그런 생각이 군사주의 의식의 영향이었다는 것을 알게 되었습니다. 개막식 때 줄도 안 맞추고 껌도 질겅질겅 씹으면서 웃고 떠들고 건들건들 들어오던 선수들이 월등한 실력으로 우승하는 것을 보고 얼마나 놀랐는지 모릅니다. 그렇게 결연한 표정으로 경기에 대한 간절함을 보였던 선수들이 맥없이 1회전에서 떨어지는 것은 더 놀라웠습니다. 그것을 보면서 실력은 승리에 대한 간절함과 결의에 찬 비장함과 엄숙함에 비례하는 것이 아니라 평소에 얼마나 열심히 훈련하고 준비하고 내공을 쌓아왔느냐에 달려 있다는 것을 알게 되었습니다.

우리의 신앙도 비슷합니다. 우리가 흔히 신앙이 좋다고 할 때 떠올리는 몇 가지 그림은 대부분 획일적이고 정형화된 종교적인 모습입니다. 그러나 정말 좋은 신앙은 겉으로 드러난 간절함이나 뜨거움이나 열정만으로 평가할 수 없고 평소에 얼마나 사랑하며 사는가에 달려 있습니다. 사람이 아름다운 것은 사랑할 수 있기 때문입니다. 특별히 하나님을 사랑할 수 있고, 다른 사람을 사랑할 수 있는 것은 성도들에게 허락된 가장 큰 특권입니다.

지금 베드로는 육체의 남은 때를 사람의 정욕이 아니라 하나님의 뜻을 따라 살라고 권면하는 중입니다. 그러면서 하나님의 뜻을 따라 사는 구체적인 삶의 모습으로 가장 먼저 사랑을 이야기합니다. 그는 너희가 하나님의 뜻을 따라 살려면 만물의 마지막이 가까이 왔다는 종말 의식과 나의 오늘을 하나님 앞에 세워서 깨어 기도하는 신전 의식을 가지고 서로 사랑하는 삶을 살라고 합니다.

"무엇보다도 뜨겁게 서로 사랑할지니"(8절)라고 합니다. '무엇보다도' 라는 말은 '가장 먼저'라는 뜻으로서, 다른 것은 다 제쳐두더라도 이것만은 꼭 하라는 말입니다. 그러니까 오늘 몇 시간 기도했다, 성경 몇 장 읽었다가 전부가 아니라, 거기서 얻은 은혜와 힘으로 가장 먼저 사랑하는 삶을 살라는 것이요, 신앙의 모든 간절함과 열심과 질서 정연함과 결단이 사랑으로 연결되지 않으면 아무 소용이 없다는 뜻입니다. 고린도전서 13장 1-3절을 보겠습니다

> 내가 사람의 방언과 천사의 말을 할지라도 사랑이 없으면 소리 나는 구리와 울리는 꽹과리가 되고 내가 예언하는 능력이 있어 모든 비밀과 모든 지식을 알고 또 산을 옮길 만한 모든 믿음이 있을지라도 사랑이 없으면 내가 아무것도 아니요 내가 내게 있는 모든 것으로 구제하고 또 내 몸을 불사르게 내줄지라도 사랑이 없으면 내게 아무 유익이 없느니라 _고전 13:1-3

사람의 방언, 천사의 말, 예언하는 능력, 모든 비밀을 아는 지식, 산을 옮길 만한 믿음, 내게 있는 모든 것으로 하는 구제, 내 몸을 불사르게 내주는 열심, 이것이 얼마나 중요합니까? 신앙생활의 가장 중요한 종교적인 형식 아닙니까? 그러나 바울은 이 모든 것이 사랑이 없으면 아무것도 아니라고 말합니다. 구제와 믿음과 말씀과 은사 자체가 아무것도 아닌 것이 아니라, 그것을 하는 내가 사랑 없이 하면 아무것도 아닌 것이 된다는 뜻입니다. 무엇보다 사랑해야 할 이유가 여기 있습니다. 사랑이 없으면 아무것도 아니기

때문입니다.

한 걸음 더 나아가 베드로는 "서로 사랑하되 뜨겁게 사랑하라"고 합니다. 여기서 "뜨겁게"란 그냥 열정적으로 마음과 감정을 다 쏟아부으라는 뜻이 아니라, '에크테네'란 단어로 '끝까지'의 의미입니다. 할 수 없는 지점에 이르렀다고 느껴질 때도, 이제는 더 이상 사랑하지 못하겠다고 생각되는 그때도 끝까지 그 사람을 사랑하라는 의미입니다. 다시 고린도전서 13장 4-7절까지 보겠습니다.

> 사랑은 오래 참고 사랑은 온유하며 시기하지 아니하며 사랑은 자랑하지 아니하며 교만하지 아니하며 무례히 행하지 아니하며 자기의 유익을 구하지 아니하며 성내지 아니하며 악한 것을 생각하지 아니하며 불의를 기뻐하지 아니하며 진리와 함께 기뻐하고 모든 것을 참으며 모든 것을 믿으며 모든 것을 바라며 모든 것을 견디느니라 _고전 13:4-7

사랑이 무엇입니까? 흔히 "이 교회는 사랑이 없어!" 라고 말하는 사람들이 생각하는 자기의 유익을 구하는 사랑이나 자기 정욕의 사랑이 아닙니다. 사랑은 자기의 유익을 구하지 않습니다. 사랑은 무례하지 않습니다. 사랑은 자랑하지 않습니다. 사랑은 불의를 기뻐하지 않고 진리와 함께 기뻐하면서, 모든 것을 참고 믿으며 견디는 오래 참음입니다. 이것이 무엇보다 뜨겁게 사랑하라고 할 때의 '에크테네', 끝까지 사랑하는 사랑입니다.

이 끝까지 사랑하는 사랑은 어디로 갑니까? 허다한 죄를 덮는 자리입니다. 끝까지 사랑하는 것은 허다한 죄를 덮어 주는 자리까지 연결됩니다. 죄를 덮는다는 것은 은혜라는 이름으로 죄를 넘어가거나 묵과하라는 의미가 아닙니다. 죄를 범한 사람을 포기하지 말고 끝까지 사랑해서 고쳐 내고 죄로부터 돌아오게 하라는 뜻입니다. 나와 상관없는 사람이 죄를 범하면 그렇게 하지 않습니다. 그러나 사랑하는 가족이 잘못하면 대충 넘어가지 않습니다. 가족이고 자녀이기 때문에 바른 자리로 돌아오기까지 참고 기다리며, 견디고 받아 주며, 설득하고 기도합니다. 팔이 부러지면 아프다고 잘라 내지 않습니다. 뼈가 붙고 아물며 더 튼튼해질 때까지 목이 깁스를 지탱하면서 견디고 참아 내야 합니다. 끝까지 사랑함으로 죄를 덮는다는 것도 그런 의미입니다. 그저 묵과하는 것이 아니라 그가 변할 때까지 사랑으로 견디고 참고 받아 주면서 진리로 인내하는 것입니다. 물론 힘듭니다. 쉽지 않습니다. 그러나 그렇게 참고 견디고 받아 주는 과정에서 내가 죽는 일들이 일어납니다.

그래서 덮는다는 말은 제의적인 용어입니다. '칼룹테이', 즉 제사 드릴 때 죄인을 대신해서 죽은 제물의 피가 죄를 덮어 속죄하는 과정을 뜻하는 단어입니다. 구약의 제사를 보면 죄인의 죄를 짊어지고 피 흘려 죽은 제물의 피가 제단에 뿌려지면 그 뿌려진 피가 죄를 덮습니다. 하나님은 그렇게 죄를 덮은 피를 보고 용서의 은혜를 베푸셨습니다. 예수 그리스도는 구약의 모든 불완전한 제사를 완성하기 위하여 자신을 십자가에 내어 드려 피 흘려 죽으시고, 그 피로 믿는 자들의 죄를 단번에 영원토록 덮어 주셨습니다. 성부 하나님은 오랜 시간 죄인들을 참고 견디고 받아 주시되 하나밖에 없는 독생자를 내어 주기까지 사랑하셨습니다.

성부의 사랑은 독생자를 내어 주신 희생과 아픔이 따랐습니다. 희생 없는 사랑은 죄를 덮을 수 없습니다. 왜 사랑에 희생과 죽음이 따라올까요? 죄를 덮는 사랑은 진리와 분리되지 않기 때문입니다. 하나님께서 우리의 죄를 덮으실 때 대충 얼버무려서 덮은 것이 아니라, 하나밖에 없는 독생자를 십자가에서 희생시키고 그 피로 덮어서 용서하셨습니다. 우리는 이 진리 앞에서 내가 죄인이며 이 죄가 하나님의 독생자를 죽게 한 원흉임을 알고, 나를 하나님께서 받아 주셨듯이 죄를 범한 형제를 참고 견디며 받아 줍니다. 그러므로 불의를 미워하고 진리와 함께 기뻐하는 이 사랑은 상처를 동반하고 희생을 동반합니다. C. S. 루이스(C. S. Lewis, 1898~1963)가 "사랑은 상처받는 것이다"라고 말한 것처럼, 누군가를 사랑하면 반드시 상처를 받게 됩니다.

교회에 나와 예배만 드리고 가면 상처받을 일이 없습니다. 그러나 그렇게 신앙생활 하면 사랑할 일도 없습니다. 교회에 들어와서 함께 상처를 주고받으면서 그 상처 속에서 끝까지 견디고 참고 기다리는 사랑을 실현할 때, 비로소 그리스도와 함께 내가 죽고 내 안에 그리스도께서 사시는 일이 일어납니다. 그 일이 일어날 때 죄가 덮어지고 그 자리에 회복과 구원과 생명이 나타납니다. 죽음과 희생을 동반한 끝까지 사랑하는 사랑을 통해서입니다.

우리의 힘으로 어떻게 이 사랑을 할 수 있겠습니까? 더 많은 세상의 복과 영광을 구하는 세속적인 마음에 어떻게 이 사랑이 다가오겠습니까? 이 사랑의 걸음은 영원의 관점에서 오늘을 살아 내는 종말론적 의식을 가지고 깨어서 기도하는 사람들만 내딛을 수 있는 낯설고 위대한 순례의 걸음입니다. 이 걸음을 내딛기 위하여 어떻게 해야 합니까? 베드로전서 1장 22절을 보십시오.

> 너희가 진리를 순종함으로 너희 영혼을 깨끗하게 하여 거짓이 없이 형제를 사랑하기에 이르렀으니 마음으로 뜨겁게 서로 사랑하라 _벧전 1:22

부지런히 진리에 순종해야 합니다. 진리의 말씀이 우리의 영혼을 깨끗하게 하기 때문입니다. 진리의 말씀만이 우리를 거짓 없이 형제를 뜨겁게 사랑하는 자리로 이끌어 가기 때문입니다. 썩지 않고 더럽지 않고 쇠하지 않는 영원한 하나님의 말씀이 십자가의 복음으로 강단에서 계속 흘러나오기를 소망합니다. 그리고 그렇게 선포된 진리의 말씀이, 그 복음의 진리가 우리의 일상 속에서 순종으로 연결될 때 진실한 그리스도의 사랑, 뜨겁고 참되고 진실한 사랑이 가능해지는 것입니다.

사랑은 하나님께 속한 것입니다. 사탄도 기적을 행합니다. 사탄도 능력을 행하고 병을 고칩니다. 사탄이 작은 귀신을 쫓아내어서 사람들을 속이기도 합니다. 그러나 사탄이 결코 할 수 없는 일이 있습니다. 사랑입니다. 사탄은 사랑할 수 없습니다. 사랑은 하나님께 속한 것입니다. 하나님만이 사랑이십니다. 그러므로 사랑하는 자는 하나님께로 나서 하나님을 아는 자들입니다. 사도 요한이 요한일서 4장 7절에서 "사랑하는 자들아 우리가 서로 사랑하자. 사랑은 하나님께 속한 것이니 사랑하는 자마다 하나님으로부터 나서 하나님을 알고"라고 말하지 않았습니까?

하나님은 이 세상을 창조하기 전부터 사랑하고 계셨습니다. 죄인을 구원하는 구원의 일을 하기 전부터 삼위 간에 서로 사랑하고 계셨습니다. 이 세상이 창조된 것도 하나님의 사랑 때문이고 죄인들이 구원의 은혜를 입게 된 것도 하나님의 사랑 때문입니다. 창세 전에 성자를 사랑하셨던 성부의 사랑, 그 사랑을 받고 아버지가 그리스도에게 주신 사람들을 끝까지 사랑하여 자기를 다 내어 주기까지 사랑하셨던 그리스도의 은혜, 아버지와 아들로부터 보내심을 받아 우리에게 그 사랑을 가르치고 설득하고 포기하지 않는 인내로 오늘까지 감화하시는 성령 하나님의 교통하심이 없으면 끝까지의 사랑은 불가능합니다. 그래서 우리는 매일 십자가 앞에 나아가서 그 사랑을 확인하고 받고 누려야 합니다. 그 사랑 안에서 오늘도 우리가 서로 뜨겁게 사랑할 수 있도록 하나님께서 기다리고 계십니다.

우연히 하버드 대학 교육 대학원에서 상담을 가르치는 조세핀 김 교수의 간증을 들었습니다. 조세핀이 맨 처음 상담을 했던 대상이 흑인과 백인의 혼혈아인 13살짜리 여자아이였다고 합니다. 이 아이는 처음에 굉장히 화가 많고 난폭해서 상담을 받으려고 하지 않고, 도리어 보자 마자 욕을 하며 물건을 던지고 화를 내면서 방을 나가더랍니다. 다음 날 다시 아이를 만나 대화를 시도했는데 아이의 태도는 여전했습니다. 조세핀 교수가 나는 여기 이 방에 늘 있을 테니까 이야기할 마음이 생기면 언제든지 오라고 말하고 한 달을 기다렸는데도 깜깜 무소식이었습니다. 볼 때마다 인사를 하고 말을 건네도 아이의 태도는 변하지 않았습니다. 그러다가 두 달이 되는 날, 갑자가 이 아이가 조세핀 교수의 방에 오더니 자기의 이야기를 털어놓더랍니다. 13살 밖에 안 되는 아이가 7번이나 성폭행을 당하고, 10살의 어린 나이에 임신을 하고 자기 혼자 유산을 해야 했습니다. 더 충격적인 것은 이 아이를 이렇게 만든 것이 아이의 어머니라는 사실입니다. 아이의 말을 듣고 조세핀 교수는 왜 이 아이가 그렇게 화가 많고 난폭하고 욕을 하는지 이해가 되었습니다. 아이를 안고서 "지금까지 사느라고 너무 수고가 많았다."고 위로하며 같이 우는데 갑자기 궁금해졌다고 합니다. "왜 나에게 와서 너의 이야기를 털어놓을 마음이 생겼니?" 하고 묻자 아이가 말하기를 "You always came back (선생님은 항상 다시 와 거기에 계셨어요)." 라고 말했답니다.

어디서 많이 들었던 말 아닙니까? "He always come back." 언제나 나를 기다리고 계셨던 하나님, 내가 돌아와서 그의 품에 안기도록 받아 주시고 참고 견디면서 나를 기다리고 계신 하나님, 그 하나님의 사랑을 십자가를 통해 알 때 비로소 우리는 서로 뜨겁게 사랑할 수 있을 것입니다. 서로 끝까지 사랑하라는 말씀을 받고 이 말씀에 순종하는 우리의 사랑이 고갈될 때마다 언제나 그곳에 계신 하나님의 사랑 앞에 가서 다시 그 사랑을 받고 또 이 말씀 앞에 서야 하지 않겠습니까? 만물의 마지막이 가까웠습니다. 사랑의 하나님 앞에 서서 부끄럽지만 하나님의 사랑 안에서 뜨겁게 사랑하다 온 우리의 발자취를 내어 놓을 그날까지 이 낯설고 위대한 사랑의 여정을 잘 걸어가야 합니다.

22 낯설고 위대하게 살기 ②
벧전 4:7-11

그리스도인은 육체의 남은 때를 사람의 정욕을 따르지 않고 하나님의 뜻을 따라 살아야 한다고 요구받고 있습니다. 이 요구에 따르려면 나의 오늘을 하나님 앞에 세우는 신전 의식과 만물의 마지막이 가까웠다는 종말 의식을 가져야 합니다. 그리고 정신을 차려 깨어 기도해야 합니다. 그렇게 깨어 기도하는 삶의 구체적인 모습이 무엇입니까? 사랑과 대접과 봉사입니다. 서로 뜨겁게 사랑하고 서로 대접하기를 원망 없이 하고 서로 봉사하되 선한 청지기같이 하라고 합니다. '서로'가 강조되어 있습니다. 교회 공동체를 염두에 둔 말씀이기 때문입니다. 교회는 '서로'입니다. '함께'입니다. 함께 모여 하나님을 예배하고 함께 말씀을 듣고 함께 성도의 교제를 사랑으로 나누고 서로 가르침과 봉사의 삶을 훈련받습니다. 그것이 교회입니다.

중요한 것은 서로 사랑하고 서로 대접하고 서로 봉사할 때 그 모든 것의 원천입니다. 불신자들도 사랑하고 대접하고 봉사합니다.

어디를 가도 사람이 모인 곳에는 사랑하고 대접하고 봉사하라고 합니다. 그들과 신자의 차이가 무엇입니까? 불신자들은 모든 삶의 원천이 자기 자신에게 있습니다. 사랑도 대접도 봉사도 자신의 힘으로 합니다. 그래서 사랑하되 허물과 죄를 덮는 끝까지의 뜨거운 사랑을 못합니다. 대접하되 원망하면서 합니다. 봉사하되 자기를 자랑하면서 합니다. 반면에 신자는 모든 삶의 원천이 자신이 아니라 하나님께 있음을 드러내는 사람입니다.

> 무엇보다도 뜨겁게 서로 사랑할지니 사랑은 허다한 죄를 덮느니라. 서로 대접하기를 원망 없이 하고 각각 은사를 받은 대로 하나님의 여러 가지 은혜를 맡은 선한 청지기같이 서로 봉사하라. 만일 누가 말하려면 하나님의 말씀을 하는 것같이 하고 누가 봉사하려면 하나님이 공급하시는 힘으로 하는 것같이 하라. 이는 범사에 예수 그리스도로 말미암아 하나님이 영광을 받으시게 하려 함이니 그에게 영광과 권능이 세세에 무궁하도록 있느니라 _벧전 4:8-11

누가 말하려면 하나님의 말씀을 하는 것같이 하고, 누가 봉사하려면 하나님이 공급하시는 힘으로 하는 것같이 하라고 합니다. 사랑도 대접도 하나님이 공급하시는 힘으로 하는 것이 중요합니다. 무엇을 하든지 하나님 앞에서 해야 합니다. 그렇게 할 때 예수 그리스도로 말미암아 하나님께서 영광을 받으신다고 합니다.

이 분명한 차이를 이해해야 합니다. 신자의 사랑은 어떻습니까? 서로 뜨겁게 사랑하는 것입니다. '뜨겁게'가 '끝까지' 사랑하는 사랑이라고 말했습니다. 베드로는 삼위 하나님께서 우리의 허물을 덮으시고 끝까지 사랑하신 것처럼 우리도 서로 뜨겁게 사랑하라고 합니다. 이것은 더 이상 사랑할 수 없을 것 같은 사람을 견디고 참고 기다리면서 끝까지 받아 주는 것입니다. 그 사람의 허다한 죄가 덮일 때까지, 나에게 죄를 범하는 그 사람이 선을 행하고 의를 베풀때까지 참고 견디고 받아 주는 것입니다. 이것을 서로 하라고 합니다. 어떻습니까? 우리 힘으로 이 사랑을 할 수 있겠습니까? 못합니다. 우리는 허다한 죄가 덮일 때까지, 끝까지 사랑하지 못합니다.

우리의 사랑은 나의 죄는 덮으려고 하면서 상대방의 허물은 용납하지 않으려는 자기중심적이며 이기적인 사랑입니다. 그런데 하나님은 이런 우리에게 허다한 죄를 덮는 이타적인 사랑을 하라고 하십니다. 수없이 넘어지고 실패하겠지만 일어나서 또 사랑하라고 하십다. 이 말씀에 순종해서 사랑의 발걸음을 한 걸음 옮겨 놓으면 어떤 일이 일어납니까? 그리스도와 함께 나의 정욕과 탐심이 십자가에 못 박혀 죽는 일이 발생합니다. 내가 죽은 그 자리에 그리스도께서 사시는 생명이 나타납니다. 나는 죽고 내 안에 그리스도께서 사시는 삶이 시작됩니다. 내 힘으로 사랑하는 것이 아닙니다. 사랑은 하나님께 속했습니다. 서로 뜨겁게 사랑하는 것은 하나님께 기인한 사랑입니다.

대접하는 것도 그렇습니다. 당시 초대 교회는 로마 당국의 무서운 핍박을 피해 이러저리 도망 다니는 나그네들이 많았습니다. 그리고 돌아다니면서 복음을 전하는 순회전도자들도 있었습니다. 성경은 이런 사람들을 대접하는 일을 굉장히 중요하게 가르칩니다. 로마서 12장 13절은 "성도들의 쓸 것을 공급하며 손 대접하기를 힘쓰라"고 했고, 히브리서 13장 1-2절은 "형제 사랑하기를 계속하고 손님 대접하기를 잊지 말라. 이로써 부지중에 천사들을 대접한 이들이 있었느니라"고 했습니다. 그러나 죄인의 이기적인 본성은 대접하는 사람을 베풂에 인색하게 만들고 대접받는 사람은 감사에 인색하게 합니다. 대접하는 사람은 안 해도 되는 일을 한다고 생각하고 대접받는 사람은 당연히 받을 것을 받는다고 생각합니다.

이렇게 자신의 본성에 기초한 대접은 원망과 불평을 초래합니다. 하나님의 은혜에 기초한 대접은 어떤 대접입니까? 서로 대접하되 원망 없이 하는 것입니다. 어떻게 원망 없이 대접할 수 있습니까? 우리가 하나님으로부터 황송한 대접을 받았으며 받고 있다는 것을 기억할 때입니다. 하나님의 대접이 원천입니다.

봉사도 동일합니다. 우리에게는 은사가 있습니다. 재능이 있습니다. 중요한 것은 우리에게 있는 모든 은사와 재능과 소유가 사랑하고 대접하고 봉사하라고 하나님께서 맡기신 것이지 우리의 실력이나 우리가 만들어 낸 것들이 아니라는 사실입니다. 모두 받은 것입니다.

형제들아 내가 너희를 위하여 이 일에 나와 아볼로를 들어서 본을 보였으니 이는 너희로 하여금 기록된 말씀 밖으로 넘어가지 말라 한 것을 우리에게서 배워 서로 대적하여 교만한 마음을 가지지 말게 하려 함이라. 누가 너를 남달리 구별하였느냐. 네게 있는 것 중에 받지 아

니한 것이 무엇이냐. 네가 받았은즉 어찌하여 받지 아니한 것같이 자
랑하느냐 _고전 4:6-7

내게 있는 모든 것은 다 받은 것입니다. 구원, 은사, 믿음, 지도
자, 기타 모든 것이 다 주께로부터 받은 것입니다. 나의 재능, 건
강, 힘, 소유, 나의 모든 것은 다 받은 것입니다. 내가 만들어 낸 나
의 실력이 아니라 다 주님께서 은혜로 주신 것들입니다. 좋은 것만
아니라 나의 약함과 못남까지도 하나님께서 주신 것입니다.

신앙이란 그것을 알고 무엇을 하든지 자신의 능력과 실력을 의
지하지 않고, 자기의 지혜와 명철을 의지하지 않는 것입니다. 우리
는 하나님께서 은혜를 베풀지 않고 붙들어 주지 않고 보호해 주시
지 않으면 아무리 지혜를 동원하고 능력을 발휘한다 할지라도 구
원을 얻을 수 없고 진정한 생명을 누릴 수 없는 자들입니다.

십자가의 도가 멸망하는 자들에게는 미련한 것이요 구원을 받는 우
리에게는 하나님의 능력이라. 기록된 바 내가 지혜 있는 자들의 지혜
를 멸하고 총명한 자들의 총명을 폐하리라 하였으니 지혜 있는 자가
어디 있느냐 선비가 어디 있느냐 이 세대에 변론가가 어디 있느냐.
하나님께서 이 세상의 지혜를 미련하게 하신 것이 아니냐. 하나님의
지혜에 있어서는 이 세상이 자기 지혜로 하나님을 알지 못하므로 하
나님께서 전도의 미련한 것으로 믿는 자들을 구원하시기를 기뻐하셨
도다. 유대인은 표적을 구하고 헬라인은 지혜를 찾으나 우리는 십자
가에 못 박힌 그리스도를 전하니 유대인에게는 거리끼는 것이요 이

방인에게는 미련한 것이로되 오직 부르심을 받은 자들에게는 유대인
이나 헬라인이나 그리스도는 하나님의 능력이요 하나님의 지혜니라.
하나님의 어리석음이 사람보다 지혜롭고 하나님의 약하심이 사람보
다 강하니라 _고전 1:18-25

우리가 어떻게 예수를 믿게 되었습니까? 내 안에서 깨달아진 것
이 아닙니다. 나의 실력과 나의 지혜와 나의 결단의 결과로 예수
를 믿게 된 것이 아닙니다. 우리는 다 전도의 미련한 것으로 예수
를 믿게 되었습니다. 전도로 믿게 되었다는 것은 나의 믿음이 나에
게서 기인한 것이 아니라 누군가가 나에게 전해 주고 가르쳐 주어
서 알게 되고 믿게 되었다는 뜻입니다. 전도가 미련한 것이 아니라
내가 미련합니다. 미련한 나에게 구원이 나올 수 없습니다. 구원은
전도의 미련한 것으로 말미암습니다. 그러면 나에게 전해 준 그 누
군가는 어떻게 그것을 전파하게 되었습니까? 바울은 로마서 10장
15절에서 "보내심을 받지 아니하였으면 어찌 전파하리요" 라고 하
면서 그 사람마저도 하나님께서 보내시지 않았다면 전할 수 없었
다는 것을 강조합니다.

무슨 뜻 입니까? 하나님 앞에서 내 것이라고 할 수 있는 것은 아
무것도 없다는 의미입니다. 우리는 전도라는 방법이 아니면 도무
지 하나님을 믿을 수도 없었고 하나님의 생명을 맛볼 수도 없었던
미련한 존재들입니다. 참으로 중요한 원리입니다. 이것을 잊어버
리면 기독교 신앙도 금방 유대교나 헬라 철학이 추구하는 것처럼

종교의 이름으로, 지혜의 이름으로, 봉사의 명목으로 사람을 차별하는 시험에 빠집니다. 내가 너보다 더 낫다는 것입니다. 이것은 신앙의 본질이 아니라 세상의 본질입니다. 세상은 어떻게 하든지 사람에게 등급을 매겨서 차별하려고 합니다. 다니는 학교도 차별화해야 하고 사는 곳도 강남과 강북으로 차별화합니다. 사람들은 차이가 나야 공부를 해도 재미가 있고 돈을벌어도 돈을 버는 재미가 있다고 하면서, 어떻게 해서든지 다른 사람보다 나은 사람, 우월한 사람이 되어 강남에 살고 미국에 살고 다른 사람이 누리지 못하는 것들을 누리는 삶을 추구합니다. 심지어는 사랑과 대접과 봉사를 통해서도 내가 너보다 더 낫다는 차별화를 시도합니다.

그러나 십자가는 모든 사람을 하나님의 거룩하심 앞에 벌거벗겨 한 줄로 세워 놓습니다. 십자가는 부자나 가난한 자나, 자유인이나 노예나, 배운 자나 무식자나 사람들이 만들어 놓은 일등석이나 이등석 같은 차별을 철폐하고 거룩하신 하나님 앞에 모두 죄인으로 서게 합니다. 그래서 십자가를 통해 새로운 피조물이 된 자들은 절대로 자신을 우월화하거나 차별화하지 않습니다. 십자가를 통해 하나님을 만난 사람은 아무도 자신의 믿음과 능력과 체험과 은사들을 자랑할 수가 없습니다. 사랑과 대접과 봉사를 자랑할 수 없습니다. 자랑한다면 오직 하나님이 어떻게 은혜를 주셨는가, 어떻게 나를 불쌍히 보셔서 이런 사랑을 주셨고 나를 대접해 주셨고 나에게 이런 것들을 허락하셨는가 하는 것 밖에 없습니다. 우리의 사랑과 대접과 봉사는 전부 십자가로 가야 합니다.

어떤 삶이 낯설고 위대한 삶입니까? 서로 사랑하되 허물을 덮기까지 뜨겁게 끝까지 사랑하는 삶입니다. 대접하되 원망 없이 대접하고, 봉사하되 자신의 힘이 아니라 그리스도의 힘으로 봉사하는 삶입니다. 세상은 어떻든지 자신을 드러내고 자랑하려고 합니다. 사랑과 대접과 봉사도 자신을 드러내고 자랑하는 수단이며 자기만족의 통로입니다. 그러나 그리스도인은 자기 힘으로 사랑할 수 없음을 알고, 자신의 열정으로 대접할 수 없음을 알며, 자기 능력으로 봉사할 수 없음을 아는 자들이기에 사랑과 대접과 봉사도 오직 하나님의 은혜를 의지하여 십자가를 통해서 합니다. 그렇게 나의 모든 것이 하나님께 기인한다는 것을 드러내는 삶, 그것이 낯설고 위대한 성도들의 삶입니다.

> 만일 누가 말하려면 하나님의 말씀을 하는 것같이 하고 누가 봉사하려면 하나님이 공급하시는 힘으로 하는 것같이 하라. 이는 범사에 예수 그리스도로 말미암아 하나님이 영광을 받으시게 하려 함이니 그에게 영광과 권능이 세세에 무궁하도록 있느니라. 아멘 _벧전 4:11

23 고난의 의미
벧전 4:12–16

베드로전서는 고난의 편지입니다. 처음부터 고난의 의미를 설명하면서 시작하고, 편지에서 다루는 중요한 주제들이 거의 고난과 더불어 전개됩니다. 성경이 이렇게 고난을 다룰 때, 이것은 당시 특별한 상황에서 해당되는 이야기이므로 오늘 나오는 상관없다는 식의 태도를 가져서는 안 됩니다. 그런다고 외면할 수 있는 고난이 아닙니다. 우리가 고난을 택하지 않아도 고난이 늘 우리 인생을 찾아오기 때문입니다. 특별히 그리스도인들에게는 불신자들이 겪지 않아도 될 신앙적인 고난까지 따라오니, 고난의 문제를 성경적으로 풀지 않으면 신앙생활을 제대로 할 수가 없습니다.

성도가 가야 하는 길은 이 세상의 길과 근본적으로 다르기 때문에 고난이 따릅니다. 세상과 같은 길을 갈 때는 하나님께서 고난을 통해 돌이키게 하시고, 세상과 다른 길을 갈 때는 세상이 미워해서 핍박을 가합니다. 그러므로 성도에게 고난은 이상한 일이 아니라 당연한 것입니다. 오히려 고난이 없는 것이 이상한 일입니다.

사랑하는 자들아 너희를 연단하려고 오는 불 시험을 이상한 일 당하
는 것같이 이상히 여기지 말고 _벧전 4:12

시험, 그것도 불 시험이 와도 이상하게 여기지 말라고 합니다.
불 시험이란, 용광로에 들어가면 모든 것이 녹아 버리고 타 버리듯
내게 있는 모든 것을 다 잃어버릴 정도의 어려운 고난을 말합니다.
이 편지의 1차 독자들은 얼마 있지 않아 네로가 주도하는 무서운
박해를 받아야 합니다. 베드로는 성령의 감동 가운데 그 무서운 불
시험을 준비시키고 있습니다. 그런데 그렇게 무서운 불 시험도 어
떤 의미가 있다고 합니까? 연단을 위해 허락된 것이라 합니다.

용광로 속에는 대부분 고물들이나 잡철들이 들어갑니다. 용광
로는 이런 잡철들을 뜨거운 불로 녹여서 찌꺼기들을 빼냅니다. 고
철과 잡철들이 용광로를 통해 새로운 쇠가 됩니다. 연단되고 제련
된 것이죠. 고난이 그와 같은 역할을 합니다. 왜 그리스도인에게
엄청나게 힘들고 어려운 시험이 허락됩니까? 연단을 위해서입니
다. 하나님은 고난을 통해서 버릴 것을 버리게 하고, 끊을 것을 끊
게 하고, 가야 할 길을 가게 만드십니다.

그래서 마르틴 루터(Martin Luther, 1483~1546)는 고난을 '제3의 성
례'라고 하였습니다. 성례는 은혜의 방편입니다. 즉, 고난이 우리
의 삶을 순수하게 하고 깨끗하게 하고 거룩하게 연단하는 은혜의
방편이라는 것입니다. 그러므로 그리스도인은 고난이 올 때 '하나
님이 나를 버리신 것은 아닐까? 내가 복이 없는 것인가?'라고 이상

하게 생각하지 말고, 지금 내가 내 삶의 순화와 거룩함을 위해 은혜의 방편인 제3의 성례를 받고 있다는 생각을 해야 합니다.

로마서 8장 17절을 보십시오. "자녀이면 또한 상속자 곧 하나님의 상속자요 그리스도와 함께한 상속자니 우리가 그와 함께 영광을 받기 위하여 고난도 함께 받아야 될 것이니라". 왜 그리스도인에게 고난이 있습니까? 하나님의 자녀이기 때문입니다. 하나님의 자녀들은 그리스도와 함께 한 하나님의 상속자로서, 장차 그리스도와 함께 영광을 상속으로 받기 위하여 필연적으로 고난도 함께 받아야 한다고 말씀합니다.

> 오히려 너희가 그리스도의 고난에 참여하는 것으로 즐거워하라. 이
> 는 그의 영광을 나타내실 때에 너희로 즐거워하고 기뻐하게 하려 함
> 이라 _벧전 4:13

하나님은 우리에게 지극한 영광을 상속으로 준비하고 계십니다. 그런데, 그 영광을 즐거움과 기쁨으로 받을 수 있도록 고난을 연단으로 허락하고 계신다는 것입니다. 고난이 지나야만 영광이 옵니다. 고난과 영광은 쌍둥이입니다. 고난이 있는 곳에 연단이 있고, 연단을 지나야 영광이 있습니다. 우리가 현재 당하는 고난은 장래에 받을 이 고난과 비교할 수 없는 영광으로 직결되는 것입니다. 고난을 이상하게 여기지 않고 기뻐해야 할 이유가 여기 있습니다. 하나님의 자녀에게 고난은 이상한 것이 아닙니다. 오히려 고난이 없는 것이 이상한 일입니다.

이런 말씀은 성경 곳곳에 무수히 많습니다.

그리스도를 위하여 너희에게 은혜를 주신 것은 다만 그를 믿을 뿐 아니라 또한 그를 위하여 고난도 받게 하려 하심이라 _빌 1:29

민음은 은혜로 받은 하나님의 선물입니다. 너무나 소중한 선물입니다. 그런데 바울은 그리스도인에게는 하늘의 선물인 믿음과 똑같이 소중한 선물이 하나 더 있는데, 바로 고난이라고 말합니다.

그렇다면 고난이 없는 신앙이 있을까요? 그런 신앙은 없습니다. 고난은 우리의 소속이 하나님께 있다는 것과 우리가 하나님의 자녀임을 확인하게 하는 소중한 선물입니다. 고난은 은혜입니다. 고난은 성도의 구원을 보호하는 하나님의 보호입니다. 이미 베드로전서 1장에서 확인한 바 있습니다.

너희는 말세에 나타내기로 예비하신 구원을 얻기 위하여 믿음으로 말미암아 하나님의 능력으로 보호하심을 받았느니라. 그러므로 너희가 이제 여러 가지 시험으로 말미암아 잠깐 근심하게 되지 않을 수 없으나 오히려 크게 기뻐하는도다. 너희 믿음의 확실함은 불로 연단하여도 없어질 금보다 더 귀하여 예수 그리스도께서 나타나실 때에 칭찬과 영광과 존귀를 얻게 할 것이니라. 예수를 너희가 보지 못하였으나 사랑하는도다. 이제도 보지 못하나 믿고 말할 수 없는 영광스러운 즐거움으로 기뻐하니 믿음의 결국, 곧 영혼의 구원을 받음이라 _벧전 1:5-9

고난을 무엇으로 설명하고 있습니까? 성도의 구원을 보호하는 하나님의 '보호하심'이라고 했습니다. 구원이 무엇입니까? 베드로는 단순히 지옥에 가지 않는 것을 구원이라고 말하지 않습니다. 구원이란 믿음의 결국, 곧 영혼의 구원이라고 하면서 이렇게 설명합니다. "예수를 너희가 보지 못하였으나 사랑하는도다". 믿음의 마지막, 그 결국은 보지 못하는 주님을 사랑하는 것입니다. 구원은 사랑입니다. 하나님을 사랑하는 것입니다. 9절을 보면, 그냥 사랑하는 것이 아니라 보지 못하는 주님을 말할 수 없는 영광스러운 즐거움으로 기뻐하면서 사랑하는 것이 구원입니다. 하나님의 선물로서 위로부터 주어진 믿음은 우리를 그 자리까지 이끌어 갑니다. 그러나 우리가 이 구원을 별로 좋아하지 않습니다. 그래서 가만두면 이 자리로 가지 않습니다. 무엇이 필요할까요? 이 자리로 가게 하는 고난과 연단이 필요합니다. 구원의 보호를 위해 고난이 동원되는 것입니다.

로마서 1장 17절에 "복음에는 하나님의 의가 나타나서 믿음으로 믿음에 이르게 하나니 기록된 바 오직 의인은 믿음으로 말미암아 살리라"고 했습니다. 복음에 나타난 하나님의 의는 우리로 하여금 예수 그리스도를 나의 주 나의 하나님으로 믿게 합니다. 은혜입니다. 선물입니다. 그러나 이 믿음은 그 자리에 머물러 있는 것이 아닙니다. 믿음으로 믿음에 이르게 됩니다. 믿음의 결국, 곧 보지 못하는 주님을 사랑하되 말할 수 없는 영광스러운 즐거움으로 기뻐하면서 사랑하는 자리까지 이끌어 갑니다. 그것이 구원입니다.

바울이 로마서 1장 17절에서 인용한 것은 하박국 2장 4절의 "의인은 그의 믿음으로 말미암아 살리라"는 말씀입니다. 하박국이 어떤 맥락에서 이 말씀을 받았는지를 생각해 보면, 왜 하나님의 사랑을 구원과 믿음의 결국으로 설명하는지 더 선명하게 이해할 수 있습니다. 하나님의 백성은 하나님을 사랑하며 살도록 부름 받은 존재들입니다. 보지 못하는 하나님을 말할 수 없는 영광스러운 즐거움으로 기뻐하면서 사랑하도록 부름 받았습니다. 하나님은 이스라엘이 그렇게 살 수 있도록 언약의 법을 주셨고, 무화과나무와 포도나무의 열매와 감람나무의 소출과 논밭의 먹을 것과 우리의 양과 외양간의 소를 주셨습니다. 이스라엘은 그것을 하나님 사랑과 이웃 사랑하는 데 사용하면서, 이 세상을 나그네와 행인처럼 지나가는듯이 살며, 열방을 향하여 이렇게 사는 인생이 얼마나 존귀하고 복된 것인지를 보여야 할 제사장 나라로 부름받았습니다.

그런데 이스라엘은 그렇게 살지 않았습니다. 율법을 싫어했고 무화과나무와 포도나무의 열매와 감람나무의 소출과 논밭의 식물과 우리의 양과 외양간의 소를 하나님보다 더 사랑했습니다. 그것을 지키고 그것을 늘리는 데 마음을 다 빼앗겼습니다. 하나님께서 제발 그러지 말고 내가 너희를 부른 목적대로 하나님을 사랑하고 이웃을 사랑하고 사는 의와 공도의 자리로 돌아오라고 거듭 설득해도 말을 듣지 않습니다. 이들은 사생아가 아닙니다. 하나님을 영광의 상속으로 받아야 할 하나님의 자녀입니다. 모든 지혜와 능력과 열심을 동원해서 애굽에서 이끌어 낸 포기할 수 없는 하나님의 백성입니다. 하나님이 어떻게 하십니까? 바벨론을 동원하십니다. 바벨론을 통해 주의 백성들이 하나님보다 더 사랑하는 것을 다 빼앗아 가게 하십니다. 무화과나무가 무성치 못하게 될 것이며, 포도나무에 열매가 없어질 것이며, 감람나무에 소출이 없어지며, 논밭에 먹을 것이 없어지며, 우리에 양이, 외양간에 소가 없어지게 됩니다. 그리고 70년 동안 무서운 포로 생활을 하게 됩니다.

하나님은 그 불 시험을 통해 이들과 이들의 후손이 물이 바다 덮음같이 여호와의 영광을 인정하는 자리로 돌아오게 하십니다. 하나님의 택한 백성들은 그 불 시험을 통해 무화과나무와 포도열매와 감람나무의 소출과 논밭의 식물과 우리의 양과 외양간의 소가 아니라, 여호와로 말미암아 즐거워하고 구원의 하나님으로 인하여 기뻐하는 자리로 돌아오게 됩니다. 성도는 고난을 통해 하나님이 아닌 다른 것을 사랑하는 자리에서 믿음의 결국, 즉 하나님을 사랑하되 말할 수 없는 영광스러운 즐거움으로 기뻐하면서 사랑하는 자리로 이끌려 갑니다.

하나님은 우리를 그 자리로 이끌어 가십니다. 더 많은 돈과 건강과 명예와 부귀와 영화가 아니라, 삼위 하나님을 더 사랑하고 이웃을 더 사랑하는 사랑의 자리입니다. 하나님께서 성도의 삶을 그렇게 고난을 통해서 보호하고 계십니다. 미국에 있는 인디언들이 백인들에게 유리구슬 한 상자를 받고 뉴욕 맨하탄 섬을 팔았습니다. 나중에 보니 그것은 보석이 아니라 싸구려 유리구슬에 불과했습니다. 반짝이는 것이 다 금은 아닙니다. 세상의 부귀영화가 그런 것입니다. 그런데 하나님의 백성 된 우리가 거기에 속아 유리구슬에 불과한 것을 갈망합니다. 고난을 통해 연단을 받으면 지금 내가 하나님보다 사랑하는 것이 아무것도 아님을 알게 됩니다.

그것이 성도들에게 허락되는 고난의 의미입니다. 뿐만 아니라 우리는 고난을 통해 연단을 받으면서 그리스도의 고난에 참여하는 자리와 그리스도의 이름으로 치욕을 당하는 자리까지 이끌려 갑니다(13-14절). 고난이 있기 전에는 예수를 믿어도 자기만 위해 살았습니다. 그런 우리가 하나님을 사랑하고 이웃을 사랑하는 자리, 그것을 위하여 의로운 고난 혹은 애매한 고난을 당하는 자리까지, 심지어 그리스도의 이름으로 치욕을 당하는 자리까지 이끌려 갑니다. 그러면서 우리는 고난당하신 그리스도의 마음을 배웁니다. 어느새 그리스도의 고난이 나의 고난이 되고, 그리스도의 남은 고난이 나의 남은 고난이 됩니다. 그리고 말할 수 없는 성령의 위로하심을 체험합니다.

오히려 너희가 그리스도의 고난에 참여하는 것으로 즐거워하라. 이는 그의 영광을 나타내실 때에 너희로 즐거워하고 기뻐하게 하려 함이라. 너희가 그리스도의 이름으로 치욕을 당하면 복 있는 자로다. 영광의 영 곧 하나님의 영이 너희 위에 계심이라 _벧전 13-14

그리스도의 고난에 참여한다고 했는데, 여기서 '참여'라는 말은 '교제'라는 뜻이 있습니다. 우리가 고난당할 때 나를 위해 고난당하신 예수님과의 깊은 교제가 일어나며 동시에 영광의 영, 곧 하나님의 영이 우리 위에 계심을 체험할 수 있으니 기뻐하라는 말씀입니다. 고난은 예수님과의 깊은 교제를 맛보게 하고 성령의 위로와 교통을 선명하게 맛보게 하는 절호의 기회입니다. 성령 하나님은 늘 우리와 함께하십니다. 성자 예수님도 늘 우리와 함께 계십니다. 그러나 고난으로 말미암아 더 가까이 하나님을 경험할 수 있으니 기뻐하라고 합니다.

꽤 오래전에 〈여인천하〉라는 드라마가 있었습니다. 지금도 기억나는 장면 중의 하나가, '난정이'라는 여자가 중전을 위해 고난을 자초하는 장면인데, 쓰러질 정도로 종아리를 맞습니다. 자신을 위해서 종아리를 맞고 있는 난정이를 보는 중전의 마음이 어땠을까요? 그전보다 훨씬 더 귀하게 보이고 가깝게 보였을 것입니다. 이처럼, 우리가 당하는 그 고난이 그리스도의 고난에 참여하고 그리스도와 교제하는 고난이 될 때 성자 예수님과 성령 하나님이 고난 중에 있는 우리를 이전보다 더 사랑하고, 귀하게 만나 주고, 위로하고, 인도해 주십니다. 그분을 위해 고난받는데 어떻게 내버려 두시겠습니까? 이러한 관점으로 바라본다면, 고난은 우리에게 선물이요 축복인 것입니다.

마지막으로 16절에 "만일 그리스도인으로 고난을 받으면 부끄러워하지 말고 도리어 그 이름으로 하나님께 영광을 돌리라"고 했는데, '그리스도인'이라는 말은 성경 전체에서 딱 세 번 나옵니다. 사도행전 11장 26절을 보면, 안디옥에서 맨 처음에 불신자들이 예수 믿는 자들을 보고 '그리스도인'이라고 불렀습니다. 예수 믿는 사람들을 보니까 자기들과 같지 않고 예수 그리스도에게 속해 있는 것이 보여서 그렇게 부른 것입니다. 그다음은 사도행전 26장 28절에 나오는데, 바울이 복음을 전할 때 "네가 적은 말로 나를 권하여 그리스도인이 되게 하려 하는도다" 하고 전도를 받는 사람이 사용한 말이었습니다. 세 번째는 본문 16절에 고난의 맥락에서 나옵니다. 무슨 뜻입니까? 고난받을 때 고난을 통해 하나님께 돌아오든지 아니면 세상과 다르게 살기에 받는 의로운 고난이든지, 고난 속에서 하나님께 가까이 나아가면 그때 세상은 우리가 그리스도께 속한 자임을 보게 된다는 의미입니다.

그러므로 고난을 부끄럽게 생각하지 마십시오. 실패한 것을 부끄러워하지 마십시오. 가난도 병든 것도 부끄러운 것이 아닙니다. 오히려 그럴 때 그것으로 하나님께 영광을 돌릴 수 있어야 합니다. 부자가 되고, 병이 낫고, 일류 대학에 들어가야만 하나님께 영광을 돌리는 것이 아닙니다. 부자가 되어도 하나님 사랑 이웃 사랑을 외면하면 영광을 가리는 것이며, 일류 대학에 가도 자기 잘난 줄 아는 인생이 되면 영광을 가리는 것입니다. 그러나 고난을 통해 하나님 사랑, 이웃을 사랑하는 자리로 돌아가고, 고난을 통해 그리스도께 속한 삶을 나타내고, 고난을 통해 복음을 전하는 인생이 되는 것이 하나님께 영광을 돌리는 것입니다. 고난의 의미를 잘 이해하여서, 고난을 더 이상 낯설거나 이상하게 여기지 않기를 바랍니다.

24 심판과 고난
벧전 4:15-19

언제부터인가 은혜로 얻은 구원을 아주 쉽고 간단한 것으로 생각하는 경향들이 생긴 것 같습니다. 그러나 구원은 쉽지 않습니다. 우리의 행위로 구원을 얻을 수 있다면 오히려 간단할 텐데, 하나님의 은혜로 얻는 구원이기 때문에 간단한 문제가 아닙니다. 4장 18절에서 의인이 겨우 구원을 받는다고 하지 않습니까? 이 말은 커트라인(cut-line)을 정해 놓고 그 자리까지 도달한 사람만 구원을 받고 그렇지 못하면 탈락할 수 있다고 하는 공갈 협박이 아닙니다. 은혜로 예수 믿게 된 의인들에게 하나님의 붙들어 주심 가운데 걸어가야 하는 구원의 여정이 결코 쉽지 않으며 만만치 않다는 말씀입니다.

국가 대표가 되면 태릉 선수촌에 입촌합니다. 선수촌은 누구나 가고 싶다고 갈 수 있는 곳이 아닙니다. 적어도 상비군이 되거나 국가 대표가 되어야만 들어갈 수 있는 특별한 장소입니다. 아무나 가지 못하는 그 곳에 들어가면 무엇이 기다리고 있습니까? 편안한 휴식과 관광이 아니라 상상을 초월하는 고된 훈련이 기다리고 있습니다. 그러나 선수들은 이 훈련을 피하지 않습니다. 숨이 턱까지 차오르는 고된 훈련을 이상하게 여기거나 부끄러워하지 않습니다. 그 훈련을 대표 선수만 누릴 수 있는 영광과 명예와 특권으로 생각하고, 기꺼이 그리고 당연하게 기쁨과 감사함으로 받아들입니다.

그리스도인은 예수를 믿어 죄를 용서 받고 천국에 가게 되었습니다. 우리의 공로나 행위의 결과가 아니라 '오직 은혜'입니다. 그러나 하나님의 은혜로 죄를 용서 받고 하나님의 자녀가 된 것은 시작에 불과합니다. 마치 선수촌에 입촌한 것과 같습니다. 대표 선수가 금메달을 바라보고 고된 훈련을 기쁨으로 소화해야 하는 것처럼, 그리스도인은 썩지 않고 더럽지 않고 쇠하지 않을 하늘의 기업을 받기 위하여 여러 가지 고난과 불 시험이 연단과 훈련으로 기다리고 있습니다. 예수 믿는 것은 쉽지도, 간단하지도 않습니다. 좁은 문으로 들어가 협착한 길을 가야 합니다. 날마다 자기를 부인해야 하며, 주님과 함께 십자가에 정욕과 탐심을 못 박아야 합니다.

성경의 이런 말씀은 값싼 은혜에 길들여진 사람들에게는 낯설고 불편한 진리입니다. 그러나 이것은 성도에게만 허락된 특권이며 명예입니다. 성도는 이 고난을 통해 믿음의 결국, 곧 영혼의 구원인 보지 못하는 주님을 믿고 말할 수 없는 영광스러운 즐거움으로 기뻐하며 사랑하는 자리로 나아갑니다. 삼위 하나님을 영원한 상급과 상속으로 받아 누리게 되는 말할 수 없는 복과 영광의 자리로 초대받고 있는 것입니다. 그래서 성도는 시험이 올 때 이상하게

여기지 말아야 합니다. 오히려 기뻐하고 즐거워하는 마음을 가져
야 합니다.

그러나 고난에 이런 유익이 있다고 해서 악하고 부끄러운 고난
을 자초해서는 안 됩니다. 베드로는 "너희 중에 누구든지 살인이나
도둑질이나 악행이나 남의 일을 간섭하는 자로 고난을 받지 말려
니와"(4:15)라고 경고합니다. 이런 고난은 성도의 확증이 아니라 멸
망 받을 악인의 확증이기 때문에 받아서는 안 되는 고난입니다. 성
도의 고난은 의로운 고난, 선을 행하다 받는 고난, 그리스도인으로
받는 영광스러운 고난이 되어야 합니다(4:16).

이것을 강조하기 위해 베드로는 심판을 말합니다.

> 하나님의 집에서 심판을 시작할 때가 되었나니 만일 우리에게 먼저
> 하면 하나님의 복음을 순종하지 아니하는 자들의 그 마지막은 어떠
> 하며 또 의인이 겨우 구원을 받으면 경건하지 아니한 자와 죄인은
> 어디에 서리요. 그러므로 하나님의 뜻대로 고난을 받는 자들은 또한
> 선을 행하는 가운데에 그 영혼을 미쁘신 창조주께 의탁할지어다 _
> 벧전 4:17-19

잘 보면 '우리'와 '복음을 순종하지 아니하는 자'를 대조하고 있
고, '의인'과 '경건하지 아니한 자와 죄인'을 대조하고 있음을 볼 수
있습니다. 고난을 말하면서 심판을 언급하는 이유가 무엇일까요?
왜 심판이 하나님의 집에서부터 시작됩니까? 성도에게 먼저 심판
의 엄중한 잣대가 적용된다면 믿지 않는 사람들이 받을 심판의 결

과는 어떠하겠는가를 묻고 있는 것입니다. 이렇게 묻는 이유는 악인에 대한 심판이 반드시 있다는 것을 상기시켜 의로운 고난을 받고 있는 성도들을 위로하고 붙들기 위해서입니다. 동시에 우리에게 있는 악의 요소를 경고하여 성화를 더욱 자극하기 위한 이중적인 목적이 있습니다. 이 이중적인 효과를 위해 베드로는 구약 성경 에스겔 9장과 말라기 3장 1-6절과 예레미야 25장 29절에서 말하는, 하나님의 집에서 먼저 시작되는 심판의 사상을 인용한 것입니다.

에스겔 9장을 보면 우상 숭배로 가득한 유다를 심판하기 위해 하나님의 사자 여섯 사람이 손에 죽이는 무기를 들고 놋제단 곁에 섭니다. 이것은 심판이 성전의 놋제단부터 시작된다는 것을 의미합니다. 왜 하나님의 심판이 놋제단에서부터 시작됩니까? 놋제단은 제물을 잡아 번제와 속죄제를 드리는 곳으로 그리스도께서 담당하신 십자가를 예표하며 상징하는 곳입니다. 그런데 유다는 이 놋제단을 변질시켜 버렸습니다. 열왕기하 16장 10-14절을 보면, 아하스 왕이 하나님의 식양대로 만든 놋제단을 옮겨 버리고 다른 단을 만들어 그 위에 제사를 드립니다. 이것은 신약 식으로 말하면 그리스도 십자가의 복음을 다른 복음으로 변개시킨 가증한 일로서 무서운 우상 숭배요 배신의 사건입니다.

하나님의 심판은 성전이라고 해서 그냥 지나가지 않습니다. 오히려 이름만 성전이고 내용은 우상 숭배로 가득한 성전이라면 긍휼 없는 심판이 성전의 놋제단부터 시작될 것입니다. 베드로가 왜 이 말을 인용합니까? 너희가 고난당할 때 그 고난이 의로운 고난인지 너희들의 악행 때문에 당하는 고난인지 돌아보라는 것입니다. 만일 의로운 고난이 아니라 악행 때문에 당하는 징계의 고난이라면 빨리 의로운 고난으로, 선을 행하다가 받는 영광스러운 고난이 있는 삶으로 돌이키라는 의도로 에스겔의 말씀을 인용하는 것입니다.

한 가지 기억해야 할 것은, 이렇게 하나님의 심판이 성전의 놋제단에서부터 시작되어 긍휼 없이 시행될 때 심판이 지나가는 자들이 있다는 사실입니다. 누구입니까? 이마에 표를 그린 사람들입니다.

> 너는 예루살렘 성읍 중에 순행하여 그 가운데에서 행하는 모든 가증한 일로 말미암아 탄식하며 우는 자의 이마에 표를 그리라 하시고 _
> 겔 9:4

예루살렘 성읍 중에 있는 모든 가증한 일 때문에 탄식하며 우는 자들을 따로 구별해서 이마에 표를 그리라고 합니다. 그리고 늙은 자와 젊은 자와 처녀와 어린아이와 여자를 가리지 않고 행해지는 긍휼 없는 무서운 심판이 이마에 표 있는 자들에게는 지나가는 것을 볼 수 있습니다(겔 9:5-6 참고).

이마에 표 있는 자들이 누구입니까? "모든 가증한 일로 말미암아 탄식하며 우는 자"입니다. 이들은 선지자를 통해 선포되는 하나님의 말씀을 듣고 하나님께서 가증히 여기신다고 하는 것들을 믿음으로 받아들이면서, 그렇게 살아왔던 자신과 또 돌이키지 않는 세대를 보면서 애통하고 탄식하는 자들입니다. 하나님의 심판이 우상 숭배로 가득한 성전에서부터 긍휼 없이 시작될 때 이들은 피해 갑니다. 비록 자신도 그렇게 살았지만, 그렇게 살았던 자신과 세상의 죄를 탄식하면서 울던 자들은 심판의 대상이 아니었습니다. 하나님은 그들의 이마에 표를 그리게 하시고 긍휼로 그들을 지나가셨습니다.

무엇을 말하는 것입니까? 고난이 성도를 이렇게 만든다는 뜻입니다. 우리가 고난받을 때 이렇게 자신을 낮추면서 하나님께 자신의 연약함을 내어 놓고 하나님께 의탁하는 믿음이 필요하다는 것입니다.

> 그러므로 하나님의 뜻대로 고난을 받는 자들은 또한 선을 행하는 가운데에 그 영혼을 미쁘신 창조주께 의탁할지어다 _벧전 4:19

성도는 세상을 나그네와 행인처럼 지나가는 자들입니다. 하나님은 그 순례의 길에 들어선 우리를 위해 여러 가지 시험을 준비해 놓고 있습니다. 우리에게만 허락된 특권과 명예와 영광의 훈련입니다. 우리는 이 시험을 통해 일생을 연단 받으면서 우리 안에 얼마나 허황되고 부질없는 욕망들이 많은지를 보게 되며, 이것들이 거짓되고 허망한 것임을 알고도 놓지 못하는 어리석은 자신을 봅니다. 그리고 이런 우리를 하나님께서 어떻게 고난을 통해 다듬고 깎아서 허망한 것들을 놓게 하시며 보지 못하는 주님을 사랑하는 참된 소망의 자리로 이끌어 가시는지를 배우게 됩니다. 그렇게 알고 깨닫고 배우는 만큼 악행을 버리고 하나님의 뜻대로 고난을 받는 자가 되어, 선을 행하는 가운데 우리의 삶과 영혼을 하나님께 의탁하는 믿음의 자리로 가게 되는 것입니다.

우리는 이 순례의 여정 중에 있습니다. 사이비 복음은 고난이 오면 잘못 믿어서 그렇다고 합니다. 그러나 성경은 하나님의 은혜로 예수 믿는 자리로 붙들려 왔기 때문에 영광스러운 고난이 준비되어 있다고 가르칩니다. 고난을 이상한 것으로 여기지 말고, 어려움이 올 때 자신을 돌아보아 악행과 살인과 도둑질과 남의 일을 간섭하는 것을 그치고, 미쁘신 하나님께 우리의 영혼을 맡겨 가난한 마음과 애통하는 마음과 의에 주리고 목마른 마음으로 육체의 남은 때를 살아가야 합니다.

25 고난과 교회 ①
벧전 5:1-4

빨강, 파랑, 노랑은 색 중에서 가장 기본적인 바탕이 되며, 강렬하고 원색적이어서 '삼원색'이라고 합니다. 베드로전서에도 삼원색 같은 강렬한 세 단어가 있습니다. 고난, 소망 그리고 교회입니다. 이 세 단어가 베드로전서 전체의 흐름을 이끌고 있는데 그중에서 가장 주도적인 역할을 하는 것이 고난입니다. 삼위 하나님의 선택 속에서 항상 있고 살아 있는 말씀으로 거듭나서 믿음을 갖게 된 사람들이 하나님의 자녀가 되는 은혜를 입습니다(1:2, 23-25). 복 중의 복이요 은혜 위에 은혜입니다. 영원하신 하나님의 사랑의 대상이니 이보다 더 큰 복이 없습니다. 그런데 이들을 기다리고 있는 현실은 고난입니다(1:1, 6).

베드로는 고난받는 성도들을 붙들어 주기 위해 편지를 쓰면서, 고난은 인생의 보편적인 경험인 동시에 구원의 연단을 위해 필수적으로 허락되는 하나님의 특별하신 사랑과 보호하심이라고 그의 위로를 시작합니다(1:5-9). 이 위로는 하늘에 간직되어 있는 썩지 않고 더럽지 않고 쇠하지 않는 기업에 대한 산 소망으로 연결되어 고난 중에도 오히려 근신하여 거룩한 삶을 살아 내게 하는 동인으로 작용합니다. 고난을 통해 성도는 보지 못하는 주님을 믿고 사랑하되 말할 수 없는 영광스러운 즐거움으로 기뻐하는 믿음의 결국, 곧 영혼의 구원을 얻는 자리로 나아갑니다.

이 진리를 배우는 곳이 교회입니다. 교회를 통해 우리는 복음을 듣습니다. 그리고 모든 악독과 기만과 외식과 시기와 비방하는 말을 버리고, 갓난아기같이 순전하고 신령한 젖을 사모하면서 예수께 나아가 구원에 이르도록 자라 갑니다. 왕 같은 제사장과 거룩한 나라와 하나님의 소유가 된 백성으로 세워져 가며 육체의 남은 때를 서로 뜨겁게 사랑하고 원망 없이 대접하고 선한 청지기같이 서로 봉사하는 삶을 살도록 훈련받습니다. 삼위 하나님을 예배하고 그의 진리의 말씀을 통해 악을 악으로, 욕을 욕으로 갚지 않고 도리어 복을 비는 참된 선행을 배우는 곳도 교회입니다. 교회가 아니면 어디서 이 진리를 은혜 가운데 배우고 가르치며 익히고 연습하겠습니까? 교회가 아니면 어디서 예수 그리스도로 말미암아 고난받는 그리스도인이 위로를 받겠습니까? 교회가 아니면 어디서 죄악 속에 살던 인생이 책망받고 자기 삶을 돌이킬 수 있는 회개의 기회를 얻을 수 있겠습니까? 교회가 아니면 어디서 삼위 하나님의 사랑과 그 사랑에서 뿜어져 나오는 구원의 신비를 알 수 있겠습니까? 교회는 중요합니다.

그래서 베드로전서의 마지막 장인 5장은 교회를 말하면서 마무리합니다. 1-4절까지는 지도자에 관한 권면이고, 5-9절까지는 교인들에 대한 교훈입니다. 그리고 10-14절에서 교회를 향한 약속과 권면과 문안으로 끝이 나는데, 우선 지도자에 관한 권면 1-4절의 말씀을 보겠습니다. 하나님의 백성들이 고난 중에서도 하나님을 향한 사랑과 믿음을 지키고 소망 가운데 제사장 나라로 살기 위해서는 교회의 지도자들이 어떤 자세와 원리로 진리를 가르치고 하나님의 양들을 먹이는지가 중요합니다.

베드로는 장로들에게 권합니다. "너희 중 장로들에게 권하노니"(1절). 여기서 장로란 일차적으로 지금의 목사를 의미하고, 이차적으로는 교회의 장로와 권사 같은 어른들을 포함합니다. 한마디로 교회 지도자들이 어른 노릇을 제대로 하라는 권면인데, 하나님의 양 무리를 칠 때 억지로 하지 말고 더러운 이득을 위해 하지 말며, 주장하는 자세로 하지 말고 자원해서 하며, 기꺼이 하고 양 무리의 본이 되라고 합니다.

알아듣기 어려운 내용은 없습니다. 전부 쉽고 선명하게 알 수 있는 내용의 권면입니다. 그런데 이 분명한 내용을 교회 현장에서 실천하고 녹여 내는 지도자와 어른들이 많지 않다는 것이 우리의 아픔입니다. 그러나 그럼에도 특별히 함께 주목하고 생각해야 할 구절이 있습니다. 베드로가 하는 모든 권면을 다 담고 있는 자기소개입니다. "나는 함께 장로 된 자요 그리스도의 고난의 증인이요"(1절). 그리스도의 고난의 증인이라는 말을 생각해 보십시오.

베드로는 그리스도의 고난을 이해하지 못했던 사람입니다. 그는 메시아가 능력의 종이어서 고난 당하면 안 된다고 생각했던 제자입니다. 그래서 십자가의 도를 정면에서 반박했으며, 그 결과 그리스도의 십자가 앞에서 세 번이나 주님을 모른다고 외면하고 부인하면서 도망갔던 가장 처절한 실패를 경험한 인물입니다. 그는 자신을 고난의 증인이라 말할 수 있는 사람이 아닙니다. 그런데도 그리스도의 고난의 증인이라고 소개하면서 너희 중에 있는 하나님의 양 무리를 억지로 치지 말고, 더러운 이득을 위하여 하지 말고, 맡은 자들에게 주장하는 자세로 하지 말고, 오직 양 무리의 본이 되라고 권면하고 있습니다(2-3절).

지금 베드로가 그리스도의 고난의 증인이라고 하는 것은 자신이 그리스도의 고난에 동참했다는 의미가 아닙니다. 그는 오히려 그리스도의 십자가 고난을 외면하고 도망쳤던 실패자입니다. 그러나 주님의 십자가가 그런 자신을 위한 십자가였으며, 그 은혜가 어떻게 자신과 같은 실패자를 주님의 양을 치는 목회자로 만들어 놓았는지를 경험했습니다. 그리스도의 고난의 증인이란, 그러한 간증과 고백의 의미입니다. 그러므로 베드로가 장로들에게 권하는 이 권면은 단순한 목회 지식의 전수나 목양의 노하우를 공개하는 차원이 아닙니다. 목사나 장로나 권사나 교회의 어른들만이 아닌, 모든 그리스도인의 신앙과 삶에 대한 가장 근본적이고 중요한 원리가 담겨 있는 권면입니다.

양 무리를 친다고 하면, 특히 베드로가 하나님의 양 무리를 친다고 하면 생각나는 구절이 있습니다.

그들이 조반 먹은 후에 예수께서 시몬 베드로에게 이르시되 요한의 아들 시몬아, 네가 이 사람들보다 나를 더 사랑하느냐 하시니 이르되 주님 그러하나이다. 내가 주님을 사랑하는 줄 주님께서 아시나이다. 이르시되 내 어린양을 먹이라 하시고 또 두 번째 이르시되 요한의 아들 시몬아 네가 나를 사랑하느냐 하시니 이르되 주님 그러하나이다. 내가 주님을 사랑하는 줄 주님께서 아시나이다. 이르시되 내 양을 치라 하시고 세 번째 이르시되 요한의 아들 시몬아 네가 나를 사랑하느냐 하시니 주께서 세 번째 네가 나를 사랑하느냐 하시므로 베드로가 근심하여 이르되 주님 모든 것을 아시오매 내가 주님을 사랑하는 줄을 주님께서 아시나이다. 예수께서 이르시되 내 양을 먹이라 _요 21:15-17

목사나 교회의 지도자들이 주님의 양들을 먹이고 칠 때 억지로 하지 않고 더러운 이득을 위해서 하지 않고 주장하는 자세로 하지 않는다는 것은, 주님이 베드로에게 "내 양을 먹이라. 내 양을 치라. 내 양을 먹이라" 고 말씀하시기 전에 먼저 세 번이나 "네가 나를 사랑하느냐" 고 물으신 의도와 함께 생각해야 제대로 이해할 수 있습니다. 우리의 가장 큰 병이 무엇인가 하면 끊임없이 나의 실력과 능력과 재주와 열심, 그리고 내가 가진 무엇인가를 발휘해서 하나님을 위해 헌신하려고 하는 것입니다. 이것이 왜 문제가 됩니까? 우리는 대부분 내가 한 알의 밀알이 되어 죽고 썩어서 그리스도를 드러내는 것이 아니라, 그리스도는 죽더라도 내가 살아서 내가 드러나고 인정받는 쪽으로 우리의 모든 것을 발동하는 존재들이기 때문입니다. 그렇지 않습니까?

그런 차원에서 베드로는 누구보다 열심이 특심했던 사람입니다. 그는 정말 다른 사람이 다 주를 버리고 떠난다 해도 주님을 떠나지 않고 끝까지 주와 함께 가고 싶었던 사람입니다. 주를 향한 그의 사랑은 그렇게 뜨거웠고 간절했습니다. 그는 진심이었고 자신이 있었습니다. 그런데 그랬던 그가 그리스도의 십자가 앞에서 너무나 무기력하게 무너집니다. 자신의 능력과 열심과 주를 향한 뜨거움과 헌신과 자신감이 정작 주를 위해 발휘되어야 할 때는 아무런 힘도 발휘하지 못하고, 처참하게 무너지며 실패하는 것을 경험했습니다. 한두 번도 아니고 세 번이나 주님을 모른다고 부인하고 외면하며 저주했습니다.

주님의 양을 먹이고 치는 것은 자신의 능력과 지식과 열심에 대한 확신으로 달려드는 사역이 아니라, 처절한 실패감을 가지고 오직 은혜에 의지하여 감당해야 할 사명입니다. 그래서 주님은 베드로에게 당신의 양을 맡기시기 전에 그 실패의 현장을 상기시키십니다. 어떻게 그렇게 똑같은 상황의 연출과 정곡을 찌르는 질문을 통하여 목양의 사명을 위임하시는지 기가 막힙니다. 주님은 처음 그를 갈릴리 바다에서 불렀던 그 상황 그대로 찾아오십니다. 밤새도록 그물을 내려 고기를 잡았지만 한 마리도 못 잡고 빈손으로 돌아온 그 좌절의 새벽에 찾아오셔서 배 오른편에 그물을 던지라 하시고는 넘치도록 고기를 주십니다. 사람을 낚는 어부의 길은 자신의 경험과 능력과 지식이 아니라, 오직 주님의 말씀에 순종해서 가는 길임을 분명히 확인하도록 하시는 것입니다. 그 확인은 잡은 고기를 구워 주시는 데서 더 분명해집니다.

예수님은 베드로가 주님을 세 번 부인했던 그 새벽의 실패를 상기시키기 위해 숯불을 피우고 그 숯불 위에서 고기를 구워 주십니다. 그리고 물으십니다. "요한의 아들 시몬아, 네가 이 사람들보다 나를 더 사랑하느냐?" 베드로가 숯불 앞에서 주님을 세 번 부인했기 때문에 주님도 숯불 앞에서 세 번 물으십니다. 이런 의도적인 배경과 질문을 통해 주님께서 주시는 메시지가 무엇입니까? 그것은 바로 그리스도의 양을 위임받아 그들을 먹이고 치는 목양의 현장은 어떤 경우에도 자신을 신뢰하거나 의지해서는 안 된다는 것입니다.

타오르는 숯불 앞에서 세 번이나 나를 사랑하느냐고 물으시면서 내 양을 치라고 하시는 예수님의 의도를 보십시오. 이때 베드로의 심정이 어떠했을까요? "네가 나를 다른 사람들보다 사랑하느냐?" 이 질문에 바로 얼마 전에 했던 자신의 호언장담이 생각나지 않았겠습니까? "다른 사람은 다 주를 버린다 할지라도 결코 나는 주님을 버리지 않겠습니다." 그것은 그냥 호기 어린 장담이 아니라 베드로의 진심이었습니다. 그러나 우리의 진심과 뜨거움과 열심은 그렇게 신뢰할 만한 것이 못 됩니다. 그 진심을 가지고 베드로는 주님을 부인하고 외면했습니다. 저주하고 맹세하면서 도망갔습니다. 그것을 상기시키기 위해서 주님께서 물으십니다. "베드로야,

네가 정말 이 사람들보다 나를 더 사랑하느냐?" 17절을 보면 예수님이 세 번씩이나 물으셨을 때 베드로는 심히 마음이 아팠고 근심하였다고 했습니다.

> 세 번째 이르시되 요한의 아들 시몬아 네가 나를 사랑하느냐 하시니 주께서 세 번째 네가 나를 사랑하느냐 하시므로 베드로가 근심하여 이르되 주님 모든 것을 아시오매 내가 주님을 사랑하는 줄 을 주님께서 아시나이다 _요 21:17

지금 베드로가 주님을 사랑한다는 말은 진심이 아닌가요? 진심입니다. 그러나 처음의 호언장담과 달리 이번의 고백에는 자신감이 없습니다. 대신 부끄러움이 있습니다. 너무 부끄러워 얼굴을 들 수 없을 정도입니다. 그때 진심으로 고백했던 것처럼 지금도 진심으로 주를 사랑한다고 고백하고 있지만, 이번에는 자신감이 아니라 그 진심의 실체를 아는 부끄러움과 송구함으로 고백하고 있습니다.

그렇다면, 주님께서 맡기신 양을 치는 일이나 하나님의 일을 하는 데 필요한 것은 무엇이겠습니까? 주를 얼마나 뜨겁게 따를 것인가 하는 열심과 진심과 자신감이 아니라, 자기 자신에 대해 한없이 낮아진 마음으로 주님의 은총만 바라보는 가난하고 애통한 마음입니다. 은혜와 의에 주리고 목마른 마음입니다. 15절에 아주 재미있는 표현이 나옵니다.

그들이 조반 먹은 후에 예수께서 시몬 베드로에게 이르시되 요한의

아들 시몬아, 네가 이 사람들보다 나를 더 사랑하느냐 _요 21:15

"이 사람들보다"의 각주를 보면 '이것들보다'라고 되어 있습니다. 즉, "요한의 아들 시몬아, 네가 이것들보다 나를 더 사랑하느냐" 라는 뜻도 된다는 것입니다. 이것들은 조금 전에 베드로가 잡아 온 물고기입니다. 주님께서 잡게 해 준 물고기입니다. 말하자면 지금 베드로가 진심을 다하여 주님을 사랑한다고 말하고 있는데, 주님은 네가 이 고기들보다 나를 더 사랑하느냐고 묻고 있는 것입니다.

베드로가 주님을 사랑한다고 하는 그 사랑과 진심은 그가 물고기를 사랑하는 정도의 가치밖에 없다는 것입니다. 하나님의 양을 먹이고 주가 맡기신 양을 치는 것은, 내가 이런 진심과 열심과 뜨거움을 가졌으니 나를 믿고 따라오라고 하는 것이 아닙니다. 그것은 물고기 사랑의 가치밖에 없습니다. 오히려 이런 진심과 열심을 가진 내가 누구인가를 뼈저리게 아는 자로서 그리스도를 의지하고 그분만을 바라보는 마음과 자세로 양 무리들 앞에 서는 것이 목양입니다. 하나님의 나라는 내가 가진 그 무엇을 꺼내 놓는 식으로 이루어지는 나라가 아닙니다. 그 나라는 내 생각과 내 능력으로 증명되는 나라가 아닙니다. 하나님의 열심과 사랑과 능력과 지혜로 됩니다.

주님의 양을 먹이고 치는 것은 그것을 드러내는 것이며, 그 일에 자신을 드려 본을 보이는 것입니다. 베드로가 장로들에게 하나님의 양 무리를 칠 때 억지로 하지 말고 더러운 이득을 위해서 하지 말고 주장하는 자세를 갖지 말고 오직 본을 보이라고 말하는 권면에는 바로 이 원리와 자세와 태도가 담겨 있습니다. 실패한 자리에 찾아오신 주님을 통하여 베드로는 그리스도의 십자가가 어떻게 하나님의 사랑으로 자신을 다시 세우고 회복시켰는지를 경험했습니다. 그는 그리스도의 고난의 증인입니다. 그리스도의 고난이 자신을 만들었습니다. 실패하고 무너지고 좌절한 자신을 다시 사도와 장로와 목자로 세우고 회복시킨 것도 그리스도의 고난이었습니다. 그는 그리스도의 고난이 어떻게 자신에게 은혜로 다가와 자신을 만들었는지를 경험한 고난의 증인입니다. 그렇게 위임받은 하나님의 양들 앞에서 어떻게 억지로 이 일을 할 수 있겠습니까? 어떻게 더러운 이득을 위하여 할 수 있겠습니까? 어떻게 양 무리에게 주장하는 자세로 그들 앞에 설 수 있겠습니까?

주장한다는 것은, 자기가 본을 보이지는 못하면서 무엇이 답인지를 아는 자로만 자기 자리를 지켜 자기가 알고 있는 지식과 답으로 늘 다른 사람을 교정하거나 고치려고 하는 태도입니다. 여기에는 그리스도의 은혜가 들어갈 틈이 없습니다. 자신이 다 하려고 하고 할 수 있다고 생각합니다. 내가 그 사람을 바꿀 수 있다고 생각하고 바꾸어야 한다고 생각할 때, 우리는 요즘 아이들이 말하는 소위 꼰대가 되고 주장하는 자가 됩니다. 그러나 한 사람의 영혼과 인격의 변화는 내가 알고 있는 답과 지식을 전수하고 나의 열심과 진심과 능력을 다 동원해서 가르치고 강요한다고 되는 것이 아닙니다. 그것은 오직 하나님께 달려 있으며 하나님만이 하십니다.

교회의 목사와 장로와 어른은 그걸 아는 자들입니다. 알고 있기에 지식이라는 이름과 진리라는 명목으로 쉽게 다른 사람을 굴복시키거나 강요하거나 설득하려 들지 않습니다. 자신의 열심과 진심을 몰라 준다고 화를 내거나, 따라오지 않는다고 성질부리지 않습니다. 그것은 주장하는 것입니다. 어른답지 않은 것입니다. 어른은 답을 가지고 다른 사람을 교정하고 바꾸려 하기 전에 그 답을 자기 자신에게 먼저 적용하고 씨름하면서 하나님의 은혜를 구하는 자들입니다. 그리고 다른 사람에게는 주님께서 자신을 부인한 베드로를 물끄러미 바라보신 것처럼 그렇게 기다리며 하나님의 은혜의 개입을 소망합니다. 실패한 자신을 세우시고 일으켜 회복케 하하신 것처럼 다른 사람의 영혼도 그렇게 하실 하나님의 신실하심을 믿으며 받아들이고 그를 위해 기도하는 것입니다. 하나님의 양은 그렇게 먹이고 치는 것이며, 하나님의 일은 그렇게 하는 것이라고 말씀합니다. 이 권면의 말씀으로 우리 자신을 돌아보는 은혜가 있기를 바랍니다.

26 고난과 교회 ②
벧전 5:5-7

성도에게 교회는 굉장히 중요합니다. 종종 교회를 고단한 삶의 위로와 안식을 얻기 위한 영혼의 휴식처 정도로 생각하는 사람들이 있는데, 교회는 그런 옵션이나 선택 사항이 아닙니다. 그리스도인에게 교회는 삶의 일부가 아니라 전부입니다. 아이가 어머니를 통해 세상에 나오고 어머니를 통해 양육받듯이 성도는 교회를 통해 하나님의 자녀로 태어나고 교회를 통해 말씀의 양육과 보호를 받으며, 교회를 통해 믿음의 결국 곧 영혼의 구원인 보지 못하는 주님을 사랑하고 기뻐하는 자리로 자라 갑니다. 이 세상을 거룩한 나그네로 지나가는 순례의 방법을 배우는 곳도 교회이고, 고난 중에도 천국의 소망을 품고 같은 믿음의 권속들과 교제하고 사랑을 나누는 곳도 교회입니다. 그러니 교회가 얼마나 중요한지 모릅니다.

로마 가톨릭 교회 교황 제도를 옹호하기 위해 잘못 사용했던 말이기는 하지만, 정말 교회는 성도의 어머니입니다. 오죽했으면 아우구스티누스(Augustinus, 354~430)도 성도가 교회를 어머니로 여기지 못한다면 하나님도 그 사람의 아버지가 될 수 없다고 했겠습니까? 그만큼 소중한 것이 교회입니다. 그중에서도 교회의 직분자들, 특별히 말씀을 맡은 목사와 장로의 중요성은 이루 말할 수 없습니다. 교회의 타락은 직분의 타락으로 시작하며 직분의 타락은 목사의 타락으로부터 시작합니다. 회복도 마찬가지입니다. 목사가 회복되면 직분이 회복되고, 직분이 회복되면 교회가 회복됩니다. 그래서 베드로전서의 마지막 장인 5장은 이들에게 주어지는 권면으로 시작됩니다.

> 너희 중 장로들에게 권하노니 … 너희 중에 있는 하나님의 양 무리를 치되 억지로 하지 말고 하나님의 뜻을 따라 자원함으로 하며 더러운 이득을 위하여 하지 말고 기꺼이 하며 맡은 자들에게 주장하는 자세를 하지 말고 양 무리의 본이 되라 _벧전 5:1-3

베드로는 목사와 지도자들에게 주님께서 맡기신 양들을 먹이고 칠 때 억지로 하지 말고, 더러운 이득을 위해서 하지 말고, 주장하는 자세로 하지 말고, 양 무리의 본이 되면서 그 일을 감당하라고 합니다. 다른 사람을 가르치기 전에 먼저 자신이 주님의 양으로서 목자 되신 그리스도의 말씀의 인도를 잘 받고 잘 따라가는 자가 되라는 말씀입니다.

주님을 잘 따르는 자가 주님의 양을 주님께 잘 인도할 수 있습니다. 목사는 교인들의 목자이기 이전에 주님의 양입니다. 자기가 주님의 양임을 알면 같은 양들에게 주장하는 자세를 가질 수 없습니다. 양을 변화시키는 것은 같은 양이 아니라 참된 목자이신 예수 그리스도입니다. 목사는 하나님께서 맡겨 주신 양들을 목자이신 그리스도에게 잘 인도하기 위해 세워진 사람이지 자신의 능력과 지혜와 열심과 카리스마로 사람들을 자기 사람으로 만들어서 그들 앞에 군림하는 존재가 아닙니다.

목사는 다른 사람의 목자이기 이전에 주님 앞에서 여전히 미련 하며 여전히 연약한 양입니다. 아직도 주님의 인도하심, 참으심, 먹이심, 보호하심이 필요한 양입니다. 그런데도 주님의 양들을 맡 은 작은 목자가 되었습니다. 이것이 얼마나 위험하고 영광스러운 사역인지 안다면, 목사들은 이 일을 억지로 하거나 더러운 이득을 위해서 하거나 맡은 자들에게 주장하는 자세로 할 수 없습니다. 이 영광스러운 사명을 감당하려면 어떻게 하든지 하나님께서 맡겨 주 신 양들 앞에서 그 양들과 함께 주님을 바라보고, 은혜 안에서 애 쓰고 몸부림치며 주님을 따라가면서 할 수밖에 없습니다. 그것이 양 무리의 본이 되는 것입니다. 교회는 그렇게 지도자와 성도들이 함께 주님을 따라가는 공동체입니다. 베드로는 1-4절에서 목사와 지도자에 대한 권면을 한 뒤, 5절에서 성도들을 향한 권면을 이어 갑니다.

젊은 자들아 이와 같이 장로들에게 순종하고 다 서로 겸손으로 허리 를 동이라. 하나님은 교만한 자를 대적하시되 겸손한 자들에게는 은 혜를 주시느니라 _벧전 5:5

여기 젊은이는 장로들에 비해 나이가 적은 젊은 청년들을 포함해서, 목사와 장로의 지도 아래 있는 모든 성도를 지칭하는 말입니다. 이들에게 주어지는 권면은 딱 한 마디입니다. "순종하라!" 교회의 지도자가 자신이 맡은 자들에게 주장하는 자세를 갖지 않고 양 무리의 본이 되어야 한다면 젊은 자들과 교우들은 그런 어른에게 순종해야 한다는 말씀입니다.

　권위를 무시하고 자기 소견에 옳은 대로 행하는 특징은 요즘 세대만 그런 것이 아닙니다. 주전 800년 헤시오도스(Hesiodos) 라는 시인은 이렇게 한탄했습니다. "내가 소년이었을 때 어른들을 존경해야 한다고 배웠다. 그러나 요즘 젊은이들은 인내와 자제를 모른다. 그들은 버릇이 없고 권위를 비웃으며 어른들을 존경하지 않는다. 나중에 자라서 이들이 어떤 인간이 될까?"

　청년들만 해당되는 것이 아닙니다. 우리가 누군가에게 순종하려면 무엇이 필요할까요? 겸손입니다. 특별히 교회 공동체는 한두 사람만 겸손한 것이 아니라 모두 겸손해야 합니다. 교우들만 겸손한 것이 아니라 지도자도 겸손해야 합니다. 다 서로 겸손으로 허리를 동여야 합니다. 한쪽만 겸손해서는 안 됩니다. 지도자도 겸손해야 하며 교우들도 겸손해야 합니다. 서로 겸손해야 합니다. 지도자가 겸손해야 맡은 자들에게 주장하는 자세를 취하지 않고 본이 될 수 있으며, 교우들도 겸손해야 그런 지도자의 가치를 알고 기꺼이 그의 지도에 순종할 수 있습니다.

　"서로 겸손으로 허리를 동이라"(5절)고 했는데, 허리를 동이는 것이 무엇입니까? 두 가지의 해석이 있습니다. 하나는, 당시의 노예들은 자유인과 구별하기 위해 옷에 하얀 앞치마나 스카프를 달았는데 그것이 허리를 동인다는 뜻이라고 해석하는 학자들이 있습니다. 노예들이 허리를 동여 자연인과 자신을 구별시켰듯이 그리스도인은 겸손으로 자신을 세상과 구별시켜야 한다는 것입니다. 또 하나는 힘을 쓰기 위해 허리를 바짝 졸라매는 것이 허리를 동이는 것이라는 해석이 있습니다. 당시의 옷은 현대의 원피스처럼 옷자락이 길고 헐렁하여 아래로 축 늘어져서 일을 하거나 활동할 때 제대로 힘을 쓸 수가 없는 옷이었습니다. 이런 불편을 줄이기 위해 말린 가죽을 벨트로 만들어 허리를 동여매었다는 것입니다. 왜 허리를 동입니까? 거추장스러운 것을 묶어 제대로 힘을 쓰기 위해서입니다. 그렇다면 언제 교회의 힘이 발휘된다는 의미입니까? 겸손할 때입니다. 교회의 힘은 겸손에 있습니다. 교회의 힘은 사이즈가 아닙니다. 교회의 힘은 학벌이나 재력이 아닙니다. 교회의 힘은 겸손으로 자신을 세상과 구별시킬 때입니다. 겸손한 목회자가 구별된 목회자로 힘이 있습니다. 겸손한 교우가 힘이 있습니다. 겸손한 교회가 힘 있는 교회입니다.

왜 그렇습니까? 하나님의 은혜가 그 위에 머물러 있기 때문입니다. 5절 후반부에서 베드로는 잠언 3장 34절의 말씀을 인용하여, 하나님께서 교만한 자를 대적하시되 겸손한 자들에게는 은혜를 주시므로 서로 겸손으로 허리를 동이라고 말하고 있습니다. 흥미로운 것은 베드로가 인용한 잠언 3장 34절은 하나님께서 교만한 자를 낮추시고 겸손한 자를 높이신다는 말씀인데, 이것을 높이신다고 하지 않고 은혜를 베푸신다고 바꾸어서 인용한 점입니다. 자칫 겸손하면 자동적으로 높아진다는 생각을 가질 수 있기 때문에 그것을 예방하기 위해 그렇게 한 것입니다. 내가 나를 겸손히 낮추면 하나님이 그런 나를 높이셔야 하는 의무가 있는 것이 아닙니다. 높이시고 낮추는 주권은 철저히 하나님께 있습니다.

이처럼 겸손한 자를 높이는 것이 하나님의 주권이라면 우리는 아예 높아지는 기대를 접어야 할까요? 그렇지 않습니다. 베드로는 성도의 높아짐을 종말의 때로 미루어놓고 계속 겸손을 강조합니다.

그러므로 하나님의 능하신 손 아래에서 겸손하라. 때가 되면 너희를 높이시리라 _벧전 5:6

때가 되면 높이십니다. '때가 되면'이란 일차적으로 종말의 때입니다. 4절에서 지도자를 향하여 예수 그리스도께서 목자장으로 나타나실 때, 겸손하게 목자의 사명을 감당했던 자들에게 영광의 관을 주신다고 한 그때입니다. 그때 아버지 하나님은 고난 중에도 하나님의 능하신 손을 신뢰하면서 교회를 통해 주신 말씀 앞에서, 자신의 위치와 믿음을 지키며 순종한 사람들을 그리스도를 높이신 것처럼 높이실 것입니다. 그때 하나님은 그들을 그리스도와 함께 새 하늘과 새 땅에서 영원히 왕 노릇 하게 하실 것입니다. 이처럼 성도는 종말의 영광을 소망으로 바라보는 사람입니다. 성도는 고난 중에도 때가 되면 하나님께서 높이실 것이라는 그 영광의 소망을 오늘 나의 현실로 끌고 와서 믿음으로 자기 자리를 지키며 살아가는 사람들입니다. 그것이 능하신 하나님의 손 아래에서 겸손한 것입니다.

겸손이 무엇입니까? 겸손은 예의 차원의 겸양이 아닙니다. 성경이 말하는 겸손은 자기를 바르게 인식해서 하나님 앞에서 자기 자리를 지키는 위치에 관한 것입니다. 내가 죄와 정욕보다 약한 존재이며 하나님의 도우심 없이는 한순간도 제대로 살 수 없다는 것을 알고, 그런 자기를 하나님 앞에서 바르게 두는 것입니다. 자신의 한계를 알고 하나님의 하나님 되심을 아는 자가 지키는 자기 위치, 그 바른 위치를 지킴이 겸손입니다.

성도의 바른 위치가 어디입니까? 하나님 앞입니다. 하나님은 보이지 않습니다. 보이지 않는 하나님 앞에 어떻게 자신을 둡니까? 보이는 말씀 앞에 자기를 두면 됩니다. 자기 삶을 하나님의 말씀 앞에, 혹은 말씀 아래에 두는 것이 성도의 겸손입니다. 하나님의 말씀을 내 삶의 근거로 삼고 그 말씀에 구체적으로 영향을 받는 것입니다. 그렇게 하나님의 말씀 앞에 자기를 바르게 두는 자가 겸손한 목사요 겸손한 성도입니다. 하나님의 말씀 앞에 자신을 바르게 두는 지도자는 자기가 다른 사람을 변화시키거나 교정할 수 없는 존재임을 알고, 교인들을 주장하려고 하지 않고 먼저 자신이 그리스도의 말씀에 이끌려 살아가는 양으로서 양 무리의 본이 됩니다. 하나님 앞에 자신을 바르게 두는 성도들은 그런 지도자의 가르침을 하나님의 말씀으로 받아들여 기꺼이 순종하면서 함께 그리스도를 따라갑니다. 그것이 서로 겸손으로 허리를 동이는 것입니다.

이렇게 하나님 앞에 자기 위치를 지키는 겸손이 너무나 중요하기 때문에, 사탄은 성도의 겸손을 무너뜨리기 위해 수단과 방법을 가리지 않습니다. 그중에 하나가 염려하게 하는 것입니다.

너희 염려를 다 주께 맡기라 이는 그가 너희를 돌보심이라 _벧전 5:7

왜 갑자기 염려를 말합니까? 8절에 마귀가 우는 사자처럼 두루 다니며 삼킬 자를 찾는다고 했기 때문입니다. 대적 마귀가 어떻게 믿는 자를 삼킵니까? 염려를 통해서입니다. 염려는 내가 감당할 수 없다고 생각하는 문제가 나타날 때 일어나는 내 속의 불안과 두려움입니다. 이것은 근본적으로 하나님의 능하신 손을 의심할 때 일어나는 감정의 반응으로 성도의 자기 위치를 이탈하게 하는 무서운 사탄의 공격과 유혹입니다. 그래서 성도는 염려가 찾아올 때 가만히 있으면 안 됩니다. 이것이 사탄의 공격인 줄 알고 믿음을 구해야 합니다. 사람은 자기 인생을 책임지거나 자기 미래를 결정지을 수 있는 존재가 아닙니다. 하나님의 능하신 손 아래 내 인생이 있다는 것을 믿고 신뢰하는 겸손의 자리로 자신을 몰아가야 합니다.

살다 보면 돈에 대한 걱정이 생길 때가 있습니다. 건강에 대한 걱정이 생길 때가 있습니다. 자식에 대한 걱정이 생길 때가 있습니다. 이렇게 내일에 대한 걱정이 밀려올 때, 미래에 대한 불안이 찾아올 때, 그래서 무엇을 먹을까 무엇을 입을까 무엇을 마실까 염려하는 마음이 생길 때 생각해야 합니다. 내일은 우리의 몫이 아닙니다. 하나님의 몫입니다. 하나님의 몫을 내가 가지고 와서 염려하는 것은 심각한 교만입니다. 마귀가 그렇게 하도록 우리의 마음을 공격하는 것입니다. 내일 일을 내가 염려한다고 해서 내가 바꿀 수 있는 것이 아닙니다. 그것은 철저하게 하나님의 몫입니다.

우리의 몫은 무엇입니까? 내일 무엇을 먹을까 무엇을 마실까 무엇을 입을까 염려하는 것이 아니라, 오늘 그리스도를 믿고 그분을 사랑하여 그분의 기쁘신 뜻대로 사는 것입니다. 하나님은 들에 핀 백합화도 입히시고 공중에 나는 새들도 먹이시는 분입니다. 피조물에게도 그렇게 하시는 선하신 분이 우리 하나님입니다. 하물며 그의 자녀 된 성도들을 굶기고 벌거벗게 하며 주리게 하시겠습니까? 그렇지 않습니다. 당연히 나의 필요를 공급하시고 채우십니다. 염려가 몰려와도 주님을 믿고 신뢰하여, 주님께 맡겨야 합니다. 열심히 살고 최선을 다해 하나님을 사랑하고 이웃을 사랑하면서 살면, 나는 나의 몫을 다한 것이요 나머지는 하나님의 몫입니다. 그것이 하나님의 주권을 인정하여 그분의 다스림 안에 나를 두는 겸손입니다. 내가 해야 할 일을 하나님께 맡겨도 안 되지만 하나님의 일을 내가 하려고 해서도 안 됩니다. 이 두 가지를 뒤섞는 것이 교만이고 불신앙입니다.

"염려를 다 주께 맡기라"(7절)고 했는데 여기서 '맡긴다'는 단어는 던져 버리라는 뜻입니다. 그러니, 혹시 염려가 있다면 그 염려를 다 하나님께 던져 버리십시오. 하나님은 우리의 짐을 짊어지기를 기뻐하십니다. 하나님께 우리의 짐을 던져 버리는 것을 미안해할 필요가 없습니다. 오히려 그 짐을 하나님께 던지지 않고 자기가 끌어안고서 끙끙거리며 염려하는 것을 하나님은 싫어하십니다. 염려는 주께 다 맡겨 던져 버리고 주께서 분부하신 일, 주를 사랑하고 교회를 사랑하고 이웃을 사랑하는 일에 최선을 다하기를 바랍니다. 그것이 바른 지도자와 바른 성도의 마땅한 겸손입니다. 그것이 고난 중에서도 하나님을 신뢰하는 겸손한 교회 공동체의 모습입니다.

27 감사의 방해인 염려를 극복하려면

벧전 5:7-11

베드로는 5장에 들어와서 교회의 중요성을 이야기하면서, 지도자와 성도들에게 권면하고 있습니다. 지도자인 목사와 장로는 하나님의 양 무리에게 주장하는 자세를 취하지 말고 본이 되라고 말입니다. 또한 성도들에게는 그런 지도자와 그들의 가르침에 순종하라고 했습니다. 그것을 위해 필요한 것이 무엇이겠습니까? 겸손입니다. 교회는 목사와 교인들이 함께 겸손으로 허리를 동여서 목자장 되신 예수 그리스도의 말씀의 인도를 받아 부르심의 소망을 향하여 나그네와 행인같이 순례의 길을 가는 공동체입니다.

이 순례의 길에 가장 중요한 것이 겸손인데, 성경이 말하는 겸손은 겸양이 아니라 하나님 앞에서 자기 자리를 지키는 것을 의미합니다. 내가 죄와 정욕보다 약한 존재이며 하나님의 도우심 없이는 한순간도 제대로 살 수 없다는 것을 알고 그런 자기를 하나님 앞에서 바르게 두는 것, 자신의 한계와 하나님의 하나님 되심을 아는 자가 하나님 앞에서 자기 자리를 바르게 지키는 것이 겸손입니다.

반대로 그 자리를 이탈하는 것이 교만입니다. 겸손이 너무나 중요하기 때문에 베드로는 하나님께서 교만한 자들은 대적하시고 겸손한 자들에게 은혜를 주신다는 잠언 3장 34절의 말씀을 인용하면서 겸손을 강조했습니다.

그러다가 갑자기 7절에 염려를 맡기라는 말이 나옵니다. 생뚱맞게 왜 염려를 맡기라, 염려하지 말라는 말이 나옵니까? 그리스도인으로 하여금 겸손의 자리를 떠나 교만의 자리로 가게 하는 가장 큰 원인이 바로 '염려'이기 때문입니다. 염려는 인생의 바른 위치를 이탈하게 하는 가장 강력한 사탄의 공격입니다.

> 근신하라 깨어라. 너희 대적 마귀가 우는 사자같이 두루 다니며 삼킬
> 자를 찾나니 _벧전 5:8

7절과 8절을 연결해 보면, 사탄이 으르렁거리면서 삼킬 자를 찾고 있는데 염려를 일으켜서 그렇게 한다는 것을 알 수 있습니다. 사탄은 어떤 문제를 끊임없이 걱정하고 염려하게 만들어 하나님의 능하신 손을 의심하는 자리로 몰고 갑니다. 대부분의 염려는 내일 일에 관한 것인데, 내일은 나의 소관이 아니라 철저하게 하나님의 소관입니다. 그러므로 염려는 내일이라는 하나님의 영역을 나의 영역으로 빼앗아 오는 권리 침범인 동시에 성도의 자리를 이탈하여 하나님의 자리로 가는 교만입니다.

이 교만을 통하여 사탄이 노리는 것은 무엇입니까? 자신이 원하는 대로 염려하는 문제가 풀리지 않을 때 하나님과 사람을 원망하

고 불평하게 만드는 것입니다. 또 원하는 대로 문제가 풀릴 때는, 자신이 얼마든지 문제를 해결할 수 있는 존재인 것처럼 교만하게 만드는 것입니다. 매우 무서운 작전입니다.

일단 염려가 들어오면 감사하기 어렵습니다. '염려하다'에 해당하는 영어 단어 'worry'는 물어뜯는다는 의미가 있습니다. 사탄은 염려를 통해 성도에게 늘 있어야 하는 감사하는 마음을 물어뜯어서 자신과 가족과 다른 사람과 하나님을 원망하고 불평하게 만듭니다. 교만하게 만듭니다. 그러므로 염려가 찾아오면 나의 감사와 겸손을 물어뜯기 위한 사탄의 공격인 줄 알고 단호하게 대처해야 합니다.

> 너희는 믿음을 굳건하게 하여 그를 대적하라. 이는 세상에 있는 너희 형제들도 동일한 고난을 당하는 줄을 앎이라 _벧전 5:9

믿음을 굳건하게 하라고 합니다. 염려를 통해 우리를 물어뜯으려고 하는 마귀를 믿음으로 대적해야 합니다. 믿음으로 마귀를 대적하는 것이 무엇입니까? 7절 말씀처럼 염려를 다 주께 맡기는 것입니다. 하나님께서 나를 돌보신다는 믿음을 가지고 염려하는 문제를 하나님께 맡기고 던져 버리는 것입니다. 살다 보면 문득문득 먹는 문제, 마시는 문제, 입는 문제로 걱정하는 마음이 들 때가 있습니다. 그때 그 걱정과 염려를 끌어안으면 안 됩니다. 그것은 정상이 아니라 우리의 연약함을 틈타 사탄이 걱정과 염려를 심어 삼키려고 하는 것입니다. 성도는 내가 내 인생을 책임지거나 나의 미래를 결정지을 수 있는 존재가 아님을 아는 사람들입니다. 성도는 어떤 형편과 어떤 상황에서도 하나님의 능하신 손 아래 있는 것을 믿고 신뢰하는 자들입니다. 사탄은 염려를 통해 그 믿음을 흔들면서 우리로 하여금 믿음의 자리를 벗어나고 이탈하게 하여, 감사와 찬송이 아닌 염려와 걱정을 하게 하면서 불평과 원망을 하는 인생이 되게 합니다.

오늘 염려하는 것이 있습니까? 염려가 감사를 방해하는 사탄의 공격임을 알고 있어도 고난이 길어지면 대적하기가 쉽지 않습니다. 사탄은 그것을 압니다. 그래서 고난받는 자들을 집중 공격합니다. "평생 이렇게 고난 당하면 어떻게 할래? 네 인생 이렇게 끝낼래? 예수 믿고 이렇게 사는 것이 억울하지 않니?" 이런 생각을 심어 줍니다. 그럴 때일수록 성도는 성경의 가르침을 되새기면서 믿음으로 반응해야 합니다. "이렇게 사는 것이 뭐 어때서? 예수 믿고 어려운 것이 뭐 어때서? 나만 이렇게 사는 것이 아니라 수많은 믿음의 지체들도 이렇게 고난 중에도 믿음으로 사는데 뭐가 억울해. 내 인생은 내가 정한 곳으로 가지 않고 하나님이 부르신 방향과 목적대로 가며 지금 잘 가고 있는데, 내 인생을 책임지지도 않고 돌보지도 않을 네가 왜 야단이냐? 물러가라 사탄아!"

성도는 내가 정한 영광을 성취하기 위해 하나님의 도움이 필요한 사람이 아닙니다. 하나님께서 정하신 영광의 자리로 은혜 가운데 이끌림 받는 사람들입니다. 고난이 길어져서 마음이 약해질 때, 그래서 그 약한 틈을 타서 염려가 들어올 때 내가 믿는 하나님이 어떤 분인지를 기억하면서 하나님을 향한 믿음을 더욱 굳건하게 가져야 합니다.

> 모든 은혜의 하나님 곧 그리스도 안에서 너희를 부르사 자기의 영원한 영광에 들어가게 하신 이가 잠깐 고난을 당한 너희를 친히 온전하게 하시며 굳건하게 하시며 강하게 하시며 터를 견고하게 하시리라 _ 벧전 5:10

하나님이 어떤 분이시라고요? 사도는 모든 은혜의 하나님께서 우리를 부르셨다고 말합니다. 왜 부르셨습니까? 삼위 하나님의 영원한 영광에 들어가게 하기 위해서입니다. 그리스도와 함께 영원히 그 영광을 누리는 자리에 가도록 모든 은혜의 하나님께서 우리를 부르셨습니다. 썩고 더럽고 쇠하여질 영광을 구하는 우리를 죄와 사망 가운데 불러서 썩지 않고 더럽지 않고 쇠하지 않는 하늘의 기업을 주셨고 그 영광을 상속으로 받기 위하여 지금도 우리를 모든 은혜로 보호하고 계십니다. 한두 가지 은혜가 아닙니다. 모든 은혜로 우리를 인도하고 가르치며 함께하고 계십니다. 이 은혜가 겸손한 자에게 부어지는데, 사탄이 그것을 압니다. 그래서 어떻게 하든지 우리를 겸손의 자리에서 교만의 자리로 이탈하게 만들기 위해 두루 돌아다니며 삼킬 자를 찾고 있습니다. 염려와 걱정을 하게 만듭니다. 고난을 이상하게 여기도록 만들고, 고난을 염려의 씨앗으로 만들어 감사와 찬송 대신 불평과 원망을 폭발하도록 부추깁니다.

그러므로 염려하고 원망하는 마음이 들 때 이 말씀을 붙들어야 합니다. 성도의 고난은 잠깐입니다. 그러나 그 고난을 통해 받을 영광은 영원합니다. 성도에게 고난은 의미 없는 고통이 아닙니다. 재수가 없어서 당하는 실수가 아닙니다. 성도의 고난은 모든 은혜의 하나님께서 우리를 보호하시는 섭리의 손길입니다. 하나님은 우리를 삼위 하나님의 영원한 영광에 들어가게 하시려고, 모든 은혜를 동원하여 고난 중에 있는 그의 백성들을 친히 온전하게 하시고 굳건하게 하시며, 강하게 하시고 터를 견고하게 하신다고 했습니다. 이 약속대로 고난을 통과하면서 우리는 온전해집니다. 굳건해지고 강해지며, 터가 견고해집니다. 모든 은혜로 그렇게 하실 것입니다. 그것을 안다면 고난 중에 염려할 것이 아니라 어떻게 해야 합니까?

권능이 세세무궁하도록 그에게 있을지어다. 아멘 _벧전 5:11

우리가 해야 할 것은 고난 중에도 감사와 찬송과 영광을 돌리는 것입니다. "권능이 세세무궁하도록 그에게 있을지어다." 이 감사를 염려로 빼앗기지 않기를 바랍니다. 이 감사를 걱정으로 잃어버리지 않기를 바랍니다. 하나님은 능히 우리를 영원한 영광에 들어가게 하시는 권능의 하나님입니다. 하나님께서 모든 은혜로 우리를 붙들고 계시며, 친히 온전하게 하시며, 굳건하게 하시며, 강하게 하시며, 터를 견고하게 하실 것이라고 약속하셨습니다. 이 약속을 믿읍시다.

28 베드로전서의 결론: 이것이 하나님의 참된 은혜
벧전 5:12-14

베드로전서는 소아시아 지역에 흩어져서 고난받고 있는 성도들을 붙들어 주기 위해 베드로가 실루아노를 통해 쓴 편지입니다. 이 편지의 마지막 부분은 '하나님의 참된 은혜'라는 중요한 주제로 끝이 납니다.

> 내가 신실한 형제로 아는 실루아노로 말미암아 너희에게 간단히 써서 권하고 이것이 하나님의 참된 은혜임을 증언하노니 너희는 이 은혜에 굳게 서라 _벧전 5:12

하나님의 참된 은혜, 너무나 중요한 주제입니다. 참된 은혜라 했으니 거짓된 은혜도 있다는 말입니다. "이것이 하나님의 참된 은혜임을 증언하노니"라고 했는데 '이것'이 무엇입니까? 바로 앞의 10절 말씀입니다.

> 모든 은혜의 하나님, 곧 그리스도 안에서 너희를 부르사 자기의 영원한 영광에 들어가게 하신 이가 잠깐 고난을 당한 너희를 친히 온전하

게 하시며 굳건하게 하시며 강하게 하시며 터를 견고하게 하시리라 _

벧전 5:10

모든 은혜의 하나님께서 고난을 적극적으로 사용하셔서 친히 성도들을 온전하게 하시고 굳건하게 하시며, 강하게 하시고 터를 견고하게 하셔서 마침내 당신의 영원한 영광으로 들어가게 하십니다. 참된 하나님의 은혜란, 하나님의 백성들을 영원한 영광으로 들어가게 하는 하나님의 모든 지혜와 수단입니다. 그중에 하나가 고난입니다. 이것은 편지 내내 했던 베드로의 권면이기도 합니다.

베드로는 고난받는 형제들을 위해 그들이 받는 고난의 의미를 설명하면서 처음부터 고난이 이상한 것이 아니고 하나님께서 성도들을 인도하고 보호하는 '은혜의 수단'이라고 말해 왔습니다. 1장 5-6절은 말세에 나타내기로 예비하신 구원을 보호하는 하나님의 '능력의 손길'이 고난이라고 했습니다. 7-9절은 이 고난이 성도의 믿음을 금보다 더 귀하게 '연단'하여 믿음의 결국, 곧 영혼의 구원인 보지 못하는 주님을 사랑하되 말할 수 없는 영광스러운 즐거움으로 기뻐하는 자리로 이끌어 간다고 했습니다. 1장 10-25절에서는 이렇게 고난을 통해서 이루어지는 구원이 천사들도 살펴보기를 원하는 놀라운 '하나님의 지혜'이니 마음의 허리를 동이고 더욱 거룩한 삶을 힘쓰라고 했습니다.

2장과 3장에서도 베드로는 성도들이 믿음 때문에 받는 고난은 의로운 고난이며 선한 고난이고 하나님 앞에서 아름다운 고난이며, 너희들은 이 고난을 위해 부름 받았다고 말해 왔습니다(2:19-21; 3:17). 뿐만 아니라 4장에서는 성도들에게 허락된 고난이 죄를 그치게 하고 육체의 남은 때를 사람의 정욕이 아닌 하나님의 뜻을 따라 살게 하는 '교정의 역할'을 한다고 했습니다. 5장에 오면 베드로는 자신을 그리스도의 고난의 증인으로 소개하면서(5:1) 그도 그토록 이해하지 못했던 그리스도의 고난이 사실은 모든 불의한 자들을 대신하여 하나님께로 인도하는 '은혜의 길'이었으며 '영광의 길'이었음을 증언했습니다.

그러니 비록 힘들기는 해도 고난이 어찌 은혜가 아니겠습니까? 고난은 자신만 사랑하고 세상을 사랑하는 우리를 하나님을 사랑하고 이웃을 사랑하는 믿음의 자리로 이동시키고, 하나님의 능하신 손 아래 자신을 맡겨 하나님의 뜻을 행하는 겸손한 인생으로 변화시키는 은총의 수단입니다.

언제부터인가 고난을 부정적인 의미로만 생각하는 경향이 생겼는데 좋은 현상은 아닙니다. 그것은 예수를 믿으면 생존 경쟁에서 이기고 남들보다 많이 가지게 되고 다른 사람보다 더 잘된다는 거짓 복음이 전해지면서부터 나타난 것입니다. 복이라는 이름 아래 성도를 점점 더 세속적이게 하고 욕심 충만한 사람이 되게 하는 것은 참된 은혜가 아니라 거짓된 은혜에 불과합니다. 베드로는 고난을 부정적인 의미로 설명하지 않았습니다. 구원의 완성에 이르는 필수적인 하나님의 간섭이니 이상하게 여기지 말라고 했습니다. 심지어 고난이 주는 유익을 생각하면서 기뻐하라고 했습니다. 이렇게 편지 내내 고난이 은혜라고 말해 왔던 베드로가 편지를 마치면서 너희들이 받는 믿음의 고난은 그냥 은혜가 아니라 하나님의 참된 은혜의 수단이니 그 은혜 위에 굳게 서 있으라고 하며 다시 그들을 붙들어 줍니다.

참된 신앙의 대부분을 구성하는 것은 경건한 열망입니다. 경건한 열망은 하나님을 사랑하고 이웃을 사랑하고 싶은 마음의 강렬한 욕구입니다. 우리의 타락한 본성에서 이런 열망은 나오지 않습니다. 성령 하나님께서 거듭난 성도들에게 주시는 거룩한 열망이 경건한 열망입니다. 교회 안에 있어도 끝없이 자기만 추구하고 자기를 사랑하는 사람은 아직 성령으로 말미암아 거듭나지 못한 종교인입니다. 우리 중에는 거듭나고 나서도 이 열망의 이끌림대로 살지 않고 육체의 소욕을 따라 자기를 위해 쟁투하는 어린 그리스도인들도 있습니다. 어찌 보면 대부분의 교우들이 이 경건한 열망을 가지고 살지 않는 것 같습니다.

이런 우리를 하나님 사랑과 이웃 사랑이라는 경건한 열망을 갖고 살게 하는 것이 무엇입니까? 크고 작은 고난입니다. 우리 안에 하나님을 향한 갈망을 만들어 내는 것은 성령의 생수인데 이것은 사람이 만들거나 제공하지 못합니다. 오직 하나님만이 하십니다. 그런데 생수가 언제 생수로 여겨집니까? 갈증이 날 때입니다. 타는 듯한 목마름 가운데 생수의 가치가 드러나며 생수의 생수 됨이 확인됩니다. 그렇듯 성령의 생수도 언제 생수로 여겨질까요? 영혼의 갈증이 느껴질 때입니다. 언제 영혼의 갈증이 느껴질까요? 대부분 고난 중에 있을 때입니다. 우리는 고난받으면서 비로소 내 영혼 깊숙이 이 세상 영광의 헛됨과 허무함을 절감하며 하나님을 더 알고 그 사랑 안에 깊이 들어가서 그와 함께 먹고 그와 함께 마시며 그와 더불어 사는 영생의 삶에 대해 마음을 열게 됩니다.

고난을 통과하면서 우리는 성령의 생수를 마시고 자기 자신만을 추구하던 인생에서 다른 사람과 세상과 하나님을 향해 나아가는 참된 인생의 발걸음을 내딛게 됩니다. 고난에도 불구하고 하나님께서 일하신다가 아니라, 하나님은 즐겨 고난으로 일하십니다. 고난은 부정적이지 않습니다. 우리가 미워서 고난을 허락하시는 것이 아닙니다. 오히려 사랑하시기 때문에 고난을 주십니다. 고난은 우리를 영광으로 들어가게 하는 문입니다. 하나님이 고난으로 어떻게 일하시는지 보십시오.

> 우리가 항상 예수의 죽음을 몸에 짊어짐은 예수의 생명이 또한 우리 몸에 나타나게 하려 함이라. 우리 살아 있는 자가 항상 예수를 위하여 죽음에 넘겨짐은 예수의 생명이 또한 우리 죽을 육체에 나타나게 하려 함이라. 그런즉 사망은 우리 안에서 역사하고 생명은 너희 안에서 역사하느니라 _고후 4:10-12

성도란 이런 사람들입니다. 예수의 생명이 우리 몸에 나타나는 사람들, 그것을 위해 항상 예수의 죽음을 몸에 짊어지고 사는 사람들, 살아 있는 동안에 항상 예수를 위하여 죽음에 넘겨지는 사람들, 그렇게 해서 예수의 생명이 우리 몸에 나타나는 사람들, 내가 사는 것이 아니요 내 안에 그리스도가 사는 것이 드러나는 사람들, 세상으로 하여금 내 능력, 내 지혜, 내가 가진 무엇이 아닌 보이지 않는 하나님의 생명이 나를 붙들고 있으며 주관하고 있다는 것을 분명하게 보이는 사람들, 그 사람들이 성도입니다.

'항상'이라고 했습니다. 항상 예수를 위하여 죽음에 넘겨진다고 합니다. 항상 예수의 죽음을 몸에 짊어진다고 했습니다. 어쩌다가 가 아닙니다. 우리의 존재 자체가 항상 예수의 죽음을 짊어지고 예수를 위하여 죽음에 넘겨진다는 생각과 자세를 갖고 살게 만드는 것, 우리의 중심과 사고와 의식과 삶의 방식을 그렇게 바뀌도록 하는 것이 바로 고난입니다. 고난을 통과하면서도 이런 삶의 변화가 일어나지 않는다면 그 고난은 참된 은혜가 아니라 빨리 헤쳐 나와야 할 재앙에 불과할 것입니다. 아무 의미가 없습니다. 그러나 고난이 우리를 이런 사람으로 만들어 간다면 고난이야말로 하나님의 참된 은혜입니다.

그리스도인은 고난을 추구하는 사람은 아니지만 고난을 피하는 사람도 아닙니다. 왜냐하면 더 이상 성도들에게 죄의 형벌이나 심판으로서의 고난은 없기 때문입니다. 예수님께서 우리의 죄를 대신해서 모든 형벌과 저주와 진노를 십자가에서 다 담당하셨습니다. 그분이 다 이루었다고 했습니다. 우리가 우리의 죄로 받아야 할 모든 대가를 다 지불하고 대속을 이루셨습니다. 다 이루셨습니다. 우리 주님이 다 이루셨기 때문에 하나님의 자녀들이 죄의 형벌로써 받아야 할 고난과 죽음은 없습니다. 설령 우리가 잘못해서 받는 고난이라 할지라도 그것은 이제 우리를 거룩하게 길러가는 하나님의 영광스러운 도구이며 참된 은혜의 수단일 뿐입니다.

베드로전서를 마치면서 고난을 통해 우리를 영원한 영광으로 인도하시는 하나님의 참된 은혜에 감사하며, 평강 가운데서 이 은혜에 굳게 서기를 바랍니다.

베드로 **후 서**

2Peter

01 베드로후서를 시작하면서

벧후 1:1-2

주후 64년경 베드로는 고난 중에 있는 본도, 갈라디아, 갑바도기아, 아시아와 비두니아의 성도들을 위로하기 위해 편지를 씁니다. 편지를 통해 사도는 고난을 사용하셔서 성도를 믿음의 결국, 곧 영혼의 구원을 얻는 자리로 이끌어 가시는 하나님의 은혜를 기억하고, 그 참된 은혜 위에 굳게 서 있으라고 당부했습니다. 그런데 얼마 지나지 않아 사도는 그들에게 다시 편지를 써야 할 필요성을 느낍니다. 간곡한 당부가 있었음에도 이들이 믿음의 동요를 보이고 있다는 소식을 들었기 때문입니다. 베드로가 이 소식을 들었을 때는 자신의 죽음을 예감하고 있었던 때입니다.

> 그러므로 너희가 이것을 알고 이미 있는 진리에 서 있으나 내가 항상
> 너희에게 생각나게 하려 하노라. 내가 이 장막에 있을 동안에 너희를
> 일깨워 생각나게 함이 옳은 줄로 여기노니 이는 우리 주 예수 그리스
> 도께서 내게 지시하신 것 같이 나도 나의 장막을 벗어날 것이 임박한
> 줄을 앎이라. 내가 힘써 너희로 하여금 내가 떠난 후에라도 어느 때

나 이런 것을 생각나게 하려 하노라 _벧후 1:12-15

주께서 자신을 불러 가시기 전, 아직 생명의 불꽃이 남아 있을 동안에 믿음이 흔들리고 있는 이들을 일깨워 다시 진리 위에 세워야 된다는 일념으로 두 번째 편지를 쓰고 있는 베드로를 상상해 보십시오. 사실 사도가 그들에게 전하고자 하는 진리는 새로운 진리나 새로운 지식이 아니라 이미 그들이 들어서 알고 있는 진리입니다.

교회는 복음의 진리를 늘 다시 전하고 가르치고 배우는 일을 번거롭게 여기지 말아야 합니다. 왜냐하면 이 진리를 흔드는 원수의 공격이 늘 교회 안에서 일어나기 때문입니다. 교회의 역사와 오늘 우리의 현실이 그것을 증언해 주고 있지 않습니까? 요즘처럼 이단적인 사상이 교회를 미혹하고 있는 것을 저는 제 인생에서 본 적이 없습니다.

왜 이들의 믿음이 흔들리고 있을까요? 거짓 교사들 때문입니다. 2장 전체가 거짓 교사들에 관한 경고인데 이들이 누구인지는 나중에 자세히 다루기로 하고, 우선 2장 1절을 보겠습니다.

그러나 백성 가운데 또한 거짓 선지자들이 일어났었나니 이와 같이 너희 중에도 거짓 선생들이 있으리라. 그들은 멸망하게 할 이단을 가만히 끌어들여 자기들을 사신 주를 부인하고 임박한 멸망을 스스로 취하는 자들이라 _벧후 2:1

이들은 주를 부인하는 자들입니다. 그런데도 선생 노릇을 하고 있습니다. 2절에는 호색한다고 했고, 3절에는 탐심으로 지어낸 말로 성도들을 미혹했다고 했습니다. 12-14절에는 이성 없는 짐승같이 낮에 즐기고 노는 것을 기쁘게 여기는 자들로 음심이 가득한 눈을 가지고 범죄하기를 그치지 않는 자들이라고 했습니다. 3장 2절은 그리스도의 재림을 부인하고 조롱한다고 했습니다. 한 마디로 이들은 예수 그리스도의 재림을 부인하면서 현세를 마음껏 즐기며 세상을 사랑하도록 부추긴 자들입니다. 참 이상한 일입니다. 이런 가르침에 왜 성도들이 흔들리고 미혹될까요? 사도는 이들을 위해 두 번째 편지를 씁니다.

> 사랑하는 자들아 내가 이제 이 둘째 편지를 너희에게 쓰노니 이 두 편지로 너희의 진실한 마음을 일깨워 생각나게 하여 _벧후 3:1

사랑하는 자들이 하나님의 은혜 위에 굳게 서 있지 못하고 잘못된 가르침, 거짓된 가르침에 흔들리고 있습니다. 자신의 생명이 얼마 남지 않은 것을 알고 있는 사도가 나머지 기운을 다 쏟아부으면서 진리에서 멀어지려고 하는 그들을 일깨우고 싶어 하는 것을 보십시오. 눈물이 나지 않습니까? 그 마음을 느끼면서 1장 1-2절의 인사말을 보겠습니다.

> 예수 그리스도의 종이며 사도인 시몬 베드로는 우리 하나님과 구주 예수 그리스도의 의를 힘입어 동일하게 보배로운 믿음을 우리와 함께 받은 자들에게 편지하노니 하나님과 우리 주 예수를 앎으로 은혜와 평강이 너희에게 더욱 많을지어다 _벧후 1:1-2

가장 먼저 언급하는 것이 믿음, 그리고 하나님과 예수 그리스도를 아는 지식입니다. 보통 인사말에는 이런 것들을 잘 언급하지 않는데 베드로는 마음이 급합니다. 그래서 처음부터 핵심적인 내용을 바로 언급하면서 그들이 받은 믿음이 그냥 믿음이 아니라 보배로운 믿음이라고 강조하고, 그 믿음으로 하나님과 우리 주 예수 그리스도를 알아야 한다고 말합니다. 그래야 지금의 혼란에서 일어나 은혜와 평강이 더욱 많아질 것이라고 합니다.

거짓 선생들은 하나님을 아는 자들이 아닙니다. 이 사람들은 자신이 복음을 알고 구원을 알고 하나님과 종말과 심판에 대해 무엇을 아는 것처럼 가르치지만, 이들은 우리 주 예수 그리스도를 부인하는 자들로서 탐심으로 지어낸 거짓을 가지고 약속하며 임박한 멸망을 스스로 취하는 자들입니다(2:1-3). 이들의 가르침에 미혹되면 은혜와 평강이 사라집니다. 왜냐하면 이들의 가르침은 지독한 현세주의와 세속주의 사상을 담고 있기 때문입니다. 따라서 고난 중에 있는 자신의 형편에 대해 불평과 원망을 생기게 하고 하나님의 약속에 대해 불신하게 만듭니다.

이들은 하나님을 제대로 아는 자들이 아닙니다. 우리 주 예수 그리스도의 은혜를 아는 자들이 결코 아닙니다. 하나님을 안다는 것은 단지 정보를 습득하는 지식의 차원이 아닙니다. 이것은 부부가 같이 살면서 서로를 깊이 인격적으로 알고 닮아 가는 관계에서 오는 앎으로, 반드시 존재의 변화를 수반하는 지식입니다. 은혜와 평강을 더해 주는 지식입니다. 주 예수를 아는 지식이 우리의 삶에 존재하는 모든 불평과 원망과 불신을 이겨 내는 답입니다. 거짓 선생들은 주 예수와 삼위 하나님을 알지 못할 뿐 아니라 잘못된 지식을 가르쳐 성도들을 미혹하여 은혜와 평강에서 떠나게 합니다.

'주'라는 말은 부활 승천하셔서 하나님 보좌 우편에 등극해 계시는 만왕의 왕이신 예수님을 가리키는 호칭입니다. 중요한 것은 주되신 그리스도께서 하나님 보좌 우편에 혼자 앉아 계신 것이 아니라, 그를 믿는 모든 주의 백성들과 함께 앉아 있다는 사실입니다.

> 긍휼이 풍성하신 하나님이 우리를 사랑하신 그 큰 사랑을 인하여 허물로 죽은 우리를 그리스도와 함께 살리셨고 너희는 은혜로 구원을 받은 것이라 또 함께 일으키사 그리스도 예수 안에서 함께 하늘에 앉히시니 _엡 2:4-6

믿음으로 그리스도를 신뢰하고 그와 연합되었다면 성도는 지금도 그리스도와 함께 하나님 보좌 우편에 앉아 있는 것입니다. 예수님은 우리의 해결사 정도가 아니라 우리의 주인입니다. 우리와 함께 하늘 보좌에 앉아 우주를 다스리시는 왕입니다. 그리스도인이 일용할 양식으로 만족하고 나머지는 다 흘려보내도 되는 이유가 여기 있습니다. 그리스도인은 더 이상 올라갈 데가 없는 높은 자리에 앉아 있는 사람들입니다. 그리스도 안에서 우리는 모든 존귀를 얻고 있습니다. 이보다 높은 영광이 없습니다.

온 세상이 싸우는 밥그릇 싸움을 하지 않아도 되는 이유가 여기 있습니다. 왕이신 하나님께서 우리의 주입니다. 우리는 이미 그리스도 안에서 가장 높아졌습니다. 은혜와 평강은 더 많이 가지고, 더 높게 오르고, 더 큰소리치는 데서 확보되는 것이 아니라, 더 이상 올라갈 수 없는 그 하나님 보좌 우편에서 내려와서 우리의 삶에 얼마만큼 하나님의 뜻을 이루어 드리는가에 따라서 좌우됩니다. 거기서부터 은혜와 평강이 더 넘쳐 납니다. 올라가는 것이 아니라 내려와야 하는 사람들이 그리스도인입니다. 거짓 선지자들은 생존 경쟁에서 이겨 이 땅에서 자꾸 올라가라고 가르칩니다.

그러나 그리스도인은 자기 자신의 생존을 위한 처절한 싸움이 아니라, 하나님과 이웃을 위하여 우리의 시간과 기회와 자원을 드리는 믿음의 선한 싸움을 하는 유일한 인생으로 부름받았습니다. 그것이 예수님과 함께 하늘에 앉아 있는 자의 가장 은혜롭고 가장 평안한 삶입니다. 어떻게 그렇게 삽니까? 믿음으로 그렇게 할 수 있습니다. 믿음이 우리를 하나님과 그리스도 앞으로 이끕니다. 이 믿음은 하나님과 구주 예수 그리스도의 의를 우리의 의로 받아들이게 합니다. 성령께서 주시는 이 믿음이 미래에 대한 우리의 염려와 불안을 은혜와 평강으로 바꾸어 고난 중에도 주를 따르게 합니다. 이 믿음은 우리가 만들어 내는 것이 아니라 우리가 받은 것입니다. 그러므로 보배로운 믿음입니다. 이 믿음이 우리로 하나님을 알게 하고 주 예수 그리스도를 더 알게 합니다. 이 믿음이 은혜와 평강으로 우리를 이끕니다.

거짓 선생들의 미혹은 언제나 이 믿음을 흔들어 버립니다. '예수 믿는데도 왜 병이 들까? 예수 믿는데도 왜 이렇게 힘든 일들이 일

어날까? 예수 믿는데도 왜 남들보다 잘되지 못할까?' 하는 생각이
들고 좌절과 침체를 불러일으킵니다. 그리고 그것을 해결해 준다
고 하면서 탐심으로써 거짓을 지어내어 가르치며, 잘못된 체험과
욕망을 자극해서 하나님의 진리로부터 멀어지게 합니다.

이들을 향하여 베드로는 3절 이하에서 따발총처럼 말합니다.
"너희들은 이미 하나님의 신기한 능력으로 생명과 경건에 속한 모
든 것을 받았다. 너희들은 보배롭고 지극히 큰 약속을 받아 그 약
속으로 썩어질 것을 피하고 신성한 성품에 참여하는 자가 되었다.
그러므로 더 높은 자리, 더 큰 영광, 더 맛있는 음식, 더 많은 것들
을 구하라는 모든 잘못된 가르침에서 벗어나 더욱 힘써 믿음에 덕
을, 덕에 지식을, 지식에 절제를, 절제에 인내를, 인내에 경건을,
경건에 형제 우애를, 형제 우애에 사랑을 더하여 우리 주 예수 그
리스도를 알기에 게으르지 마라. 열매 없는 자가 되지 마라."

앞으로 베드로의 두 번째 편지를 함께 읽어 가면서, 우리의 택하
심과 부르심이 굳게 되며 은혜와 평강이 더욱 많아지기를 바랍니
다.

02 신성한 성품에 참여하라
벧후1:1-4

베드로전서가 핍박과 고난 중에 있는 성도들을 붙들기 위해 쓴 편지라면, 베드로후서는 거짓 선생들의 미혹 앞에서 흔들리고 있는 교회를 바로잡기 위해 쓴 편지입니다. 그래서 분위기가 조금은 다릅니다. 전서는 따뜻한 위로의 분위기가 느껴지는 반면, 후서는 안타까움과 경고의 분위기가 더 많이 느껴집니다. 특별히 1장 13-15절에는 이런 사도의 마음이 잘 드러나 있습니다.

> 내가 이 장막에 있을 동안에 너희를 일깨워 생각나게 함이 옳은 줄로 여기노니 이는 우리 주 예수 그리스도께서 내게 지시하신 것같이 나도 나의 장막을 벗어날 것이 임박한 줄을 앎이라. 내가 힘써 너희로 하여금 내가 떠난 후에라도 어느 때나 이런 것을 생각나게 하려 하노라 _벧후 1:13-15

그래서인지, 처음부터 베드로는 거두절미하고서 말하고 싶은 중요한 주제를 바로 언급합니다. 하나님과 우리 주 예수를 아는 지식,

생명과 경건에 속한 모든 것, 보배롭고 지극히 큰 약속, 신성한 성품에 참여하는 것, 이런 것들은 본론에 가서 중점적으로 다루는 무거운 주제들인데 시작부터 다루는 것을 보면 베드로의 마음이 얼마나 다급한지를 알 수 있습니다. 어떻습니까? 기독교 신앙의 사활을 결정지을 만큼의 중요한 이 주제가 어떻게 다가옵니까? 여러분은 하나님을 아는 지식에 얼마만큼 관심이 있습니까? 신성한 성품에 참여하는 일에 자신을 얼마만큼 드리고 있습니까? 만약 지금까지 신앙생활을 해 왔음에도 불구하고 이런 주제가 내 삶과 인생에 중요한 화두로 떠오르지 않았다면, 이제는 이런 방향과 내용과 목표로 우리의 남은 생을 달려가도록 은혜를 구해야 할 것입니다.

우리의 구원은 처음부터 신성한 성품에 참여하는 것을 목표로 허락되었습니다. 신성한 성품에 참여한다는 것은 하나님의 형상으로 지음받은 우리가 하나님을 제대로 구현하고 반영한다는 것을 의미합니다. 쉬운 말로 하면 하나님을 닮아 가는 것이라고 할 수 있습니다. 구원받은 자는 누구나 이 목표를 향해 부름받고 있습니다. 하나님을 닮아 가는 것, 신성한 성품에 참여하는 것, 이것을 위해 이미 하나님은 그의 신기한 능력으로 우리에게 생명과 경건에 속한 모든 것을 주셨습니다. 그 생명과 경건은 우리 주 예수 그리스도를 더 많이 알고 신성한 성품에 참여하도록 우리의 삶을 이끌어 갈 것입니다. 그러므로 예수를 믿고 생명과 경건의 본성이 주어진 사람은 한 사람도 예외 없이 누구나 다 이 길을 가야 합니다.

거짓 선생들은 이런 내용을 가르치지 않습니다. 왜냐하면 그들 가운데 생명과 경건의 본성이 없기 때문입니다. 없는 것을 어떻게 말하고 가르치겠습니까? 그들이 가르치는 것은 예수 믿고 더 많은 복을 받는 것입니다. 남들보다 높아지는 것이고 더 큰 영향력을 가져 행사하는 것입니다. 혹은 예수 믿고 신비한 체험을 통해 더 신령한 사람으로 인정을 받아서 종교적 만족을 추구하는 것입니다. 그러니까 한쪽이 물질을 통해 자기 만족을 추구하는 것이라면, 다른 한쪽은 종교적 체험을 통해 그것을 추구하는 것입니다. 그러나 성경은 그것이 기독교 신앙의 본질이 아니라고 말합니다. 그리스도 안에서 허락된 구원은 언제나 하나님을 아는 지식과 그 지식이 바탕이 되어 하나님의 성품에 참여하는 것으로 나아간다고 끊임없이 가르치고 있습니다.

베드로가 처음부터 신적 성품을 강조하는 것은 진짜를 알아야 가짜를 판별할 수 있기 때문입니다. 위조지폐 감별사들이 늘 훈련하는 것은 진짜 지폐의 특징들입니다. 진짜의 특징을 알면 가짜는 자연스럽게 분별이 됩니다. 지금 베드로의 독자들이 가짜에 미혹되려고 합니다. 베드로의 처방이 무엇입니까? 가짜에 대해 말하기 전에 진짜를 먼저 보여 주는 것입니다. 신앙의 참된 방향과 내용과 목적은 주 예수를 아는 것과 신성한 성품에 참여하는 것이라고 못을 박고 있습니다. 이것과 거짓 선생들이 가르친 내용들을 비교해 보라는 것입니다. 신성한 성품에 참여하는 것이 무엇인지를 안다면, 그리고 그것을 위해 삼위 하나님이 쏟아내었고 붓고 계신 그의 열심과 지혜와 능력을 안다면, 거짓 선생들의 달콤한 미혹들이 썩은 음식처럼 역겹게 될 것입니다.

사도는 신성한 성품에 참여하는 자가 되게 하기 위해 정욕으로 말미암아 세상의 썩어질 것을 구하는 자리에서 피하여 믿음에 덕을, 덕에 지식을, 지식에 절제를, 절제에 인내를, 인내에 경건을, 경건에 형제 우애를, 형제 우애에 사랑을 공급하는 자리로 나아가라고 말합니다. 이런 것이 있어야 우리 주 예수 그리스도를 알기에 게으르지 않을 수 있고, 부르심과 택하심을 굳게 할 수 있다고 합니다. 이것이 참된 신앙의 방향이고 내용이며 목표라고 합니다.

여기에 비해 2장부터 묘사되는 거짓 선생들의 특징을 대조해 봅시다. 그들에게 믿음이 있습니까? 이들은 믿음이 있다고 하지만 믿음에서 떠난 자들입니다. 주를 부인하는 자들입니다. 이들에게 남을 세우고 살리는 덕이 있습니까? 그들에게 있는 것은 호색입니다. 이들에게 지식이 있습니까? 우리 주 예수 그리스도를 아는 지식이 아니라 탐심으로써 지어낸 말밖에 없습니다. 이들에게 무슨 경건이 있고, 무슨 형제 우애가 있으며, 무슨 사랑이 있겠습니까? 이들에게 정욕을 피하여 자기를 부인하면서 경건과 생명에 속한 자리로 가려는 거룩한 열망이 있겠습니까? 없습니다. 베드로는 그들은 거짓된 지식으로 하나님의 양 무리들을 잡아먹는 전형적인 사기꾼에 불과하다고 말하고 있습니다. 그런데도 교회가 이들의 미혹에 흔들리고 있으니 어찌 안타깝지 않을 수 있겠습니까?

사도는 말합니다. "너희는 정욕으로 말미암아 썩어질 세상 것을 구하는 자리에서 도망쳐서 피하라." 왜 도망가야 합니까? 그 자리에 있는 한 신성한 성품에 참여하고 싶은 마음이 들지 않기 때문입니다. 그 자리에 있으면 계속 허망하고 썩어질 것을 구하는 집착과 탐욕에 사로잡힐 수밖에 없습니다. 불타는 집에 있다면 그 집에서 나와야 합니다. 물이 새서 점점 물에 빠져 가는 배에 타고 있다면 얼른 도망쳐 나와야 합니다. 그처럼 신성한 성품에 참여하고 하나님을 닮아 가려면 일단 그 자리를 피해 나와야 합니다. 정욕은 우리로 하여금 세상의 썩어질 것을 구하게 하는 장본인입니다. 여기서 말하는 정욕은 단순히 육체의 욕망 정도가 아니라 하나님 외에 다른 것을 목표로 추구하는 모든 세속성, 즉 자기가 주인이 되고 물질이 왕 노릇 하는 인생의 상태입니다. 거기서부터 모든 부패와 기만과 부끄러움이 발생하기 때문에 성도라면 그 자리에서 나와야 합니다.

그러나 거짓 선생들은 신앙이라는 이름으로 정욕을 부추깁니다. 예수 이름으로 더 많이 가지고 더 높이 올라가는 것이 복 받은 것이라고 말합니다. 하지만 성도는 이미 그리스도와 함께 하늘에 올라 있는 자들입니다. 그리스도께서 온 세상을 다스리시는 주인이시며, 우리가 그 주인과 함께 왕의 보좌 앞에 앉아 있습니다. 그리하여 그리스도는 우리와 함께 세상을 다스리십니다. 그분이 우리와 세상 경영에 대해 의논한 적이 있습니까? 없습니다. 그런데 어떻게 그런 말을 할 수 있냐고요?

그리스도께서 우리와 연합하여 함께 하늘에 앉아 세상을 다스린다는 것은 그분의 세상 경영 목표와 방향이 우리를 위한 것이라는 뜻입니다. 예수 그리스도께서 아버지로부터 세상을 다스릴 모든 권세를 위임받아 역사를 통치해 가실 때 그 방향과 목적과 내용이 우리를 위해서입니다. 우리가 신성한 성품에 참여하도록, 보이지 않는 주님을 말할 수 없는 영광스러운 즐거움으로 기뻐하며 사랑하는 자리로 나아가도록 세상의 역사를 주관하신다는 뜻입니다. 놀랍지 않습니까? 믿음으로 이 성경의 증언을 받아들여야 합니다. 그러면 세상이 새롭게 펼쳐질 것입니다.

가끔 등산을 가면 올라갔다 내려오는 사람들이 숨을 씩씩거리면서 올라가는 사람들에게 꼭 인사를 건네고 내려가는 것을 보게 됩니다. 만약 그들이 이 치열한 생존 경쟁의 신작로에서 똑같은 사람들을 만나도 그렇게 인사할까요? 그렇지 않습니다. 똑같은 경쟁의 상태에서 그런 마음을 품을 수 없습니다. 그러나 정상을 체험하고 내려오는 사람은 올라가는 사람에게 너그러워집니다. 산의 정상에서 그렇게 몸부림치며 아등바등 살고 있는 인생의 흔적들이 한 점처럼 보이는 것을 보고 나면, 생각이 달라지고 시각이 교정됩니다. 매일 산에 가면서도 이 시각의 교정이 일어나지 않는 사람들은 산을 의미 없이 탄 것 입니다.

그리스도인이 그렇습니다. 우리는 이미 그리스도와 함께 더 이상 올라갈 수 없는 꼭대기에 있는 존재들입니다. 하늘에 속한 모든 신령한 복을 그리스도 안에서 다 받았습니다. 하나님의 독생자까지 받았습니다. 우리는 더 올라가도록 부름받지 않았습니다. 우리는 그리스도와 함께 내려가도록 부름받았습니다. 내려가면서 아등

바등 올라가려는 사람들을 향하여 전혀 다른 삶이 있는 것을 보여 주는 사람들입니다. 하나님의 손에 붙잡힌 인생의 너그러움과 격려를 건넬 수 있는 유일한 존재로 부름받았습니다. 언제 그렇게 됩니까? 정욕으로 말미암아 썩어질 세상의 것을 구하는 자리에서 피해 신성한 성품에 참여하는 삶으로 나아갈 때입니다. 공간적인 의미로 세상을 피하라는 말이 아닙니다. 나의 생각, 가치관, 삶의 목표, 방향과 내용을 전면적으로 수정하라는 뜻입니다. 그렇게 되어야 신성한 성품에 참여하기 위해 믿음에 덕을, 덕에 지식을, 지식에 절제를, 절제에 인내를, 인내에 경건을, 경건에 형제 우애를, 형제 우애에 사랑을 더할 수 있는 것입니다.

혹시 아직도 예수 믿고 더 부자가 되었으면 좋겠다는 생각을 가진 사람이 있습니까? 삶의 목표를 그쪽으로 정해 놓고 밀어붙이는 사람이 있습니까? 성령 하나님께서 그 생각들의 수정이 일어나게 해 주시기를 바랍니다. 그리스도인은 매일 일용할 양식을 구하며 사는 사람들입니다. 어찌 보면 하루살이의 심정으로 사는 것입니다. 내일 일을 염려하거나 일 년치 장사 계획을 세우고서 곳간의 계획을 세워 반드시 채우겠다 목표하지 않습니다. 그렇다고 아무 생각 없이 살라는 말이 아닙니다. 내일이 내 영역과 내 계획에 다 달려 있다는 식으로 살지 말라는 뜻입니다. 매일 하나님을 의지하고 그 손에 붙들려 살아야 한다는 뜻입니다. 하나님께서 출애굽한 이스라엘 백성들에게 가장 먼저 광야에서 만나의 훈련을 시키신 것도 그것 때문입니다.

왜 현대 교인들이 하나님 앞에 간절하지 않은지 아십니까? 너무 많아서입니다. 가진 것이 너무 많아서 내일 하나님이 도우시지 않아도 자신의 힘과 능력과 준비한 것으로 충분히 살 수 있다고 생각하기 때문입니다. 그러나 그리스도인은 내일 하나님께서 자기를 기억하지 않으시고 챙기지 않으시면 아무 대책이 없다고 고백하는 자들입니다. 그래서 매일 간절합니다. 매일 하나님을 의지하고 그분의 뜻을 구합니다. 물론 매일 부족하고 실패할 때가 많습니다. 그래서 매일 절망하기도 합니다. 그러나 하나님의 손에 붙잡혀 있음을 알기에 매일 다시 일어섭니다. 매일 예수 안에서 죽고 사는 일이 반복됩니다. 예수 믿는 것이 권태로울 수가 없습니다. 그러면서 하나님을 닮아 갑니다.

> 그러므로 사랑을 받는 자녀같이 너희는 하나님을 본받는 자가 되고 그리스도께서 너희를 사랑하신 것같이 너희도 사랑 가운데서 행하라. 그는 우리를 위하여 자신을 버리사 향기로운 제물과 희생제물로 하나님께 드리셨느니라. 음행과 온갖 더러운 것과 탐욕은 너희 중에서 그 이름조차도 부르지 말라. 이는 성도에게 마땅한 바니라 _엡 5:1-3

그리스도인은 하나님께 사랑을 받는 자녀입니다. 이 사랑을 받는데 무엇이 부족합니까? 우리에게 독생자를 주신 아버지이신데 어찌 다른 모든 것을 우리가 필요할 때 주시지 않겠습니까? 그 믿음으로 하나님을 본받길 바랍니다. 하나님을 닮아 가길 바랍니다.

03 믿음에 덕을

벧후 1:5-7

예수를 믿는다는 것은 힘들거나 어려울 때 위로와 도움을 받는 것, 혹은 내가 바라고 원하는 것을 얻는 것 정도가 아닙니다. 하나님께 생명과 경건에 속한 모든 것을 받아서 신성한 성품에 참여하는 인생이 되는 것을 의미합니다. 정욕으로 말미암아 썩어질 세상의 것만 구하던 인생이 신의 성품에 참여하게 된다는 것은 참으로 큰 복과 은혜요 영광입니다. 어떻게 피조물인 우리가, 그것도 죄인 중에 괴수인 우리가 감히 하나님의 성품에 참여할 수 있단 말입니까?

그러나 신성한 성품에 참여하는 것이 하나님처럼 된다든지 신인 합일의 경지에 간다는 뜻은 아닙니다. 인생은 아무리 거룩하게 성화되고 영화되어도 하나님처럼 될 수 없습니다. 우리는 피조물이며 하나님은 창조주입니다. 이 간격을 뛰어넘으려고 해서는 안 됩니다. 이 간극을 뛰어넘어 인간이 하나님처럼 되려는 것은 교만이요 무서운 죄입니다. 사탄이 아담과 하와를 미혹했을 때 내걸었던 속임수가 바로 너희도 하나님처럼 될 수 있다는 거짓말 아니었습니까?

어떤 사람들은 신성한 성품에 참여하는 것을 신비한 종교적 체험을 통해 무아지경의 세계에 들어가는 것으로 이해하지만, 그것도 아닙니다. 이것은 하나님의 형상으로 지어진 인생이 어떻게 삼위 하나님과 교제하며 감히 그 기쁨과 생명과 거룩과 평강과 안식에 동참하여 하나님의 성품을 반영하며 살아가느냐의 문제입니다. 체험과 능력과 신비가 아니라 인격과 성품과 존재가 하나님을 닮은 사람다운 사람으로 사는 것이 신성한 성품에 참여하는 것입니다. 하나님은 성도를 통해 바로 그와 같은 참된 인생의 진가를 보이려고 하셨습니다. 그래서 우리를 자녀 삼으시고, 교회라는 이름으로 불러 모으시고, 지금도 그의 모든 신기한 능력을 공급하고 계신 것입니다.

5-7절은 이렇게 신성한 성품에 참여한 성도들이 계속 추구해야 할 덕목들을 소개하고 있는데, 예수 그리스도를 통해 우리에게 공급된 생명과 경건에 속한 모든 것이 여기에 녹아 있습니다. 믿음에 덕을, 덕에 지식을, 지식에 절제를, 절제에 인내를, 인내에 경건을, 경건에 형제 우애를, 형제 우애에 사랑을 더해야 합니다. 이런 것은 거창한 구호나 종교적 행위가 아니라 일상 중에서 늘 구하고 힘써 구현해야 하는 우리의 성품이요 인격이며 존재됨입니다. 만약 그리스도인이라고 하면서도 이런 것이 없이 산다면, 그는 사실상 소경이며, 그의 옛 죄가 깨끗하게 된 것을 잊은 사람이라는 것이 베드로의 말입니다.

그중에서도 가장 기초적인 덕목이 '믿음'입니다. 믿음은 하나님께서 그의 신기한 능력으로 주신 생명과 경건에 속한 모든 것의 출발입니다. 믿음이 없이는 하나님을 기쁘시게 할 수 없으며 그리스도인이라고 할 수 없습니다. 우리가 서 있는 이 자리, 살아가는 이 북새통 같은 현장에서 힘써 구해야 할 것은, 믿음입니다. 왜냐하면 세상은 언제나 보이는 것이 전부고, 돈과 힘이 전부라고 끊임없이 우리를 압박하면서, 하나님을 사랑하고 이웃을 사랑하며 신성한 성품에 참여하는 삶이 무슨 보상이 있냐고 조롱하거나 유혹하기 때문입니다. 한두 번만 그러는 것이 아니라 늘 그럽니다. 그래서 우리는 믿음을 구하되, 늘 구해야 합니다.

믿음은 우리에게서 나는 것이 아니므로 구해야 하며, 믿음이 없이는 하나님의 신성한 성품에 참여할 수 없기에 구해야 합니다. 믿음으로 우리는 세상이 하나님의 말씀으로 지어진 것을 압니다. 눈에 보이는 것보다 보이지 않는 하나님의 약속을 더 소망하게 하는 것도 믿음입니다. 세상에서 썩어질 것을 피하여 하나님의 신성한 성품에 참여하게 하는 것도 믿음이고, 지금까지 걸어왔던 내 생각과 내 계획의 길을 멈추고 하나님의 생각과 하나님의 계획에 맞추어 하나님이 가라고 하신 길을 갈 수 있게 하는 것도 믿음입니다. 그러니 믿음을 구하는 것이 얼마나 중요합니까? 믿음에 하나님께서 주신 생명과 경건의 모든 것이 들어있으니, 믿음이야말로 그리스도인의 삶의 기본이고 기초이며 가장 중요한 핵심임이 분명합니다.

이 믿음은 우리의 산물이 아니라 하나님의 신기한 능력으로 주어진 선물이요 은혜입니다. 혈통으로나 육정으로 난 것이 아니라 오직 하나님께로 난 것입니다. 그러나 은혜로 받게 된 믿음이 우리의 삶에 끼칠 효력과 영향이 너무나 크고 영광스럽고 복되기 때문에 베드로는 이 믿음을 그냥 믿음이라 부르지 않고 '보배로운 믿음'이라고 부릅니다.

이 보배로운 믿음을 은혜로 받았으니 그것으로 만족하고 있어야겠습니까? 그렇지 않습니다. 이 믿음이 계속적으로 자라고 풍성해질 수 있도록 그 믿음에 힘써 덕을 공급하고, 덕에 지식을, 지식에 절제를, 절제에 인내를, 인내에 경건을, 경건에 형제 우애를, 형제 우애에 사랑을 공급해야 합니다. 왜냐하면 믿음에 이런 것들을 힘써 공급하지 않으면, 신성한 성품에 참여하기는커녕 금방 다시 정욕으로 썩어질 것을 구하는 어리석은 삶으로 돌아갈 수 있기 때문입니다.

왜 믿음에 덕이 공급되어야 할까요? 덕은 '아레테'(arete)라는 단어로서, 일반적으로 '도덕적인 탁월함'이라고 번역할 수도 있지만 여기서는 '용기'라고 번역하는 것이 더 적실합니다. 왜 믿음에 덕, 용기를 더해야 합니까? 믿음으로 사는 것이 이 세상의 가치로 볼 때 너무나 어리석고 무모한 삶처럼 보이기 때문입니다. 믿음에는 용기와 담대함이 필요합니다. 보이지 않는 하나님을 믿고, 보이지 않는 하나님을 신뢰하고, 보이지 않는 하나님을 따라가는 것이 믿음인데, 어떻게 용기 없이 그 삶을 시작할 수 있겠습니까?

히브리서 기자는 "믿음은 바라는 것들의 실상이요 보이지 않는 것들의 증거"(히 11:1-2)라고 했습니다. 무엇을 바라고 무엇을 보나요? 자신의 야망과 욕심을 "믿습니다" 하고서 바라고 보는 것이 아니라, 하나님께서 말씀하신 것을 바라고 봅니다. 하나님은 아브라함에게 고향과 친척과 아버지의 집을 떠나 내가 네게 지시하는 땅으로 가라고 말씀하셨습니다. 하나님께서 지시하신 곳이 어딘지도 모릅니다. 그러나 그곳을 실상과 증거로 바라고 보면서 따라가는 것이 믿음입니다. 용기가 필요합니다. 힘이 필요합니다.

모세와 이스라엘 백성에게 홍해를 건너라고 하셨습니다. 물이 넘치는 요단강을 건너라고 했습니다. 하나님께서 말씀하셨으니 믿음으로 순종해야 합니다. 무엇이 필요합니까? 용기입니다. 그래서 믿음에는 덕, 즉 용기가 필요합니다. 어떻게 용기를 낼 수 있습니까? 하나님을 믿기에 용기를 냅니다. 하나님은 믿음으로 사는 자들에게 끊임없이 두려워하지 말라, 담대하라고 하시면서 우리의 믿음에 용기를 공급하고 계십니다. 그러니 우리는 실제적으로 그 용기를 믿음에 더하면서 우리의 삶이 하나님의 신성한 성품에 참여하여 하나님을 반영하고 하나님을 닮은 삶이 될 수 있도록 힘써야 하는 것입니다.

한편 이 덕은 앞서 하나님께서 우리를 부르실 때 그의 영광과 '덕'으로써 불렀다고 했을 때(3절)의 '아레테'와 동일한 단어입니다. 그렇게 본다면, 우리가 용기를 가지고 믿음을 발휘하며 살 때는 그 믿음이 나의 용기와 담대함만이 아닌 하나님께서 우리를 부르시고 베푸시며 대하시는 것처럼 우리도 형제와 이웃을 대하는 태도로써 나타나야 함을 의미할 것입니다. 만일 우리의 믿음에 이웃과 형제를 배려하는 이 덕이 공급되지 않으면, 이 믿음은 위험한 자기만의 확신이 될 위험이 큽니다. 믿음으로 한다고 하는데 다른 사람에게 상처 주고 실족하게 하는 경우가 다 그런 경우입니다. 믿음으로 산을 옮기고 병자를 고치고 죽은 자를 살려도 이웃과 교회 안에서, 사람들 앞에서 덕을 끼치지 못한다면 그 믿음은 하나님의 신성한 성품에 참여하게 하는 바른 믿음이 아닐 것입니다. 그래서 믿음의 덕은 반드시 덕에 지식을 공급하는 것으로 연결됩니다. 덕에 지식을, 지식에 절제를, 절제에 인내를, 인내에 경건을, 경건에 형제 우애를, 형제 우애에 사랑을 차례로 살펴보면서 하나님을 닮아 가는 일에 힘을 낼 수 있기를 바랍니다.

04 덕에 지식을, 지식에 절제를
벧후 1:5-7

하나님께서 그의 백성들에게 생명과 경건에 속한 모든 것을 주신 이유는, 정욕으로 말미암아 세상의 썩어질 것을 구하는 삶에서 하나님을 알게 하사 그의 신성한 성품에 참여하는 삶을 살게 하시기 위해서입니다. 그것을 위해 믿음을 주셨습니다. 믿음은 생명과 경건에 속한 모든 것이 다 들어 있는 '보물 창고'와 같습니다. 베드로 사도가 '보배로운 믿음'이라고 말한 이유가 거기에 있습니다. 하나님은 우리에게 믿음을 주셔서 하나님이 계신 것과 그가 온 세상을 말씀으로 창조하신 것을 알게 하십니다. 믿음이 없이는 하나님을 기쁘시게 할 수 없으며, 그리스도인이라고 할 수 없습니다. 믿음은 그리스도인의 삶을 시작하는 가장 기본적인 덕목인 동시에 가장 중요한 핵심이기도 합니다.

그러나 우리는 한없이 나약하고 어리석고 미련해서 이 보배로운 믿음을 제대로 사용하지 못합니다. 그래서 우리의 믿음에는 덕이 필요합니다. 덕은 '아레테'라는 단어로 용기와 담대함, 그리고 바른 방향성을 의미합니다. 믿음으로 사는 것이 참으로 놀라운 것임에도 세상적인 시각으로는 어리석고 무모하게 보이기 때문에 우리에게는 용기와 담대함이 필요합니다. 아울러 담대한 믿음은 자기만을 위한 이기적인 믿음이 아니라 하나님의 영광과 교회와 지체의 유익을 위한 바른 방향으로 사용해야 합니다. 그것이 믿음에 덕을 더하라는 말입니다. 믿음의 용기와 바른 방향성, 그것이 덕입니다. 우리의 믿음에는 힘써 덕이 더해져야 합니다.

그런데 믿음의 덕에 더해져야 할 것이 있다고 합니다. 무엇입니까? 지식입니다. 왜 믿음에 덕만 공급하면 안 되고 지식이 더해져야 한다고 합니까? 지식은 믿음이 바르게 활용되기 위한 실천적인 지식입니다. 믿음을 담대하게, 그리고 하나님의 영광과 다른 사람의 유익을 위해 사용할 때, 구체적으로 어떻게 활용해야 하는지를 아는 지식을 말합니다.

물에 빠진 사람을 건지려면 용기가 필요합니다. 그러나 용기만 가지고 무조건 뛰어들어서는 안 됩니다. 잘못하면 같이 죽습니다. 건지는 요령을 알아야 합니다. 우선은 빠진 사람의 손에 잡히지 않도록 그의 뒤로 돌아서 접근해야 합니다. 그리고 머리를 잡고 나오거나 턱을 감아쥐고 숨을 쉴 수 있도록 붙잡고서 물가로 끌고 나와야 합니다. 이렇게 물에 빠진 사람을 건지기 위해 구체적인 구조 요령을 알아야 하듯이, 우리의 믿음도 하나님의 영광과 다른 사람의 유익을 위해 사용되도록, 하나님의 뜻을 분별하고 지금의 상황을 분별하는 판단과 그것을 활용하는 실천적인 지혜가 필요합니다. 그것이 덕에 지식을 더하라는 의미입니다.

결혼해서 부부로 사는데 상대방에 대한 지식이 없고 함께 사는 법을 모른 채 무작정 같이 산다면 얼마나 힘들겠습니까? 믿음으로 산다는 것은 내가 필요할 때만 하나님을 찾는 것이 아니라 부부가 함께 살듯이 늘 하나님과 동거하며 동행하는 것입니다. 그런데 정작 하나님을 모르고 하나님과 함께 사는 법을 모른다면 어떻겠습니까? 하나님은 그렇게 하면 안 된다고 하시는데, 자기는 된다고 하면서 믿음으로 밀어붙이고 거기에 담대함과 용기까지 갖고 있다면, 그것보다 황당한 일이 없습니다. 자기는 믿음으로 하는데, 다른 사람이 힘들어지고 교회가 어려워지면 얼마나 불행한 일입니까? 우리의 믿음에 덕과 지식이 더해져서 이기적인 믿음이 아니라 하나님의 영광과 공동체와 지체의 유익을 세우는 방향으로 발휘되기를 바랍니다.

왜 우리의 믿음에 분별력과 지식이 있어야 합니까? 그래야 하나님의 뜻을 향하여 힘 있게 살아갈 수 있기 때문입니다. 믿음이란 지금까지 내가 걸어온 길을 멈추고 말씀에 의지하여 한 번도 가보지 못한 새로운 길을 가는 것인데, 이 길은 문이 좁고 협착합니다. 이때 이 좁은 길이 생명의 길, 복된 길, 영광과 존귀를 향한 길인지를 아는 지식이 없다면, 그리고 그 길을 가는 구체적인 요령이 없다면 어떻게 그 길을 갈 수 있겠습니까? 끊임없이 우리의 믿음에 덕과 지식이 더해져야 하는 이유입니다. 믿음에 덕과 지식이 공급되어야 잠시 사는 나그네 인생, 이 땅의 반짝거리는 것에 영향을 받지 않고서 썩지 않고 쇠하지 않고 더럽지 않은 하늘의 영광을 위해 살 수 있는 것입니다.

그렇다면 지식을 공급하는 방법이 무엇입니까? 왕도가 없습니다. 이 지식은 매일 말씀을 먹고 그 말씀을 내 삶에 실천하고 행할 때 생기는 지식입니다. 한꺼번에 벼락치기로 쌓을 수 있는 것이 아닙니다. 꾸준하게 성경을 읽고 묵상하고 그 말씀대로 사는 것 외에 다른 방법이 없습니다. 그렇게 지식이 쌓이는 것만큼 바르게 보게 되고 분별하게 되며, 바른 믿음으로 하나님의 성품과 하늘에 속한 모든 신령한 복을 실제적으로 맛보는 거룩한 주의 백성의 삶을 살아갈 수 있는 것입니다.

그 다음은 무엇입니까? 지식에 절제를 더하라고 합니다. "이러므로 너희가 더욱 힘써 너희 믿음에 덕을, 덕에 지식을, 지식에 절제를." 왜 지식 뒤에 절제가 나올까요? 절제라고 하면 무엇을 안 하고 금하는 것을 먼저 떠올리기 쉬운데, 단지 안 하는 것과 금하는 것으로만 끝나면 바른 절제가 아닙니다. 여기 절제가 등장하는 이유는 내가 무엇을 안 하고 금하는 그것으로 인해 정말 해야 할 무엇인가가 이루어지기 위해서입니다. 마땅히 이루고 성취해야 할 중요한 목표를 달성하기 위해서 하고 싶은 것 다 하고 놀고 싶은 것 다 놀고 누리고 싶은 것 다 누리고는 할 수 없으니, 하고 싶어도 참고 놀고 싶어도 참으면서 꼭 해야 할 것에 집중하는 것이 바로 절제입니다.

체급별 운동 선수가 자신의 종목에서 우승하고 좋은 성적을 내기 위해서는 반드시 해야 할 일이 하나 있습니다. 바로 체중 조절입니다. 체중 조절을 위해서 먹고 싶은 것을 참아야 하며 참으로 힘든 절제와 노력을 해야 합니다. 그런데 참는 것만 하고 정작 중요한 실제적 훈련을 등한시한다면 어떻게 될까요? 링 위에 올라가서 지는 일밖에 할 게 없습니다. 학생들의 경우에도, 학생이 공부를 잘하기 위해서는 스마트폰 보는 시간을 줄이고 잠자는 시간도 줄이고 노는 시간도 줄여야 합니다. 그런데 그걸 다 안 하면서도 멍청하게 앉아만 있고 공부를 안 한다면, 정작 시험 치는 시간에 이름만 적고 나올 수밖에 없는 것입니다.

동일합니다. 보배로운 믿음으로 말미암아 하나님의 자녀가 된 우리가 그 믿음에 덕과 지식을 더하여서, 주의 자녀로 사는 것이 얼마나 영광스럽고 복된 것인지를 알고 그 길을 가려고 할 때 무엇이 필요합니까? 절제가 필요합니다. 신의 성품에 참여하는 이 보배로운 약속을 나의 것으로 누리기 위해서는, 부패한 내 본성이 이끄는 대로 하고 싶은 것 다 하고 갖고 싶은 것 다 갖고 누리고 싶은 것 다 누리려고 하는 생각을 접어야 합니다. 당연히 절제가 따라와야 합니다. 그래서, 지식이 있는 믿음에 절제가 공급되어야 하는 것입니다. 지식에 절제가 따르지 않으면 그 지식이 우리를 교만하게 합니다. 우리에게 끊임없이 교만한 본성과 육체의 정욕이 있다는 것을 잊지 말아야 합니다.

그러므로 너희는 죄가 너희 죽을 몸을 지배 하지 못하게 하여 몸의 사
욕에 순종하지 말고 또한 너희 지체를 불의의 무기로 죄에게 내주지

말고 오직 너희 자신을 죽은 자 가운데서 다시 살아난 자같이 하나님

께 드리며 너희 지체를 의의 무기로 하나님께 드리라 _롬 6:12-13

우리 자신을 하나님께 의의 무기로 드리기 위해서 오늘 내 삶에서 마땅히 잘려져 나가야 할 것들이 무엇인지를 생각해 보십시오. 우리의 삶에 하나님의 영광과 복이 경험되기 위해 마땅히 절제되고 금해야 할 것이 무엇인지를 생각하라는 것입니다. 도덕적인 부패와 방탕만이 불의의 무기로 드리는 것이 아닙니다. 은혜 받았다고 함부로 말하고 믿음의 지식이 있다고 다른 사람을 향하여 "왜 기도 안해? 왜 믿음으로 못살아?"라고 하는 것이 불의의 무기로 자신을 드리는 것일 수 있다는 것을 기억해야 합니다. 사람은 나의 지식과 나의 경험과 나의 충고로 그렇게 쉽게 변하지 않습니다.

사람을 변하게 하는 것은 오직 하나님의 은혜입니다. 그것을 알면 나의 믿음과 지식을 함부로 발휘하는 것이 아니라 절제할 수 있어야 합니다. 하나님을 닮아 가는 일에 장애가 되고 늘 방해 거리가 되는, 교만과 정욕과 탐심을 십자가에 못 박는 것이 절제입니다. 이 절제를 통하여 하나님께서 기뻐하시는 거룩한 그릇과 의의 무기로 사용되는 마땅한 진전이 우리의 믿음에 나타나기를 바랍니다.

05 인내와 경건과 형제 우애와 사랑을 더하라

벤후 1:5-7

책을 사 놓고 읽지는 않고 장식으로만 사용하는 사람을 소위 '소장파'라고 합니다. 신앙도 삶의 현장에서 그의 인격과 성품으로 사용되지는 않으면서 늘 "믿음을 주십시오. 은혜를 주십시오."라고 하며 기도로만 간직하고 있다면 이를 '소장 신앙'이라 할 수 있겠습니다. 하나님은 우리의 신앙이 소장 신앙이 아니라 실제적으로 발휘되고 성장하는 신앙이 되기를 원하십니다. 그러기 위해서는 하나님께서 주신 보배로운 믿음에 우리가 매일 더해 가야 할 것이 있습니다. 믿음에 덕을 더해야 하고, 덕에 지식, 지식에 절제, 절제에 인내, 인내에 경건, 경건에 형제 우애, 형제 우애에 사랑을 더하여 세상에서 썩어질 것을 피하고 하나님의 신성한 성품에 참여하여 하나님을 닮아 가야 합니다.

앞에서 믿음에 더해져야 할 덕과 지식과 절제가 무엇인지를 확인했습니다. 이 장에서는 인내와 경건과 형제 우애와 사랑이 공급되어야 할 이유를 생각하려고 합니다. 왜 믿음으로 살 때 인내가 필요할까요? 우리의 믿음은 이론에만 머물지 않습니다. 도서관에서 연구하여 쓴 논문의 결론을 가지고 구름을 타고 공중을 떠다닐 수 없습니다. 생존 경쟁으로 치열한 이 세상에 발을 딛고서 불신자들과 함께 살고 함께 부딪치면서 발휘되어야 하는 생명의 역사가 바로 믿음입니다. 믿음은 어쩌다 한두 번 폼나게 사용되고 끝나는 것이 아닙니다. 믿음은 주님 앞에 가는 그날까지 눈이 오나 비가 오나, 좋은 날이나 바람 부는 날이나, 마음에 열망이 솟아나든 그렇지 않든, 편안하고 넓은 길을 가고 싶다는 유혹과 내 마음대로 살고 싶다는 생각을 누르고, 말씀을 따라 순종하며 살아내어 우리 삶에 형성되어야 하는 거룩한 인격이요 성품입니다.

믿음의 일상은 낭만이 아니라 리얼리티(reality)입니다. 신자의 일상은 순풍과 함께 세상을 유람하는 것이 아니라 거친 세상의 물결을 거스르는 싸움입니다. 수많은 바람과 물결이 우리를 거슬러 몰아닥칩니다. 하나만 거스르면 끝나는 것이 아니라 또 다른 바람과 물결이 우리가 믿음으로 신의 성품에 참여하는 이 길을 가지 못하도록 방해하고 있습니다. 쉽지 않습니다. 로맨틱하지 않습니다. 피를 흘려야 되며, 아프고 고달픈 적이 한두 번이 아닙니다. 그 속에서도 하나님께서 주신 보배로운 믿음으로 살려면 무엇이 필요합니까? 인내입니다. 인내라는 단어는 헬라어로 '휘포모네'로서, 어떤 환경 아래서 버틴다는 뜻입니다. 말씀을 따라 살기에는 너무나 힘들게 보이는 이 세상의 현실 아래서 참고 버티는 것이며, 격려하시는 분은 오직 하나님뿐이요 모두가 우리 순례의 길을 방해하고 조롱하고 어리석다고 비난하는 환경 아래서 참고 버티는 인내입니다. 이 인내가 없이는 믿음의 길을 끝까지 갈 수 없습니다. 그래서 덕과 지식과 절제가 있는 믿음에는 반드시 인내가 필요합니다.

그런데 베드로는 거기서 한 걸음 더 나아가 인내에 경건을 더하라고 합니다. 믿음에 덕을, 덕에 지식을, 지식에 절제를, 절제에 인내를 더하여 진전되어야 하는 모든 신자의 삶, 무엇으로 열매를 맺어야 할까요? 하나님을 향한 진실한 사랑에 근거한 '경건'입니다. 지금까지 살펴 온 모든 믿음의 덕목들은 하나님 앞에서 그리고 하나님을 향한 경건으로 지향되어야 합니다. 경건은 우리의 삶을 하나님께로 향하게 합니다. 만약 믿음에 경건이 공급되지 않으면, 우리 믿음은 덕과 지식과 절제와 인내까지 더하여 자기 증명과 자기 야망의 도구로 전락할 수 있습니다. 그래서 사도는 인내에 경건을 더하라고 하는 것입니다.

인생의 목적은 하나님을 영화롭게 하고 영원토록 그를 즐거워하는 것입니다. 그러나 타락한 우리의 본성은 하나님을 즐거워하기보다 자신을 즐거워합니다. 하나님을 영화롭게 하기보다 자기에게 별을 달고 훈장을 달고 잘난 척하는 것을 더 좋아합니다. 사탄은 그것을 최고의 기쁨으로 여기도록 우리의 본성을 부추기고 유혹합니다. 우리 조상 아담이 결정적으로 넘어졌던 것도 바로 자기를 추구하고 자기를 높이라고 하는 사탄의 시험 때문이었습니다. 타락한 가인의 후예들이 함께 모여 시도했던 것도 자기 이름을 하늘까지 높이는 바벨탑 건설이었습니다. 우리 믿음에 경건이 공급되지 않으면, 믿음이 좋을수록 그 믿음으로 자신의 대단함을 증명하고 다른 사람을 판단하며 정죄하는 '신종 바리새인'이 될 확률이 많은 것입니다.

> 이 모든 것이 이렇게 풀어지리니 너희가 어떠한 사람이 되어야 마땅하냐. 거룩한 행실과 경건함으로 하나님의 날이 임하기를 바라보고 간절히 사모하라. 그날에 하늘이 불에 타서 풀어지고 물질이 뜨거운 불에 녹아지려니와 우리는 그의 약속대로 의가 있는 곳인 새 하늘과 새 땅을 바라보도다 _벧후 3:11-12

베드로 사도는 지금 우리가 살아가고 있고 보고 있는 이 땅과 이 하늘이 모두 불살라지고서, 의로운 하나님의 나라가 새 하늘과 새 땅으로 완성되는 '그날'이 온다고 합니다. 그리고 그날, 그 영광스러운 나라에 누가 들어가느냐고 물으면서, 거룩한 행실과 경건함의 인격을 갖춘 자들이 들어갈 터이니 너희가 그런 사람이 되어야 한다고 권고합니다. 믿음에 덕과 지식과 절제와 인내, 그리고 그 위에 끊임없이 경건이 공급되어야 하는 이유가 여기에 있습니다.

그 다음은 무엇입니까? 형제 우애입니다. 어떤 율법사가 주님에게 "율법 중에 제일 큰 계명이 무엇입니까?" 하고 물었습니다. 예수님은 네 마음을 다하고 목숨을 다하고 뜻을 다하여 주 너의 하나님을 사랑하라 하셨으니 이것이 첫째 되는 계명이요 둘째도 그와 같으니 네 이웃을 네 자신과 같이 사랑하라"고 말씀하셨습니다 (마 22:37-39). 예수님께서 말씀하신 첫째 계명, 하나님을 사랑하는 것이 바로 경건입니다. 둘째가 무엇입니까? 이웃 사랑, 즉 형제 우애입니다. 예수님은 우리가 하나님을 사랑하고 하나님을 기뻐하는 경건한 믿음의 사람이라고 한다면, 그 경건이 하나님께서 나와 동일하게 사랑하시는 형제를 향한 형제 우애의 모습으로 드러나야 한다고 말씀하십니다.

야고보 사도는 참된 경건이 무엇이라 했습니까? 하나님 아버지 앞에서 정결하고 더러움이 없는 경건은 고아와 과부를 그 환난 중에 돌보고 또 자기를 지켜 세속에 물들지 아니하는 것이라 했습니다(약 1:27 참고). 경건이 하나님 앞에 자신을 세우는 삶의 태도에서 나오는 그의 인격과 성품이라면, 그렇게 하나님을 경외하고 두려워하는 사람 자신이 경외하는 하나님께서 사랑하시는 형제가 과부나 고아로 있을 때 어떻게 함부로 대할 수 있겠습니까? 하나님을 경외하듯이 그를 돌보고 존중하지 않겠습니까? 환난 중에 있는 그의 필요를 돌보지 않겠습니까? 생명과 경건에 속한 모든 것이 참된 믿음으로 드러나면 그 믿음이 어디로 흘러갑니까? 형제를 형제로 사랑하고 섬기는 형제 우애의 자리입니다.

하나님께서 우리에게 주신 보배로운 믿음이 어디에서 꽃이 핍니까? 경건입니다. 하나님께서 우리를 사랑하시듯 우리도 하나님을 사랑하는 사랑과 열정으로 세속의 더러움과 썩어짐과 허무함에서 자신을 지키는 것, 어려운 현실 속에서도 여전히 하나님을 향한 경외의 태도를 유지하며 살아가는 경건이야말로 '믿음의 꽃'입니다. 그런데 이 믿음의 꽃이 열매로 맺히려면 경건이 형제 우애의 방향으로 나아가야 하는 것입니다. 그래서 우리의 믿음은 가만히 있어서는 안 됩니다. 하나님께서 우리에게 은혜로 주신 보배로운 믿음에 덕과 지식, 절제와 인내, 경건을 공급해야 하고 거기에 힘써 '필라델피아', 사람과 사람 사이의 거짓 없는 사랑인 형제 우애가 더해져야 하는 것입니다. 그래야 우리가 하나님을 닮아 가는 신의 성품에 참여한 자임을 모든 사람이 함께 알게 될 것이고, 우리도 더 깊은 하나님의 은혜와 그를 아는 지식에서 자라 가는 복을 경험하게 되는 것입니다.

어떻게 경건에 이 형제 우애의 사랑을 더할 수 있습니까? 고아와 과부를 환난 중에 돌보는 계산적이지 않고 거짓이 없는 사랑, 상대가 나에게 원수같이 대하고 나를 핍박한다 할지라도 원수 갚는 것을 하나님께 맡기고 오히려 그를 위해 축복하고 그를 먹이고 입히는 선으로 악을 이기는 사랑, 그러면서도 상대가 가지고 있는 악을 철저하게 미워하는 사랑, 이 '필라델피아'의 형제 우애가 가능하게 여겨집니까? 형제 우애만이 아닙니다. 앞서 사도가 언급한 덕과 지식, 절제와 인내, 경건과 형제 우애는 모두 우리 힘만으로는 더해질 수 없습니다. 나의 본성으로는 불가능합니다. 그러나 우리가 누구입니까? 베드로후서 1장 3절을 보면 우리는 이미 하나님의 신기한 능력으로 생명과 경건에 속한 모든 것을 받은 사람들입니다. 하나님의 사랑을 받은 사람들입니다. 그리고 그 사랑과 은혜로 신성한 성품에 참여하도록 부르심을 받았습니다.

우리의 타락한 본성으로는 도무지 할 수 없는 형제 우애이지만 이미 받았고, 또 지금 받고 있고, 앞으로도 받을 하나님의 사랑을 기억하고 그 사랑이 나의 삶에 역사하도록 하나님의 말씀과 우리 안에 계시는 성령님께 순종할 때, 불가능하게 보이는 형제 우애는 가능한 열매들로 맺히게 됩니다. 그래서 베드로는 마지막으로 경건과 형제 우애를 말하면서 그것을 가능하게 해 줄 하나님의 사랑을 더하라고 끝을 맺고 있는 것입니다. 지금까지 살펴본 믿음에 더해져야 할 모든 덕목들을 가능하게 하는 것이 바로 하나님의 사랑입니다. 삼위 하나님께서 서로를 사랑하시면서 우리에게 부어 주신 아가페 사랑, 그의 신기한 능력으로 생명과 경건에 속한 모든 것으로 부어졌고 지금도 교회를 통해 부어지고 있는 이 사랑을 기억하고 경험하고 그 사랑에 반응하고 순종할 때, 경건에 형제 우애가 가능해질 것입니다.

우리는 우리를 거듭나게 하시고 보배로운 믿음을 통해 신성한 성품에 참여하는 삶을 살게 하신 하나님의 은혜 속에 살고 있습니다. 부패하고 타락한 인생을 불러 거듭나게 하시는 것은 전적인 하나님의 은혜입니다. 거기에 우리가 보탤 것이 없습니다. 그러나 하나님의 은혜는 우리로 하여금 세상의 썩어질 것을 피하여 하나님의 거룩함을 향하여 자라 가도록 요구합니다. 은혜를 말하는 자들은 누구든지 이 부름에 응답해야 합니다. 자신의 전인격을 바쳐 순종으로 나아가야 합니다.

하나님의 은혜는 우리의 순종과 응답을 요구합니다. 그것이 바로 믿음에 덕을, 덕에 지식을, 지식에 절제를, 절제에 인내를, 인내에 경건을, 경건에 형제 우애를, 형제 우애에 사랑을 더욱 힘써 더하라는 의미입니다. 우리가 받은 믿음에 이런 것들을 구하고 공급해야 하는 것은 우리에게 주어진 책임입니다. 우리가 해야 합니다. 사도는 더욱 힘써 이런 것들을 더하라고 했습니다. 더욱 힘써야 할 이것을 순종과 응답 없는 값싼 은혜로 밀어붙이지 말기를 바랍니다. 기도로 때우거나 다른 종교적 행위로 때우고 지나가지 않기를 바랍니다. 기도하면서 이를 악물고 힘써 반응하고 순종하며 구해야 할 덕목들입니다.

이것은 선택 사항이 아닙니다. 모든 열심을 쏟아부어 더하고 공급해야 할 교회와 그리스도인의 필수 사항입니다. 단지 노력하는 정도로 안 됩니다. 모든 열심을 쏟아부어야 합니다. 젖 먹던 힘까지 다해 혹은 더 이상 견딜 수 없는 지점에서도 허락된 모든 은혜의 수단을 동원하여 더하고 구해 나가야 할 덕목들입니다. 그것이 더욱 힘써 너희 믿음에 이런 것들을 더하라는 말씀의 의미입니다. 그래야 거짓과 함께 밀려오는 세속의 물결을 피할 수 있고 하나님을 아는 지식에 자랄 수 있으며, 하나님의 신성한 성품에 참여하여 하나님을 닮아 갈 수 있기 때문입니다.

언젠가 주님 다시 오실 그날, 지금 우리가 눈으로 보고 손으로 만지는 이 땅과 하늘이 큰 소리로 떠나가고 물질이 뜨거운 불에 풀려 녹아지듯이 모든 것이 타서 녹아지고 새 하늘과 새 땅이 내려와서 의로운 하나님의 나라가 완성될 것입니다. 그때 그토록 그리워하고 소망하던 삼위 하나님을 뵐 때, 하나님께서 우리에게 기대하시는 것이 무엇이겠습니까? 다른 것이 아닙니다. 바로 하나님의 신성한 성품에 참여하여 그를 닮아 간 우리 자신입니다.

하나님은 죄와 허물로 부패하고 타락한 이 땅을 그냥 두지 않으십니다. 처음 하늘과 처음 땅을 불사르고 새 하늘과 새 땅을 가져와 새롭게 창조하실 것입니다. 그런데 그 전에 교회를 통해 자신의 백성들을 하나님을 닮은 하나님의 성품에 참여한 백성으로 다시 창조하는 것을 먼저 하고 계시는 것입니다. 하나님은 주님의 몸 된 교회를 통해 바로 이 일을 하십니다. 이 일이 끝나지 않으면 주님이 새 하늘과 새 땅을 가지고 다시 오실 수 없습니다. 그래서 교회가 죽을 힘을 다해 진력해야 할 것은 그의 신성한 성품에 참여하여 하나님을 닮아 가는 일입니다. 이 일보다 중요한 것은 없습니다.

베드로후서 전체가 이 말씀을 하고 있습니다. 자신의 죽음을 직감하고 있는 베드로가 얼마 남지 않은 생명의 촛불을 밝혀 그의 사랑하는 독자에게 1장 처음부터 하고 있는 말이 무엇입니까? 하나님께서 그의 신기한 능력으로 생명과 경건에 속한 모든 것을 주셔서 허락하신 너희의 보배로운 믿음에, 힘써 이런 것들을 더해 신성한 성품에 참여하여 하나님을 닮아 가라는 말씀입니다. 이 간절하고도 다급한 권면이 마지막 3장에서 어떤 내용으로 끝납니까? 종말과 새 하늘과 새 땅에 관한 것입니다. 그날에 하나님 앞에 들어가는 사람은 1장에서 말했던 하나님을 닮아 가기 위해 거룩한 행실과 경건함으로 주 앞에서 점도 없고 흠도 없이 평강 가운데서 나타나기를 힘썼던 사람들, 어떻게 하든지 우리 주 예수 그리스도의 은혜와 그를 아는 지식에 자라 가기 위해 자신을 하나님께 드렸던 믿음의 사람들이 그 의로운 나라에 들어간다는 말씀으로 끝이 납니다.

2장은 예수 믿고 이 땅에서 잘 먹고 잘사는 것을 최고의 복으로 가르치는 거짓 선생들과 그들의 그릇된 가르침에 대한 경고입니다. 지금 사랑하는 교회와 그 안의 성도들이 거짓 선생들의 왜곡된 복음에 미혹되어 하나님을 닮아 가는 길이 아닌 다른 길을 가려고 하는 조짐을 보이고 있어, 베드로는 안타깝고 분하고 다급한 마음으로 두 번째 편지를 쓰고 있습니다. 베드로 사도의 이 안타깝고 간절한 마음을 받아 우리도 하나님께서 주신 보배로운 믿음에 힘써 덕을 구하고, 덕에 지식을, 지식에 절제를, 절제에 인내를, 인내에 경건을 경건에 형제 우애를, 형제 우애에 사랑을 더하여 하나님을 더 많이 알고 사랑하고 닮아 가기를 바랍니다.

06 하나님을 닮아 가는 것의 중요성
벧후 1:8–11

베드로후서는 하나님께서 그의 신기한 능력으로 생명과 경건에 속한 모든 것을 우리에게 주셨다는 말로 본격적인 내용이 시작됩니다(1:3). 믿는 자에게 있는 생명과 경건에 속한 모든 것이 무엇일까요? 예수 그리스도입니다. 그리고 그분께서 주신 새로운 본성과 말씀의 씨앗입니다. 허물과 죄로 죽은 영혼에 하나님의 말씀이 역사하면, 거듭나게 되고 새 생명이 탄생됩니다. 이 생명에는 말씀의 씨앗과 더불어 새로운 본성이 심겨집니다(벧전 1:23). 거듭난 자의 새로운 본성에 심겨진 말씀의 씨앗이 성령의 역사로 발아되고 싹으로 틔어질 때마다 그는 영광과 덕으로 부르신 하나님을 알게 되고 보배롭고 지극히 큰 하나님의 약속을 배워 갑니다. 그러므로 거듭난 자에게 있는 새로운 본성과 그 안에 심겨진 말씀의 씨앗은 예수 그리스도와 더불어 생명과 경건에 속한 모든 것이라고 할 수 있습니다. 그것으로 하나님을 알아 가고 그의 보배롭고 지극히 큰 약속들을 배워 가니 어찌 그렇지 않겠습니까?

하나님께서 그의 택한 백성들을 불러 거듭나게 하시고 새로운 본성과 말씀의 씨앗을 주셔서 하나님과 그의 약속을 알게 하시는 이유가 무엇입니까?

> 이로써 그 보배롭고 지극히 큰 약속을 우리에게 주사 이 약속으로 말미암아 너희가 정욕 때문에 세상에서 썩어질 것을 피하여 신성한 성품에 참여하는 자가 되게 하려 하셨느니라 _벤후 1:4

하나님께서 우리를 불러 거듭나게 하시고 새롭게 하신 이유는 정욕으로 세상의 썩어질 것만 구하는 인생을 하나님의 신성한 성품에 참여하는 인생, 즉 하나님을 닮게 하여 하나님과 교제하며 그의 영원한 영광을 구하는 인생으로 만드시기 위해서입니다. 그것을 위해 하나님은 그의 신기한 능력으로 생명과 경건에 속한 모든 것을 우리에게 주셨고, 예수 그리스도를 주셔서 오늘도 믿음의 역사를 진행해 나가고 계십니다.

베드로는 그렇게 부름 받은 인생을 향하여 이렇게 권면합니다.

> 그러므로 너희가 더욱 힘써 너희 믿음에 덕을, 덕에 지식을, 지식에 절제를, 절제에 인내를, 인내에 경건을, 경건에 형제 우애를, 형제 우애에 사랑을 더하라 _벤후 1:5-7

베드로 사도는 그의 첫 번째 편지인 베드로전서에서 고난받는 형제들에게 "너희들은 지금 믿음의 결국 곧 영혼의 구원을 받는 자리인 보지 못하는 주님을 믿고 말할 수 없는 영광스러운 즐거움으로 기뻐하는 자리로 나아가기 위해 하나님의 보호하심을 받고 있다. 그 보호하심의 방법이 고난이니 고난을 이상히 여기지 말고 오히려 크게 기뻐하라"(벧전 1:5-9)고 위로했습니다.

그리고 베드로후서는 "하나님께서 너희들을 부르신 이유는 너희들이 세상에서 썩어질 것을 구하지 않고 하나님의 신성한 성품에 참여하는 삶을 살게 하기 위해서다. 그것을 위해 이미 너희들에게 그의 신기한 능력으로 주어진 생명과 경건에 속한 모든 것이 있다. 새로운 본성이 심어져 있고 말씀의 씨앗이 있고 그리스도가 주어져 있다. 그러니 너희는 더욱 힘써 너희 믿음에 덕을, 덕에 지식을, 지식에 절제를, 절제에 인내를, 인내에 경건을, 경건에 형제우애를, 형제 우애에 사랑을 더하라" 고 말하면서 시작됩니다.

베드로전서와 후서의 이 중요한 핵심을 연결하면 어떤 말이 되겠습니까? "너희는 하나님의 신기한 능력으로 구원을 얻어 생명과 경건에 속한 모든 것을 받았고 그것으로 하나님을 사랑하는 백성으로 만들어져 가고 있으니, 고난 중이라도 그런 하나님의 뜻을 알고 하나님을 닮은 인생이 되기 위해 지금 있는 믿음에 더욱 힘써 덕과 지식과 절제와 인내와 경건과 형제 우애와 사랑을 더해야 한다"가 됩니다. 이 흐름을 잘 이해하면 좋겠습니다.

지금 베드로는 그의 독자들에게 예수를 믿고 더 많은 세상의 복을 받기 위해 힘쓰라고 말하지 않았습니다. 예수 믿고 더 하나님을 닮기 위해 힘써야 한다고 말합니다. 이것이 중요한 이유는 8-11절의 내용으로 연결되기 때문입니다.

이런 것이 너희에게 있어 흡족한즉 너희로 우리 주 예수 그리스도를 알기에 게으르지 않고 열매 없는 자가 되지 않게 하려니와 이런 것이 없는 자는 맹인이라 멀리 보지 못하고 그의 옛 죄가 깨끗하게 된 것을 잊었느니라. 그러므로 형제들아 더욱 힘써 너희 부르심과 택하심을 굳게 하라. 너희가 이것을 행한즉 언제든지 실족하지 아니하리라. 이같이 하면 우리 주 곧 구주 예수 그리스도의 영원한 나라에 들어감을 넉넉히 너희에게 주시리라 _벧후 1:8-11

이런 것이 있어야 예수님을 아는 일에 열매를 맺고, 이런 것이 없으면 맹인이라고 하는데, '이런 것'이 무엇입니까? 하나님을 알고 그를 닮아 가기 위해 믿음에 덕을, 덕에 지식을, 지식에 절제를, 절제에 인내를, 인내에 경건을, 경건에 형제 우애를, 형제 우애에 사랑을 힘써 공급하는 일입니다. 이런 것이 없으면 맹인입니다. 멀리 보지 못하고 그의 옛날을 잊어버리는 맹인이 됩니다. 지독한 근시안에 예전의 은혜도 망각해 버리는 그런 맹인에게는 예수 믿고 복 받아 잘사는 것 외에는 보이지 않습니다. 인생이 바라보아야 할 좀 더 큰 목표와 가치가 눈에 들어오지 않습니다. 오직 보이는 것은 눈앞의 이익과 편안함과 남들보다 잘 되는 것과 유명해지는 것과 이름을 떨치는 것뿐이어서 예수 이름을 그것 위해 동원하고 사용합니다. 그러면서도 그는 자신의 그런 믿음 때문에 하나님의 영광이 더럽혀지고 땅에 떨어져 모욕을 당하는 것도 알지 못합니다.

근래 우리나라에 가상 화폐 열풍이 불었습니다. 투기성이 너무

강해 정부에서 강력한 규제와 심지어 폐지까지 예상하고 있다고 발표했는데 투자자들의 반발이 심합니다. 이들은 누구나 참여할 수 있는 대한민국 마지막 대박의 기회를 왜 정부가 박탈하냐고 하면서 사유 재산권을 침해하지 말라고 소리를 높이고 있습니다. 우려스러운 것은 가상 화폐 투자자들이 주로 20-30대 젊은이들이라는 것입니다. 많은 사람들이 자신들의 힘으로는 아무리 노력해도 가진 자들의 기득권을 뛰어넘을 수 없다는 절망감 속에서 신분과 지위와 삶의 질을 한꺼번에 높여 줄 수 있는 대박을 찾아 가상화폐 투자에 뛰어들고 있습니다. 누구는 몇백억을 벌었다더라. 누구는 몇억을 벌었다는 말을 듣고 그리하는 것입니다. 그러나 그렇게 눈앞의 대박을 좇는 가치관은 자칫 자기만 아니라 자기 인생과 가족과 주변 모두를 힘들게 하고 불행하게 할 수 있다는 것을 알아야 합니다. 인생은 눈앞의 대박보다 더 먼 가치와 계획을 가지고 멀리 보아야 합니다. 그것을 보지 못하면 발끝만 보면서 살아가는 지독히 근시안적인 인생이 될 수밖에 없습니다.

인생에서 가장 중요한 것이 무엇입니까? 예수님을 아는 것입니다. 예수를 안다고 돈이 생깁니까, 집이 생깁니까? 주 예수를 아는 것이 지금 당장은 아무 쓸모가 없어 보일 수 있습니다. 그래서 사람들은 예수를 아는 것이 세상을 사는 데는 아무 소용이 없다고 생각하고 예수님을 구하고 찾는 것을 무시합니다. 그러나 지금 여기서 사는 것이 전부가 아닙니다. 이 땅의 삶이 끝나면 영원한 나라의 영원한 삶이 준비되어 있습니다. 하나는 지옥이고 하나는 천국입니다. 지옥에서도 영원히 살고 천국에서도 영원히 삽니다. 지옥은 영원한 고통과 저주와 심판과 형벌만 있는 나라이고, 천국은 영원한 안식과 기쁨과 생명과 행복이 있는 나라입니다.

누가 천국에 가고 누가 지옥에 갑니까? 성경은, 천국은 돈으로도 가지 못하고 힘으로도 가지 못하고 오직 예수 그리스도를 믿는 믿음으로 간다고 했습니다. 예수로 말미암아 갑니다. 예수를 믿는다는 것은 단지 머리로 동의하는 지식적인 믿음 정도가 아닙니다. 믿음은 인격적으로 예수님과 함께하면서 그를 아는 것입니다. 영생은 하나님과 예수 그리스도를 아는 것입니다. 인생의 마지막 날에 하나님 앞에 섰을 때 누가 하나님 앞에서 천국 입장이라는 선언을 들을 수 있습니까? 예수님을 믿고 살았던 사람, 곧 예수님을 아는 자들입니다. 그들은 공로도 없고 자격도 없지만 자신이 믿고 알았던 예수님 때문에 하나님의 나라에 들어가 영원한 생명과 안식의 주인공이 되는 것입니다. 나머지는 다 지옥에서 영원한 형벌 속에 슬피 울며 이를 갈면서 살게 될 것입니다. 예수님이 나는 너를 모른다 하시고 자기도 예수님을 모르는데 어떻게 예수님의 나라에 들어갈 수 있겠습니까?

그러니 예수님을 아는 것이 얼마나 중요합니까? 예수님을 알기 위해 무엇을 힘써야 합니까? 예수님을 믿고 아는 것은 오직 은혜로 가능한 일입니다. 처음 거듭나서 믿음을 갖게 된 것도 은혜이고, 그 믿음이 자라나는 것도 은혜입니다. 그러나 거듭난 자가 믿음으로 살게 하는 하나님의 은혜는 기계적이거나 마술적이지 않고 철저하게 인격적이기 때문에 우리에게 이렇게 요구합니다. 믿음에 덕을, 덕에 지식을, 지식에 절제를, 절제에 인내를, 인내에 경건을, 경건에 형제 우애를, 형제 우애에 사랑을 공급하라고 하십니다. 이 일에 더욱 힘쓰라고 합니다. 힘씀과 애씀으로 우리 주 예수 그리스도를 알아가는 데 게으르지 않아야 한다고 말씀하며 하나님을 닮아 가는 열매가 우리의 인격과 성품에 맺혀야 한다고 말씀하고 있습니다.

이런 것이 없는 자는 그의 옛 죄가 깨끗하게 된 것을 잊은 맹인이어서 멀리 보지 못하고 눈앞의 이익만 보고서 그 이익을 위해 다시 죄와 욕망으로 자신을 더럽히는 삶을 삽니다. 이 사람의 눈에는 세상의 좋은 것만 보입니다. 물론 세상에도 좋은 것이 많습니다. 맛있는 것도 많고 즐길 것도 많습니다. 가 보고 싶은 곳도 많고 해 보고 싶은 것도 많습니다. 그러나 그는 그 모든 좋은 것들이 자신의 영혼을 풍성하게 하지 못한다는 것을 보지 못합니다. 그것들이 예수 그리스도를 알게 하지 못하며, 오히려 예수님을 알고 하나님을 닮아 가는 일에 방해가 되고 걸림돌이 된다는 사실을 보지 못합니다. 그는 지독한 근시안이어서 세상의 모든 좋은 것들이 언젠가는 다 풀어지고 불타 없어진다는 미래의 일을 알지 못합니다.

그래서 베드로는 "그러므로 형제들아, 너희들은 이런 맹인이 되지 말고 더욱 힘써 택하심과 부르심을 굳게 하라. 너희가 이것을 행한즉 언제든지 실족하지 아니하리라. 이같이 하면 우리 주 곧 구주 예수 그리스도의 영원한 나라에 들어감을 넉넉히 너희에게 주시리라"고 말하는 것입니다. 지금 베드로는 하나님을 알고 그를 닮아 가는 일을 택하심과 부르심, 그리고 종말론적 구원으로 연결하고 있습니다. 물론 우리가 하나님을 알고 하나님을 닮아 가는 자이기에 택하시고 부르셨던 것이 아닙니다. 그러나 하나님께서 택하시고 부르신 자들은 반드시 하나님을 믿음 가운데 알아 가야 하고 그를 닮아 가야 합니다.

누가 하나님의 택하심을 받은 자이며 누가 부르심을 받은 자입니까? 예수 믿고 의롭다 함을 받은 자가 누구입니까? 그는 하나님께서 주신 보배로운 믿음에 힘써 덕을 더하고 지식과 절제와 인내와 경건과 형제 우애와 사랑을 더해 하나님을 알고 닮아 가는 자입니다. 그런 자가 택하심과 부르심을 굳게 하는 자입니다. 생명은 우리가 만들어 낼 수 있는 것이 아닙니다. 오직 하나님께로부터 옵니다. 은혜입니다. 철저한 하나님의 선물입니다. 그러나 이 생명은 부품을 갈아 끼우면 작동하는 기계의 배터리 같은 생명이 아니라, 우리의 인격과 성품에서 하나님을 향한 사랑과 그를 알고 닮아 가는 방향으로 나타나는 생명이므로, 그런 것이 있어야 주 예수 그리스도의 나라에 넉넉히 들어갈 수 있다고 말합니다.

이것은 행위 구원론을 말하는 것이 결코 아닙니다. 택함받고 부르심을 입었다 말하고 예수님을 믿는다고 말하면서도, 정작 예수 그리스도를 알고 닮아 가는 일에는 아무런 관심이 없고 오직 눈앞의 이익과 욕망을 따라 사는 사람의 믿음이 과연 참된 믿음이겠는가 하는 도전입니다. 믿음에 덕과 지식과 절제와 인내와 경건과 형제 우애와 사랑이 공급되지 않는 믿음이 과연 진짜 믿음이냐, 하나님 나라에 넉넉히 들어가는 믿음이 맞냐 하는 물음입니다. 우리의 믿음이 머리에 머물지 않고 가슴으로 내려와 삶에서 역사하는 생명이 되어, 하나님을 사랑하며 그를 닮아 가는 방향으로 나아가고 자라 가기를 바랍니다.

07 간절한 일깨움 ①

벤후 1:12-18

죽음을 앞둔 가장이 남아 있는 가족들에게 남기는 유언에는 절박한 권면이 담겨져 있습니다. 가족들이 그 유언을 마음에 새겨서 지키려고 애를 쓰는 것은 그 속에 있는 그의 사랑과 진실함과 간절함을 알기 때문입니다. 특별히 어린 자녀를 두고 떠나는 부모의 마음을 어떻게 말로 다 표현할 수 있겠습니까? 1장 12-18절 말씀은 베드로 사도의 그와 같은 유언적 권면입니다.

　베드로가 거짓 선생들의 미혹 앞에서 흔들리고 있는 어린 교회를 향하여 "나의 장막을 벗어날 것이 임박한 줄을 앎이라"(14절)고 하면서 간절한 마음을 담아 권면하고 있는 내용이 무엇입니까? 12절에서는 항상 너희에게 생각나게 하려 한다고 했고, 13절에서도 너희를 일깨워 생각나게 함이 옳다고 했고, 15절에서도 내가 떠난 후에라도 어느 때나 이런 것을 생각나게 하려 한다고 했습니다. 이 짧은 구절 안에 생각나게 한다는 말이 세번이나 반복되는 것은, 임종을 앞둔 베드로의 유언과 같은 권면이 '생각나게 한다'는 말을 중심으로 펼쳐지고 있다는 뜻입니다. 여기 '생각나게 하려 한다'는 말은 '휘포미므네스'라는 단어로 이미 일어난 사건이나 사실을 끊임없이 기억하여 그 사건이 주는 영향 아래 지속적으로 머문다는 의미입니다.

기억의 반대는 잊어버림, 망각입니다. 왜 사람이 자꾸 망각하고 잊어버립니까? 기억해야 할 것은 잊어버리고 잊어버려야 할 것을 기억하는 것은 일종의 죽음 현상입니다. 죄가 죽음을 가져왔고, 죽음은 우리로 하여금 기억해야 할 것을 잊어버리게 하고 잊어버려야 할 것을 끌어안고 고통하게 하는 증상을 가져옵니다. 그러므로 잊어버려야 할 것을 잘 잊어 그 영향에서 벗어나고 잊지 말아야 할 것을 생각하면서 그 영향 아래 머무는 것은, 우리가 죄와 사망의 세력과 싸울 수 있는 가장 강력한 방법 중의 하나입니다.

베드로가 교회를 향하여 너희들이 잊지 말고 생각하면서 그 영향 아래 머물러 있어야 한다고 권면하는 것은 두 가지인데, 하나는 12절의 '이것'이고 또 하나는 15절의 '이런 것'입니다. 우선 12절부터 보겠습니다.

> 그러므로 너희가 이것을 알고 이미 있는 진리에 서 있으나 내가 항상 너희에게 생각나게 하려 하노라 _벧후 1:12

이미 이것을 알고 진리에 서 있다고 했습니다. 그러나 사도는 이미 알고 있는 이것과 진리를 다시 일깨워서 그들이 생각하고 그 위에 더 굳게 서 있기를 원했습니다. 그들이 알고 있지만 다시 일깨워서 생각해야 하는 '이것'이 무엇입니까? 지금까지 베드로가 말한 내용입니다. 하나님께서 주신 보배로운 믿음에 덕과 지식과 절제와 인내와 경건과 형제 우애와 사랑을 더하여, 하나님을 알고 그의 신성한 성품에 참여하는 것입니다. 그렇게 하나님의 성품을 닮아 가는 힘씀과 애씀이 하나님께서 그들을 택하시고 부르신 것을 굳게 하며 우리 주 예수 그리스도의 영원한 나라에 넉넉히 들어가게 하실 것이라는 진리 말입니다.

교회는 진리이신 예수 그리스도의 몸입니다. 하나님의 백성들은 예수 그리스도의 성육신과 죽으심과 부활과 승천, 그리고 다시 오실 재림의 사건을 믿어 세례를 받았습니다. 그리스도인은 이미 이 복음의 진리를 알고 있고 믿고 있습니다. 그럼에도 이들은 계속해서 그 구원의 사건을 기억하고 생각해서 그 영향 아래 자신을 머물러 있게 해야 합니다. 왜냐하면 세상의 가치관을 주도하는 사탄이 우리가 구원의 진리 안에 머물지 못하도록, 이미 알고 있고 믿고 있는 진리들을 생각하면서 그 영향 아래서 살지 못하도록, 끊임없이 다른 생각과 다른 가치관을 부추기고 있기 때문입니다.

어떻게 해야 합니까? 이미 알며 믿고 있지만, 다시 복음을 들어야 하며 구원의 진리를 다시 일깨워 생각해야 합니다. 진리 되신 예수 그리스도와 그의 복음을 생각해야 합니다. 그분을 사랑하고 알아 가고 닮아 가는 일을 생각해야 합니다. 그래야만 정욕으로 인해 세상의 썩어질 것을 피할 수 있습니다. 그래야만 장차 우리 주님께서 영광 가운데 가지고 오실 새 하늘과 새 땅과 새 예루살렘에 넉넉한 은혜로 들어가게 될 것입니다.

생각이 그 사람을 만듭니다. 거룩한 것을 생각하면 거룩한 사람이 되고, 더러운 것을 생각하면 더러운 사람이 됩니다. 생각하는 것만큼 그 영향 아래 머물기 때문입니다. 예수 믿고 잘되고 복 받는 것만 생각하면, 복 받고 성공하기 위하여 수단과 방법을 가리지 않으면서도 그것을 전혀 부끄러워하지 않는 괴물 같은 그리스도인이 됩니다. 향기 나는 그리스도인, 생명력 있는 그리스도인이 되기 위해서는 하나님의 택하심과 부르심을 생각해야 합니다. 삼위 하나님께서 창세 전에 그리스도 안에서 나를 택하시고 때가 되어 역사 속에서 나를 부르신 것은 사랑 안에서 거룩하고 흠이 없는 인생을 만들기 위함이라는 사실을 잊지 말아야 합니다.

삼위 하나님께서 우리가 우리의 형상을 따라 우리의 모양대로 사람을 만들자고 하시고 사람을 지으셨습니다. 인생이 하나님의 모양과 형상대로 지어졌다는 것은 하나님을 본떴으며 하나님을 닮았다는 의미입니다. 사람은 하나님을 닮아 하나님을 반영하며 하나님의 사랑 안에서 하나님과 교제하고 하나님을 더 깊이 알아갈 수 있는 생명의 존재로 지어졌습니다. 하나님은 사람을 이렇게 지으시고 심히 좋아하셨습니다. 그러나 죄에 빠진 사람은 하나님의 형상이 변질되고 왜곡되고 부패하고 타락해 버려서, 하나님을 닮은 존재에서 사탄을 닮은 존재가 되고 말았습니다. 죄와 사망의 종이 되고 말았습니다.

구원이란 무엇입니까? 구원은 사탄을 닮은 사람을 다시 하나님을 닮은 형상으로 돌려놓아 더 완전한 하나님의 형상으로 회복하고 완성하는 하나님의 역사입니다. 그것이 사랑 안에서 우리를 거룩하게 하시는 하나님의 구원이며, 우리를 택하시고 부르신 목적입니다. 이것은 교회가 이미 들었고 이미 알고 있는 진리입니다. 그러나 잊어서는 안 될, 늘 기억하고 생각하여 그 부르심과 택하심의 목적 안에 나의 삶을 머무르게 하고 그 안에서 내 삶이 진행될 수 있도록 끊임없이 일깨워야 하는 진리입니다.

하나님을 더 많이 알고 닮아 가기 위해, 주께서 주신 보배로운 믿음에 더욱 힘써 도덕적인 탁월함과 용기와 담대함의 덕을 더하는 것이 얼마나 중요한지를 생각해야 합니다. 이 보배로운 믿음이 자신의 욕망을 위한 맹신이나 광신이 되지 않도록 하나님의 뜻을 분별하는 지식을 공급하는 것이 얼마나 중요한지도 생각해야 합니다. 하나님의 뜻을 실현하기 위하여 하고 싶은 것을 참고, 하기 싫은 것을 하는 절제가 얼마나 중요합니까? 덕과 지식과 절제를 더한 믿음이 현실에서 적용되고 발휘되기 위해, 수없이 참고 견뎌야 함을 알고서 믿음에 인내를 더해야 합니다. 그런 나의 믿음이 내 믿음 좋음과 유능함을 뽐내는 자기 의로 가지 않고 하나님 앞에서, 하나님 안에서, 하나님을 향하여 나타나고 발휘되는 경건한 믿음이 되게 하는 것이 얼마나 중요한지를 생각해야 합니다. 그 경건한 믿음이 자칫 다른 사람을 섣불리 판단하고 정죄하면서 휘두르는 칼이 아니라 지체를 세우고 유익하게 하는 형제 우애로 연결되는 것, 그리고 그 모든 덕목들이 하나님의 사랑이 없으면 불가능하다는 것을 알고 나의 믿음에 끊임없이 하나님의 사랑을 구하는 것, 그래서 결국은 나의 생각과 기억에서 하나님의 사랑이 떠나지 않도록 하며 그 영향력 아래에서 나의 말과 삶과 행동이 지배받도록 하는 그것이 얼마나 중요한지 모릅니다.

"제발 하나님을 알고 하나님을 닮아 가는 사람이 되라."고 말하는 늙은 사도의 애타는 부탁이 들립니까? "교회는 하나님의 신성한 성품에 참여하면서 그를 닮아 가는 일 외에 다른 것에 정신이 팔리면 안 된다."고 말하는 사도의 애타는 심정이 보입니까? 우리의 생각을 다시 진리로 일깨우기를 바랍니다.

베드로가 힘써 일깨우고 싶은 또 하나의 내용이 15절에 있습니다.

> 내가 힘써 너희로 하여금 내가 떠난 후에라도 어느 때나 이런 것을 생각나게 하려 하노라 _벤후 1:15

12절의 '이것'이 하나님을 알고 닮아 가기 위해 믿음에 힘써 더 해야 할 덕목들을 말한 것이라면, 15절의 '이런 것'은 16절에 나오는 예수 그리스도의 능력과 강림하심의 사건을 말합니다. 사도가 마지막 힘을 다해 교회가 생각하고 잊지 말아야 할 것이 있다고 당부하는 것은, 예수 그리스도께서 능력으로 다시 오실 그날을 바라보며 사는 것입니다. 베드로를 위시한 사도들은 부지런히 예수 그리스도의 다시 오심을 가르쳤습니다. 거룩한 행실과 경건함으로 그날을 바라보고 기다리면서 간절히 사모하는 것이 마땅하다고 가르쳤습니다(3:11-12).

그런데 거짓 선생들이 주께서 강림하신다는 약속이 어디 있느냐? 조상들이 잔 후로부터 만물이 처음 창조될 때와 같이 그냥 있다고 하면서 그리스도의 재림을 조롱했습니다. 주의 재림은 제자들이 교묘하게 만들어 낸 이야기니 믿을 필요가 없다고 하면서 지금 이 땅, 여기에서 잘 살고 행복하게 사는 것이 중요하다고 현세적인 믿음을 강조했습니다. 그들이 누구입니까? 현실적인 믿음을 말하면서 호색하는 자들입니다(2:2). 탐심으로 지어낸 말을 가지고 성도들을 이익의 재료로 삼았고(2:3), 음심이 가득한 눈을 가지고 범죄하기를 그치지 않는 자들입니다(2:14). 교회는 이런 사람들을 분별하고, 당연히 그들의 가르침이 교회 안에 들어오지 못하도록 몰아내야 하지 않습니까? 그런데도 이상하게 역사적으로 교회는 이런 거짓 선생들의 미혹에 늘 영향을 받아 왔습니다.

지금 베드로가 편지를 쓰고 있는 소아시아 지역의 교회들도 그랬습니다. 말도 안 되는 거짓 선생들의 가르침에 그들의 생각과 믿음이 영향을 받고 있습니다. 그래서 베드로는 우리 주 예수 그리스도의 능력과 강림하심을 말하는 나의 가르침은 거짓 선생들의 주장처럼 내가 교묘히 지어내고 만든 이야기가 아니라, 야고보와 요한과 더불어 친히 변화산에서 보고 들었던 역사적인 사건이며 분명한 사실이니, 제발 이 진리를 다시 생각하고 그 위에 너희들의 믿음과 삶을 두라고 말하고 있는 것입니다.

16절의 "우리 주 예수 그리스도의 능력과 강림하심"은 형용사와 명사로 된 문구를 명사와 명사로 연결하여 강조하는 중언법으로 우리 주 예수 그리스도의 능력 있는 강림이라는 뜻입니다. 강림은 헬라어 '파루시아'라고 하며 동일하게 재림이라는 뜻을 갖고 있습니다. 언젠가는 예수 그리스도가 놀라운 하나님의 능력으로 재림하는 날이 있다는 것입니다. 그런데 베드로는 그리스도의 강림, 재림을 말하면서 변화산 사건을 인용합니다.

> 지극히 큰 영광 중에서 이러한 소리가 그에게 나기를 이는 내 사랑하는 아들이요 내 기뻐하는 자라 하실 때에 그가 하나님 아버지께 존귀와 영광을 받으셨느니라. 이 소리는 우리가 그와 함께 거룩한 산에 있을 때에 하늘로부터 난 것을 들은 것이라 _벧후 1:17-18

왜 그리스도의 재림을 말하면서 변화산 사건을 인용합니까? 십자가를 앞두고 주님은 야고보와 요한과 베드로를 데리고 변화 산에 올라가서 그들이 보는 앞에서 영광스럽게 변화되는 것을 보여 주셨습니다. 이것은 곧 십자가에서 돌아가실 주님께서 하나님의 아들이며 하나님께서 기뻐하시는 종으로서, 죽음이 끝이 아니라 지금 여기에서 영광스럽게 변화되신 것처럼 앞으로 부활하고 승천해서 영화롭게 될 것이며, 모든 나라를 다스리는 왕으로 온 세상을 통치하시다가 장차 반드시 이 세상을 심판하기 위해 능력으로 다시 오신다는 것을 미리 보여 주신 예고적인 사건입니다. 베드로가 지어낸 이야기가 아니라 직접 보고 들은 생생한 역사적인 사건입니다. 베드로만 아니라 요한과 야고보도 함께 보고 함께 들었던 사실입니다. 왜 이 말을 하죠? 주님께서 영광스럽게 능력으로 다시 오실 날이 반드시 있다는 것입니다.

우리가 잊지 말고 또 생각하고 기억해야 할 진리가 무엇입니까? 주님이 능력으로 다시 오셔서 이 세상을 심판하신다는 사실입니다. 지금 우리가 보는 이 하늘과 땅이 전부가 아닙니다. 그것들이 불로 타서 녹아지고 새 하늘과 새 땅이 내려올 때가 있습니다. 교회는 이 날을 바라보고 믿음으로 살아야 합니다. 우리 주님이 새 하늘과 새 땅을 가지고 오시기 전, 먼저 교회를 통해 그의 백성들이 하나님을 알고 그를 닮아 가는 백성들로 자라갈 수 있도록 생명과 경건에 속한 모든 것을 주셔서 그 일을 이루어 가고 있음을 기억하면서 그 생각과 영향 아래 머물러 있어야 합니다.

진리이신 예수 그리스도를 생각하고, 그분이 다시 오셔서 완성하실 그의 나라를 생각하고, 그 나라에 가기까지 그리스도 안에서 부름 받은 내가 어떤 삶을 살아야 할지를 생각하면서 살아야 합니다. 하나님을 알기 전에는 돈과 명예와 권력과 쾌락만 생각하고 그것을 위해 살았지만 하나님을 알고 그분의 진리를 알고 나서는 그렇게 살아서는 안 됩니다. 생각이 달라지고 목표가 달라져야 합니다. 생각이 중요합니다. 일깨워 언젠가 영광의 주님이 능력으로 다시 오실 때 주를 알고 주를 닮은 사람만이 은혜로 그분의 나라에 넉넉히 들어갈 수 있다는 사실을 생각해야 합니다. 이 진리를 생각하고 그 영향 아래 우리의 삶과 믿음을 늘 두어야 합니다. 그것이 자신의 죽음을 앞두고 애타는 마음으로 교회를 향하여 권하는 늙은 사도의 간절한 당부입니다.

진리는 인간이 노력한다고 만들어지는 것이 아닙니다. 진리는 오직 하나님에게서만 옵니다. 그러므로 은혜로써 진리의 말씀을 먼저 받아 누리고 있는 자들은 이것을 나누어 주고 이 진리로 사람들을 일깨워야 하는 사명이 있다는 것을 잊지 마십시오. 우리 주변에 아직 진리를 모르고 진리로 살지 않는 사람들이 너무 많습니다. 가장 가치 있는 일은 진리로 사람들을 일깨우는 일입니다. 그러기 위해서는 먼저 우리가 일깨워져 진리를 생각하고 그 진리 아래 우리의 삶을 둘 수 있어야 합니다. 능력으로 다시 오실 주님을 생각하면서 하나님을 사랑하고 그를 닮길 바랍니다.

08 간절한 일깨움 ②

벧후 1:16-21

우리는 지금 베드로의 유언적인 권면을 듣고 있습니다. 거짓 선생들의 잘못된 가르침에 영향받고 있는 교회를 향하여 사도는 간절한 마음을 담아서 권합니다. "너희는 내가 죽고 없을 때에도 지금 내가 하는 말을 기억하여 하나님을 사랑하며 그를 알고 닮아 가는 일에 힘써야 한다. 그리고 언젠가는 능력으로 다시 오실 그리스도를 의식하면서 남은 생을 믿음에 덕과 지식과 절제와 인내와 경건과 형제 우애와 사랑을 더하여 신성한 성품에 참여하는 삶으로 너희 택하심과 부르심을 굳게 해야 한다." 그러면서 변화산의 체험을 언급합니다.

우리 주 예수 그리스도의 능력과 강림하심을 너희에게 알게 한 것이 교묘히 만든 이야기를 따른 것이 아니요 우리는 그의 크신 위엄을 친히 본 자라. 지극히 큰 영광 중에 이러한 소리가 그에게 나기를 이는 내 사랑하는 아들이요 내 기뻐하는 자라 하실 때에 그가 하나님 아버지께 존귀와 영광을 받으셨느니라. 이 소리는 우리가 그와 함께 거룩

한 산에 있을 때에 하늘로부터 난 것을 들은 것이라 _벧후 1:16-18

변화산 사건은 그리스도께서 베드로와 요한과 야고보 앞에서 영광스럽게 변화된 모습을 보여 준 사건입니다. 마태복음 17장 1절 이하를 보면, 이때 예수님은 얼굴이 해같이 빛나며 옷이 빛과 같이 희어졌고 모세와 엘리야와 함께 이야기하셨습니다. 이것은 십자가의 죽음을 앞두고 있는 주님께서 그 죽음을 통해 가져올 천국의 영광을 미리 조금 열어서 맛보기나 예고편으로 보여 준 것인데, 얼마나 좋았던지 베드로가 "주여 우리가 여기 있는 것이 좋사오니 만일 주께서 원하시면 내가 여기서 초막 셋을 짓되 하나는 주님을 위하여, 하나는 모세를 위하여, 하나는 엘리야를 위하여 하리이다"라고 말할 정도였습니다. 베드로는 그 놀라운 영광을 눈으로 보기만 한 것이 아니라 빛난 구름 속에서 "이는 내 사랑하는 아들이요 내 기뻐하는 자니 너희는 그의 말을 들으라"(마 17:4)는 하늘의 음성을 직접 듣기도 했습니다. 엄청난 체험을 한 것입니다.

왜 베드로가 이 놀라운 변화산의 체험을 언급합니까? 이 사건은 베드로가 지어낸 이야기가 아닙니다. 직접 눈으로 보고 체험한 것입니다. 베드로만 아니라 요한과 야고보도 함께 체험한 것으로, 사람이 경험할 수 있는 종교적 체험 중 가장 놀라운 체험이라 할 수 있습니다. 그런데 베드로는 그 놀라운 변화산의 체험보다 더 분명한 것이 있다고 합니다.

또 우리에게는 더 확실한 예언이 있어 어두운 데를 비추는 등불과 같으니 날이 새어 샛별이 너희 마음에 떠오르기까지 너희가 이것을 주의하는 것이 옳으니라. 먼저 알 것은 성경의 모든 예언은 사사로이 풀 것이 아니니 예언은 언제든지 사람의 뜻으로 낸 것이 아니요 오직 성령의 감동하심을 받은 사람들이 하나님께 받아 말한 것임이라 _벤후 1:19-21

사도는 체험 중의 체험인 변화산 사건과 성경의 예언을 비교하면서 가장 놀랍고 신비로운 변화산 체험보다 더 확실한 것이 어두운 데를 비추는 등불과 같은 성경의 예언이라고 합니다. 여기 예언은 구약성경, 특별히 그리스도를 약속했던 예언의 말씀들을 의미합니다. 베드로와 요한과 야고보가 변화산에서 직접 보았던 변형된 주님의 모습과 "이는 내 사랑하는 아들이요 기뻐하는 자"라는 하늘의 음성을 들었던 것은 잠시 후에 십자가에 돌아가실 예수님께서 하나님의 아들이며 그리스도라는 결정적인 증거입니다.

그러나 그 놀라운 체험보다 예수님이 그리스도시요 하나님의 아들이시라는 더 확실한 증거는 구약 성경입니다. 우리에게는 더 확실한 성경의 예언적인 말씀이 있습니다. 구약 성경 곳곳에 예수님이 하나님의 아들이시며 그가 자기 백성들을 위해 십자가를 지실 것이며 부활 승천하시어 모든 만물을 통치하시다가 언젠가는 반드시 다시 오셔서 이 땅과 이 세상 나라를 심판하고 그의 나라를 영원토록 영광 가운데 완성하실 것이라는 약속들이 기록되어 있습니다.

때때로 우리가 연약하거나 한없이 교만하여 특별한 간섭이 필요할 때, 체험은 그런 우리에게 힘과 확신을 주기도 하며 교만한 우리를 꺾어서 주님께 돌아오게 하는 특별한 섭리로 허락되기도 합니다. 베드로가 주님과 함께 높은 산에 올라가서 영광스럽게 변형되신 예수님의 모습을 보고 예수님과 함께 있는 모세와 엘리야를 보았을 때, 빛나는 구름 속에서 홀연히 들려왔던 "이는 내 사랑하는 아들이요 내 기뻐하는 자"라는 하늘의 음성을 들었을 때, 이것은 너무나 황홀한 것으로 가히 어둠 속의 빛과 같은 체험이었습니다. 그러나 이 놀라운 체험을 한 베드로가 뭐라고 말합니까? 어둠 속의 빛과 같았던 변화산의 그 놀라운 체험보다 더 확실한 빛이 있고 더 확실한 증거가 있는데, 바로 성경이라고 합니다. 아무리 놀랍고 영광스러운 체험이라 할지라도 하나님의 말씀에 비하면 아무것도 아니라는 말입니다.

체험은 부족하고 연약한 자를 일으켜 세우거나 교만하고 완악한 자를 꺾어서 돌아오게 하는 하나님의 특별한 간섭과 섭리가 분명합니다. 그러나 체험의 성격을 잘 이해해야 합니다. 체험은 기독교 신앙의 객관적이고 항상 있는 내용과 원리가 아닙니다. 늘 추구하고 동경해야 하는 것도 아닙니다. 어떤 사람에게 신비한 체험이 허락된다는 것은, 그것이 없으면 계속해서 신앙생활을 못할 정도로 연약하거나 그 체험이 없으면 돌아오지 못할 정도로 교만하거나 둘 중의 하나라는 의미입니다. 체험은 그가 믿음이 좋아서 하나님이 특별한 상으로 주신 보너스가 아닙니다. 계속 동경하고 사모하며 추구해야 할 것이 아니라, 그 체험을 통해 정신을 차려 신앙의 유일하고도 객관적 원리인 하나님 말씀 앞으로 자신을 돌려세울 수 있도록 허락된 것입니다.

그럼에도 많은 사람들이 한번 체험을 경험하면 거기에 마음이 빼앗기는 경향이 있는데, 조심해야 합니다. 자꾸 더 짜릿한 체험을 추구하여 말씀에서 멀어지고 나중에는 말씀이 시시해 보이기도 합니다. 젊은 날의 제가 그랬습니다. 저는 20대 초반에 방언을 하고 종교적인 엑스터시 현상을 경험하고 난 뒤 자꾸 더 신기한 경험을 추구했습니다. 입신과 환상을 추구했고 직접적인 음성을 들으려고 사모했습니다. 그때는 체험이 없으면 죽은 신앙이라고 생각했습니다. 그런데 나중에 개인의 신비한 체험이 얼마나 주관적이며 위험할 수 있다는 것을 깨닫고 나서, 변화산의 그 강렬한 신비 체험보다 훨씬 더 밝고 분명하고 명료한 진리가 바로 기록된 말씀인 성경이라는 것을 알게 되었습니다.

천국의 영광을 보는 것과 하늘에서 나는 소리를 듣는 것, 얼마나 기이하고 충격적인 체험입니까? 그러나 비교할 수 없이 더 확실한 증거가 기록된 성경의 말씀입니다. 그러니 체험 중심으로 신앙생활 하지 말고 성경 중심으로 신앙생활 하라는 것이 베드로 사도의 간절한 유언적인 권면 중 하나입니다.

그렇다면 성경 중심으로 신앙생활 하는 것이 무엇이겠습니까? 21절에 성경은 언제든지 "사람의 뜻으로 낸 것이 아니요 오직 성령의 감동하심을 받은 사람들이 하나님께 받아 말한 것"이라고 했습니다. 모든 성경은 성령의 감동으로 기록된 예언, 곧 하나님의 말씀으로 신앙의 유일한 원리입니다. 하나님께서는 우리의 타락하고 부패한 성품을 말씀으로 말미암아 그 더러움과 썩어짐과 허무함에서 구원해 내십니다. 의와 진리와 생명과 경건을 주시는 통로도 성령의 감동으로 주신 성경 말씀입니다.

그러므로 하나님의 말씀을 사사로이 풀어서는 안 됩니다. 사사로이 푸는 것은 성경을 주신 하나님의 의도를 생각하지 않고 자기 마음대로 생각하고 해석하는 것입니다. 하나님은 그런 식으로 하나님의 말씀을 대하는 것을 굉장히 싫어하십니다. 만약 굉장히 중요한 말을 누군가에게 했는데 그 사람이 나의 의도와 상관없이 자기 마음대로 해석해서 엉뚱하게 사방에 퍼트리고 다닌다면 어떻겠습니까? 화가 나지 않겠습니까? 그런 사람을 그냥 두겠습니까? 성경을 신앙의 유일한 원리로 삼는다면 성경을 그런 식으로 해석하고 사사로이 풀어서는 안 된다는 것이 사도의 말입니다.

성경을 어떻게 대해야 합니까? 이것이 나를 향한 하나님의 말씀임을 인정하면서 그 말씀이 자신을 비추어 인도할 때까지 말씀에 착념해야 합니다. 19절에서 "샛별이 너희 마음에 떠오르기까지 너희가 이것을 주의하는 것이 옳으니라"고 했습니다. 날이 새기 전 새벽 별이 먼저 떠오릅니다. 그렇게 샛별이 떠오르는 것처럼 우리의 마음에서 성경에 담긴 하나님의 뜻이 깨달아질 때까지, 그래서 그 말씀의 빛이 어두운 나의 새벽을 밝히고 진리의 아침으로 인도할 때까지, 하나님의 말씀을 사사로이 풀지 않고 주의해서 읽고 들고 보아야 한다는 뜻입니다. 그것이 성경 중심으로 신앙생활 하는 것입니다.

우리는 어둠입니다. 성경을 읽는 내가 어둠임을 인정해야 합니다. 근 30년을 매일 하나님의 말씀을 붙들고 읽고 묵상하고 설교하는 저도 매일 느끼는 것이 이것입니다. 내가 빛이 아니라는 사실입니다. 내가 어둠입니다. 빛은 하나님의 말씀인 성경입니다. 우리는 성경의 저자인 성령 하나님께서 진리의 빛으로 성경의 내용과 의미를 밝혀서 나에게 비추어 조명해 주시지 않으면 말씀을 읽으면서도 더러움과 썩어짐과 허무함과 무지함의 캄캄한 어둠 속을 헤맬 수밖에 없는 존재입니다. 우리는 빛이 아닙니다. 우리는 어둠이고 하나님의 말씀이 빛입니다. 주의 말씀이 내 발의 등이고 내 길의 빛입니다.

그러므로 성경을 읽을 때 겸손해야 합니다. 캄캄하게 어두운 내 눈을 열어 주의 기이한 빛을 보고 깨닫게 해 달라고 기도하면서 읽어야 합니다. 그렇게 말씀의 빛이 무지하고 어두운 나를 비추어 주실 때, 비로소 나의 어둠과 무지가 걷히고 그 말씀을 통해서 내가 누구인지 보이며 나를 위해 오신 예수 그리스도가 보이기 시작합니다. 내가 보이고 예수님이 보일 때 썩어짐과 더러움과 허무함의 종노릇하던 내가 살아납니다. 영혼이 살고 파리했던 의지가 회복되고, 메말랐던 감정이 살아나고, 수치와 부끄러움과 교만과 열등감이 물러나면서 하나님의 사랑이 부어집니다.

예수님이 새벽 별(샛별)입니다. 예수님이 세상을 비추는 빛이며 나를 비추는 빛입니다. 새벽 별이 마음에 떠오르기까지 주의하라는 것은 그렇게 예수 그리스도가 내가 읽는 말씀의 중심으로 확연히 떠올라 마음에 잡히기까지 그 말씀의 빛 아래 머무르라는 뜻입니다. 말씀을 다 읽었는데 결론이 우리 자신이고, 인간의 위대함이고, 우리 교회이고, 우리의 성공이 나온다면 잘못 읽은 것입니다. 그것은 하나님의 감동으로 된 성경을 사사로이 푼 것이고 주의하지 않은 것입니다. 말씀의 빛이신 그리스도께서 나의 어둠을 다 밝혀서 떠오르기까지 말씀을 품고 묵상해야 합니다. 그래야 어둡고 칙칙한 삶이 아닌 맑고 밝고 깨끗한 삶을 살 수 있습니다.

하나님의 말씀은 살아 있고 활력이 있어 좌우에 날 선 어떤 검보다도 예리하여 혼과 영과 및 관절과 골수를 찔러 쪼개기까지 하며 또 마음의 생각과 뜻을 판단한다는 것을 믿어야 합니다(히 4:12). 그래서 말씀 속에 있는 생명과 경건에 속한 모든 것이 내 속의 더러움과 썩어짐과 허무함을 다 밝혀서 몰아내기까지 말씀 아래서, 말씀 안에서 머물러 있는 시간을 가져야 합니다. 그리스도인이라면 그렇게 해야 합니다. 그렇게 우리의 마음에 새벽 별이 떠오를 때까지 말씀에 주의하여 착념하면 어느덧 회복과 치유가 일어납니다. 영혼의 시력이 살아나고 죄와 세속에 찌들었던 마음의 정화가 일어나며 하나님을 더 많이 알게 되고 그의 신성한 성품에 참여하면서 하나님을 닮아 가는 일에 열매가 나타납니다.

임박한 자신의 죽음을 직감하면서 체험 중심이 아니라 성경 중심으로 신앙생활 하라고 하는 베드로 사도의 유언적인 권면을 받길 바랍니다. 모든 생명이 하나님의 말씀 안에 있다는 것을 믿게 되고 내 영혼의 허기가 채워지게 되고 불안함과 두려움이 사라질 때까지 말씀을 양식으로 먹고 읽고 묵상하면서 붙드십시오. 말씀의 생명이 나의 생명이 되고, 말씀이 나를 이끌어 가고 빚어 가도록 말씀 아래에 서고 말씀 안에 서서 기다리십시오. 마침내 살아나고 회복되며 변화될 것입니다. 어떤 체험을 한 것보다 더 많이 하나님을 사랑하게 될 것이며, 더 많이 하나님을 알게 되고 닮게 될 것입니다. 그것이 우리를 향한 사도의 간절한 일깨움이며 하나님의 간절한 마음입니다.

09 거짓 선생들과 거짓 신앙의 특징
벧후 2:1-3

베드로후서는 거짓 선생들의 잘못된 가르침에 영향을 받고 있는
교회를 향한 사도의 유언적인 권면의 편지입니다. 1장에서 사도는
간절한 마음을 담아 권면했습니다. "하나님께서 너희들에게 신기
한 능력으로 생명과 경건에 속한 모든 것인 보배로운 믿음을 주셨
다. 이 믿음을 정욕으로 말미암아 썩어질 것을 구하는 데 사용하지
말고 하나님의 신성한 성품에 참여하는 삶을 사는 데 사용하라. 그
러기 위해 힘써 믿음에 덕을, 덕에 지식을, 지식에 절제를, 절제에
인내를, 인내에 경건을, 경건에 형제 우애를, 형제 우애에 사랑을
공급하면서 우리 주 예수 그리스도를 알고 그를 닮아 가는 일에 게
으르지 않아야 한다. 그리하면 너희 부르심과 택하심이 굳게 될 것
이며, 장차 주 예수 그리스도의 영원한 나라에 확신 가운데 넉넉히
들어감을 허락받을 것이다. 내가 죽고 없더라도 이 말을 기억하고
생각해서 하나님께서 너희를 부르신 부르심의 소망 아래 너희를
두되, 체험 중심이 아니라 말씀 중심으로 살아라. 성령의 감동으로

주신 하나님의 말씀은 어두운 데를 비추는 등불과 같은 계시의 말씀이니 이 말씀을 사사로이 풀지 말고 너희 마음에 새벽 별이 떠오르는 것처럼, 말씀 속에 담긴 하나님의 뜻이 깨달아지고 그 말씀이 너희들을 이끌어 갈 때까지 주의해서 읽고 듣고 묵상하라"고 했습니다.

이렇게 말한 1장의 분위기가 간절함이었다면, 2장은 그 분위기가 조금 달라집니다. 간절함에 안타까움이 더해지고 심지어 분노가 묻어나는 것이 느껴집니다. 왜 그렇습니까? 사랑하는 교회를 미혹하는 거짓 선생들에 대한 설명이 본격적으로 이어지기 때문입니다. 조금 전 1장에서 한 간절한 권면과 달리 현실은 그런 사도의 가르침을 반대하고 뒤엎는 거짓 선생들과 그들의 잘못된 가르침이 교회 가운데 있습니다.

베드로는 이런 현실을 알기 때문에 조금은 격앙된 마음으로 교회가 거짓 선생들로부터 단호하게 돌아설 수 있도록 거짓 선생들과 그들의 그릇된 가르침을 폭로하고 있습니다. 그중에서도 1-3절의 말씀은 2장 전체의 내용을 이끌어 가는 서론 역할을 하는 동시에 거짓 선생들과 그들의 가르침의 핵심적인 특징을 요약해서 설명하는 내용입니다. 이들은 교회 가운데 가만히 이단적인 가르침을 끌고 들어와서 성도들을 미혹하는데, 그 거짓된 가르침의 골자는 자기들을 사신 주를 부인하는 것입니다.

자기들을 사신 주를 부인하는 것, 밑줄을 쳐야 할 정도로 중요한 내용이 여기에 담겨 있습니다. 이들은 대놓고 예수 그리스도를 부인하지 않습니다. 거짓 선생들도 겉으로는 예수 그리스도를 자신들의 주라고 믿고 고백하는 신실한 자들처럼 보입니다. 그러나 이들은 임박한 멸망을 스스로 취하는 자들로서, 자신들을 사신 주님을 부인하는 자들입니다.

자기를 사신 주를 부인하는 것이 무엇입니까? 하나님께서 예수 그리스도를 통해 우리를 부르고 구원하실 때 그냥 하시지 않았습니다. 우리를 사서 구원하셨습니다. 성경이 우리를 구원하신 예수 그리스도의 대속을 '속량'이라고 표현하는 이유가 거기에 있습니다. 속량은 값을 치르고 사 왔다는 의미입니다. 우리는 중립 지대에 있지 않았습니다. 어둠 속에 있었습니다. 죄와 사망에 붙들려 썩어짐과 허망함의 종노릇하면서 살았습니다. 허물과 죄로 죽어 있었고 본질상 진노의 자녀요 지옥 갈 인생으로 살았습니다. 우리는 자유인이 아니었습니다. 종이었고 노예였습니다. 죄의 종이었고 사탄의 종이었고 사망의 노예였습니다. 그런 자리와 그런 상태에 있던 우리를 하나님은 예수 그리스도를 값으로 치르고 사 오셔서 구원하셨습니다.

누가 누구에게 값을 치릅니까? 사탄에게 값을 치른 것이 아닙니다. 베뢰아의 김기동과 류광수의 다락방과 그의 추종자들은 '귀신론'과 '사탄 배상설'을 주장하는데, 이는 비성경적인 주장입니다. 사탄은 하나님의 심판의 대상이지 하나님께 배상을 받아 낼 만한 존재가 아닙니다. 하나님께서 예수 그리스도로 값을 치르고 우리를 구원하셨다는 것은 죄에 대한 공의의 값을 치렀다는 뜻이지 사탄 배상설이 아닙니다. 죄의 값을 누구에게 치릅니까? 하나님입니다. 하나님은 사랑의 하나님인 동시에 공의의 하나님이시므로 죄를 그냥 넘어갈 수 없는 분입니다. 죄의 값이 사망이라고 정하신 분은 사탄이 아니라 하나님입니다.

그러므로 하나님도 하나님께서 정하신 죄의 값인 사망과 저주와 심판과 형벌을 지불하지 않고 죄인을 구원하실 수는 없습니다. 인생 가운데 그 누구도 죄의 값을 지불하고 구원을 얻어 낼 수 있는 존재가 없으므로, 성부 하나님은 독생자 예수님을 인간으로 보내시어 택한 자의 모든 죄를 짊어지고 십자가에서 죄의 값을 지불하게 하셨습니다. 예수님은 우리를 위해 대속의 죽음을 죽으셨고, 그 대속의 죽음은 우리의 죄와 사망의 값을 지불한 죽음입니다. 값을 치렀다는 말은 하나님께서 정하신 그 공의의 원리대로 죄에 대한 값을 다 담당하고 지불한 것을 의미합니다.

그렇다면 하나님께서 예수님을 값으로 치르시고 우리를 사 오신 이유가 무엇일까요?

> 찬송하리로다. 하나님 곧 우리 주 예수 그리스도의 아버지께서 그리스도 안에서 하늘에 속한 모든 신령한 복을 우리에게 주시되 곧 창세 전에 그리스도 안에서 우리를 택하사 우리로 사랑 안에서 그 앞에 거룩하고 흠이 없게 하시려고 그 기쁘신 뜻대로 우리를 예정하사 예수 그리스도로 말미암아 자기의 아들들이 되게 하셨으니 _엡 1:3-5

거짓 선생들은 하나님의 사랑 앞에서 거룩하고 흠이 없게 되는 것이 하나님께서 우리를 구원한 목적이라고 말하지 않습니다. 예수님을 말하고 구원을 말하는 것 같은데 이 사실을 실제적으로 부인합니다. 왜 하나님께서 예수님을 값으로 지불하고 우리를 사 오셨는지 그 이유와 목적을 전혀 가르치지 않습니다. 가르치지 않을 뿐 아니라 그와는 완전히 다른 목적의 신앙을 경주하도록 가르칩니다. 이단적인 가르침입니다.

하나님께서 예수 그리스도를 값으로 치르시고 우리를 사 오신 이유는 개가 그 토하였던 것에 돌아가고 돼지가 씻었다가 더러운 구덩이에 도로 눕듯이 다시 썩어짐과 더러움과 쇠하여짐을 구하는 자리로 돌아가기 위해서가 아닙니다(2:22). 하나님께서 우리를 사 오신 이유는 육체의 남은 때를 다시는 사람의 정욕을 따르지 않고 하나님의 뜻을 따라 살게 하기 위해서입니다(벧전 4:2). 하나님께서 우리를 택하시고 부르신 뜻이 무엇입니까? 사랑 안에서 거룩하고 흠이 없는 자리까지 나아가는 것입니다. 그러므로 우리를 사신 주 앞에서 음란과 정욕과 술 취함과 방탕과 향락과 무법한 우상 숭배로 이방인의 뜻을 따라 행하는 것은 지나간 때로 족합니다. 하나님께서 영원 전부터 아들과 누렸던 '페리코레시스'(Perichoresis)의 완전한 교제와 하나 됨의 기쁨을 스스로 단절하시고 그의 독생자의 부르짖음을 외면하면서 그를 버려 십자가에 죽이시고 우리를 사 오신 것은 우리를 그렇게 살게 하기 위함이 아닙니다. 주가 우리를 그의 보배로운 피로 사신 것은 믿음의 결국, 곧 영혼의 구원인 보지 못하는 주님을 사랑하되 말할 수 없는 영광스러운 즐거움으로 기뻐하는 인생을 만들기 위해서이고, 이웃을 사랑하되 내 몸처럼 사랑하는 인생을 만들기 위해서입니다. 그것을 위해 하나님은 우리가 믿는 것과 아는 것이 하나 되어 그의 장성한 분량에 이르기까지 교회를 통해 우리를 인도하실 것이고 자라게 하실 것입니다.

> 우리가 다 하나님의 아들을 믿는 것과 아는 일에 하나가 되어 온전한
> 사람을 이루어 그리스도의 장성한 분량이 충만한 데까지 이르리니
> 이는 우리가 이제부터 어린아이가 되지 아니하여 사람의 속임수와
> 간사한 유혹에 빠져 온갖 교훈의 풍조에 밀려 요동하지 않게 하려 함
> 이라 _엡 4:13-14

믿는 것과 아는 것이 하나가 되어 온전한 사람을 이루는 것, 곧 하나님을 사랑하고 이웃을 사랑하는 그 사랑 안에서 그 사랑 앞에서 거룩하고 흠이 없게 하시려는 것, 그것이 예수 그리스도를 값으로 치르고 우리를 사신 목적입니다. 기독교 신앙은 단지 정신적이고 지적인 활동을 통하여 깨달음을 더하고 마침내 도에 이르는 경지에 가는 것이 아닙니다. 믿는 것과 아는 것이 하나가 된다는 것은 그리스도의 장성한 분량이 충만한 데까지 우리의 성품과 인격과 존재 됨이 그를 닮아 가는 것을 의미합니다.

삼위 하나님 앞에서 사랑으로 우리의 전 인격이 거룩하게 성화되어 가는 것, 이것을 가르치지 않고 이 진리를 외면하고 예수를 믿는 것은 모두 자신을 사신 주를 부인하는 것입니다. 한편으로 기독교 신앙을 지성의 영역에 국한하여 깨달음과 아는 것으로만 독

립시켜 버리는 것, 또 한편으로는 신비한 종교적 체험으로 이 모든 것을 대체하여 신비주의의 영역에 내던져 버리는 것, 그래서 그의 말과 행실과 성품과 인격과 됨됨이에 주를 사랑하며 닮아 가는 아무런 변화가 없다면 그 모든 지식과 체험은 모두 사신 주를 부인하는 잘못된 믿음이며, 잘못된 체험이고 이단적인 가르침입니다. 야고보 식으로 말하면 믿음과 행함이 분리되고 삶과 믿음이 따로 가는 거짓된 믿음, 죽은 체험에 불과한 것입니다.

자신들을 사신 주를 부인하는 거짓 선생들과 그들 가르침의 또 다른 특징은 무엇일까요? 그것은 필연적으로 따라오는 호색과 탐심입니다.

> 여럿이 그들의 호색하는 것을 따르리니 이로 말미암아 진리의 도가
> 비방을 받을 것이요 그들이 탐심으로써 지어낸 말을 가지고 너희로
> 이득을 삼으니 그들의 심판은 옛적부터 지체하지 아니하며 그들의
> 멸망은 잠들지 아니하느니라 _벧후 2:2-3

참으로 이상합니다. 호색과 탐심이 거짓 선생들의 특징인데 그것을 보면서도 여럿이 그들의 호색하는 것을 따른다고 했습니다. 이 호색은 방탕으로 번역할 수 있습니다. 성적인 방탕을 포함한 모든 부끄러운 행위들이 호색입니다. 이들의 방탕과 호색으로 말미암아 진리의 도가 비방을 받습니다. 그런데도 여럿이 따라갑니다. 심각한 성추행과 범죄를 일삼고도 피해자들에게 용서를 구하거나 회개도 하지 않은 채, 하나님은 흠 있는 자를 즐겨 쓰신다고 괴변

을 일삼는 사람에게 수천 명, 수만 명이 따르는 현상이 오늘 우리들에게도 있습니다. 고등학교와 대학교 학력을 속이고 강도사 고시와 목사의 자격을 엉터리로 취득하고 끊임없이 거짓을 일삼으면서도 그럴듯한 포장으로 복음을 왜곡하여 파는 사람 앞에 몇 만 명의 영혼들이 모이는 것도 이런 경우에 해당된다고 할 수 있습니다. 그러므로 많이 모인다고 진리가 아닙니다. 많이 모인다고 옳은 것이 아닙니다. 다 그런 것은 아니지만 오히려 방탕과 호색과 탐심에 속한 자신의 삶을 거짓 선생들이 신앙이라는 이름으로 덮어 주며 위로해 주는 것이 좋아서 그런 곳에 더 많은 사람이 모일 수 있습니다. 숫자와 외형에 속으면 안 됩니다.

거짓 선생들의 특징이 무엇입니까? 지어낸 말로 교인들을 이득의 대상으로 삼는 것입니다. 이들에게 교회와 교인은 하나님께서 맡기신 양 떼와 목양의 현장이 아닙니다. 자신의 이득의 대상일 뿐입니다. 이들은 하나님의 말씀을 어두운 데를 밝히는 빛과 같이 주의해서 대하지 않습니다. 그들은 성령의 감동으로 된 하나님의 말씀을 두렵고 떨리는 마음으로 기도하면서 대하지 않고 사사로이 대합니다. 성경을 빙자하여 자신의 생각과 목적을 반영하고 지어내어 말합니다. 자기의 이득과 더 많은 사람을 모으기 위하여 사람들이 좋아할 만한 말을 성경 가운데 지어내어 해석하고 지어내어 전합니다. 이들이 지어내는 말에는 거룩함과 성화의 말씀이 없습니다. 천국과 지옥, 죄와 회개 같은 성경의 중요한 주제들이 없습니다. 설령 있다 해도 구색 맞추기 식의 언급이지 성경이 가르치는 대로 계속해서 꾸준하게 다루지도 않습니다.

이들은 교인들이 세상 사는 것도 힘든데 교회까지 와서 심각한 이야기를 듣고 거북한 말씀을 들어야 하냐고 하면서 지친 영혼에 위로가 되고 힘을 주는 달콤한 말들을 전합니다. 어떤 사람은 이런 사람들의 설교를 '들리는 설교'라고 하는데, 그렇지 않습니다. 잘 들리는 설교가 전부가 아닙니다. 이들의 설교는 하나님의 말씀이 아니라 사람들의 귀에 혹하도록 지어낸 말입니다. 그렇게 지어내어 전하는 이유는 정말 그 사람들이 힘들게 사는 것이 안타깝고 불쌍해서 위로하기 위함이 아니라 자기의 이득을 위해서입니다.

하나님의 말씀은《영혼을 위한 닭고기 수프》처럼,《마음을 따뜻하게 해주는 101가지의 작은 이야기》정도로 우리에게 말랑말랑하게 다가오지 않습니다. 하나님의 말씀은 좌우에 날 선 검같이 예리하여 우리의 영과 혼과 골수를 찔러 쪼개는 말씀입니다. 살아 있고 활력이 있어 우리의 생각과 뜻을 판단하는 말씀으로 그 앞에 감출 수 있는 것이 없고 드러나지 않는 것이 없습니다. 이런 말씀을 나에게 하시는 하나님의 음성으로 매 주일 듣고 전하고 읽고 배운다면 어떻게 조금의 변화도 없이 그토록 오랜 세월을 허망한 생각과 더러운 삶의 목표를 그대로 가지고 살아갈 수 있겠습니까? 하나님의 말씀을 바르게 전하고, 바르게 듣고, 바르게 대하면 그럴 수가 없습니다. 조금이라도 변하거나 아니면 그런 말씀을 거부하고 교회를 뛰쳐나가거나 둘 중의 하나가 될 수밖에 없습니다. 성경의 말씀을 사사로이 대하면서 이득을 위해서 지어낸 말로 전하고 가르치고 받으니 전하는 자나 듣는 자 모두 변화가 없고 오히려 신앙이란 이름으로 욕심을 포장해서 자기를 만족시키려는 일들이 비일비재하는 것입니다.

하나님께서 그의 신기한 능력으로 생명과 경건에 속한 모든 것을 믿음이란 이름으로 우리에게 주신 것은, 그리고 그것을 위해서 자신의 독생자를 십자가에 죽이는 엄청난 비용을 값으로 치르고 우리를 사신 이유가 무엇입니까? 죄와 사망의 노예가 되어 살아온 우리의 정욕과 허망한 욕심을 그대로 둔 채, 그 욕심으로 이 세상의 썩어지고 더럽고 쇠하여지는 것을 더 많이 끌어모으기 위함이 아닙니다. 예수 그리스도의 보배로운 피로 우리를 사신 하나님은 우리가 그 모든 허망함을 버리고 하나님의 사랑 앞에서 거룩하고 흠이 없게 되기를 원하십니다. 하나님을 아는 것과 믿는 것이 하나가 되어 그리스도의 장성한 분량에 이르도록 자라 가기를 원하십니다. 보지 못하는 하나님을 사랑하되 말할 수 없는 영광스러운 즐거움으로 기뻐하는 자리로 나아가는 것을 원하십니다.

하나님은 다른 무엇보다 하나님을 즐거워하는 인생이 되길 원하십니다. 이 모든 세상의 비참함 속에서 우리 주 예수 그리스도를 유일하고도 참된 위로로 삼고, 그 소망에 근거해 다시 오실 주님을 사모하며 사랑하는 삶을 살기를 원하십니다. 그것을 위해서 우리에게 믿음에 덕을 더하고, 덕에 지식을 더하고, 지식에 절제를 더하고, 절제에 인내를 더하고, 인내에 경건을 더하고, 경건에 형제 우애를 더하고, 형제 우애에 사랑을 더하여 하나님의 신성한 성품에 참여하여서, 주를 알고 주를 닮아 가는 일에 더욱 힘쓰라고 하십니다. 그리할 때 우리를 부르신 부르심과 택하심이 더욱 굳게 될 것이고, 확신 가운데서 우리 주 예수 그리스도의 영원한 나라에 넉넉히 들어갈 것이라 하십니다.

이 세상에서 가장 놀라운 체험이 무엇입니까? 성경 말씀을 주의해서 읽고 들으며 묵상하고 순종하는 가운데 그 안에 계신 하나님을 만나고 경험하여 그를 알아 가는 것입니다. 변화산에서 베드로가 체험한 신비한 체험보다 훨씬 확실하고 놀라운 체험은 성경을 통해 하나님을 깨닫고 하나님을 알아 가고 사랑하는 것입니다. 성경 가운데 나타나는 하나님의 기쁨이 나의 기쁨이 되고 그의 슬픔이 나의 슬픔이 되는 자리까지 믿음이라는 이름으로 이끌림 받아 살아가는 것, 그 가운데 나의 인격과 성품에 나도 모르게 예수님 닮음이 나타나며 그의 신성한 성품에 참여한 것이 드러나는 것, 그보다 아름다운 기적은 없습니다.

그것이 우리를 사서 하나님의 자녀로 삼으신 부르심의 소망입니다. 그 소망 속에 우리를 두고 세상이 칼의 노래를 부르면서 자신의 이득을 향하여 바벨탑을 쌓아갈 때, "여호와는 나의 목자시니 내게 부족함이 없으리로다"라고 여호와의 이름을 부르면서 어린양이 어디로 인도하든지 따라가는 사람들, 우리는 못하지만 삼위 하나님께서 그의 백성들을 그렇게 만들어 가십니다. 하나님의 모든 신기한 능력과 지혜와 능력과 열심을 모아 그렇게 하십니다. 그리스도인은 그 사랑과 은혜를 받아 그 자리로 이끌려 갑니다. 성경은 그런 사람들을 그리스도의 신부요 하나님의 백성이라고 말합니다.

그런데 이런 우리를 미혹하는 거짓 선생들이 있습니다. 우리가 가는 진리의 길을 방해하고 거스르는 거짓된 가르침이 있습니다. 과거에도 있었고 지금도 있으며 앞으로도 있을 것입니다. 그러므로 우리는 베드로가 얼마 남지 않은 생명의 기운을 다 쏟아서 유언처럼 당부하는 이 권면, 슬픔과 안타까움과 분노와 간절함이 담긴 이 말씀을 들어야 합니다. 달콤하다고 거짓 선생들이 탐심으로 지어낸 말들을 따라가면 그들이 망할 때 함께 멸망할 수밖에 없습니다. 하나님의 말씀은 때로 우리에게 불편함을 주고 힘들게 합니다. 그러나 이 생명의 말씀은 우리의 미련함과 어둠을 밝히고 우리의 정욕과 탐심을 찔러 쪼개면서 빛과 거룩을 향하여 끊임없이 우리의 삶을 돌려세웁니다. 사도들의 교훈이 그러합니다. 바울과 베드로가 밤낮 쉬지 않고 눈물로 훈계하던 진리의 말씀들이 그러합니다. 우리가 따라야 할 가르침이 거기에 있습니다. 그리스도가 성경에 담아서 주신 진리의 말씀, 사도들의 교훈과 가르침을 따르는 것이 우리를 사신 주를 부인하지 않고 사랑하는 것이며 예수님을 그리스도와 주로 믿는 것입니다. 이 혼란의 시대에 진리를 잘 분별하여 바른 믿음과 바른 삶을 사십시오.

10 미친 짐승 같은 거짓 선생들과 그들의 가르침

벧후 2:4-16

한국 사회에 미투 캠페인의 후폭풍이 거셌습니다. 미투 캠페인은 성폭력을 당한 여성들이 SNS에 자신도 피해자라는 것을 고백함으로써 그 심각성을 알리는 운동입니다. 이 운동에 현직 검사인 서지현 검사가 동참하여 법조계가 발칵 뒤집어졌습니다. 영화계와 문학계도 미투의 반향이 예사롭지 않았는데 문학계에서는 노벨상 후보로까지 거론되었던 시인이 상습적인 가해자로 지목되어 그 충격이 엄청났습니다. 사랑과 존경을 한몸에 받고 있는 국민 시인이 성추행의 당사자로 언급되는 것을 보면서 두 가지를 생각했습니다. 하나는 글과 말과 지위로 얼마든지 사람들을 기만하고 속일 수 있겠구나 하는 것이고, 또 하나는 그럼에도 불구하고 인격의 부재와 삶이 따르지 않는 글과 말과 가르침은 언젠가는 그 실체가 폭로된다는 것입니다.

이 세상에는 진짜와 가짜가 섞여 있습니다. 시계, 가방, 운동화, 전자 제품과 같은 상품만이 아니라 모든 영역에 가짜가 있는데, 때로는 가짜가 더 진짜 같습니다. 그러나 아무리 화려하고 정교해도 가짜는 가짜입니다. 언젠가는 그 정체와 실체가 드러나 심판을 당하게 됩니다. 문제는 물건이나 상품이 아니라 사람과 신앙의 영역에 있는 가짜입니다. 사람이 가짜일 때나 신앙이 가짜일 때 그 폐해가 얼마나 큰지 이루 말할 수 없을 정도입니다.

베드로후서는 가짜 진리를 전파하는 거짓 선생들에게 영향을 받고 있는 교회를 향한 사도의 유언적인 편지입니다. 이 편지의 두 번째 장에서 사도는 작심한 듯 거짓 선생들의 정체와 그들의 그릇된 가르침을 폭로합니다. 2장 1-3절이 거짓 선생들에 관한 서론적인 내용이었다면 4-16절은 이들에게 임할 심판의 필연성과 엄중성, 그리고 그럼에도 더욱 악행을 일삼는 이들의 무모하고 교만한 만용과 탐심과 이성 없는 짐승 같은 이들의 본질을 더 적나라하게 고발하여 경각심을 일깨우는 내용입니다.

우선 베드로는 장차 이들에게 임할 하나님의 심판을 구약의 세 가지 실례를 들어서 설명합니다. 4절은 하나님께서 범죄한 천사들을 용서하지 않고 심판하신 것을, 5절은 옛 세상을 용서하지 않고 노아의 홍수로 심판하신 것을, 6-8절은 소돔과 고모라를 심판하신 사건을 차례로 언급합니다. 그러면서 주께서 경건한 자는 시험에서 건지시고 불의한 자는 형벌 아래에 두어 심판 날까지 지키시며, 특별히 육체를 따라 더러운 정욕 가운데서 행하며 주관하는 이를 멸시하는 자들에게는 형벌을 내리실 것이라는 9-10절 말씀을 통해, 거짓 선생들에게도 이와 같은 하나님의 심판이 반드시 임할 것이라고 결론을 짓습니다. 이들을 따라가면 함께 심판과 형벌을 받을 것이라는 경고입니다.

그러나 거짓 선생들은 보란 듯이 하나님의 심판을 무시하면서 더욱 교만하고 파렴치하게 악행을 일삼고 있습니다. 이들의 악행이 얼마나 파괴적이고 가증스러운가 하면 12절은 '이성 없는 짐승' 같다고도 했습니다. 이성 없는 짐승은 '미친 짐승'으로 번역할 수도 있는데, 이는 가리지 않고 아무나 닥치는 대로 물어뜯는 것을 말합니다. 거짓 선생들은 가리지 않습니다. 이단들은 사람들을 미혹할 때 가리지 않습니다. 신천지는 부모와 형제에게 거짓말하고 속이는 것도 지혜와 모략이라고 하면서 사람을 잡아갑니다. 파렴치하기가 이루 말할 수 없습니다. 수단과 방법을 가리지 않습니다. 미친 짐승들입니다. 때로는 내가 가장 사랑하는 사람을 잡아가고, 내가 가장 아끼고 위하는 사람도 물어서 노략질해 갑니다.

13-14절을 보면 거짓 선생들은 미친 짐승 같을 뿐 아니라, 낮에 즐기고 노는 것을 기쁘게 여기는 자들이며 속임수로 즐기고 노는 자들로 음심이 가득한 눈으로 범죄하기를 그치지 않는다고 했습니다. 이들은 굳세지 못한 영혼들을 유혹하며 탐욕에 연단된 저주의 자식들입니다. 탐욕에 연단되었다는 것은 탐심을 따라가는 삶을 끊임없이 훈련해서 숙달이 되었다는 뜻입니다. 무엇이든지 훈련을 많이 하면 숙달이 됩니다. 거짓 선생들은 경건을 훈련한 사람들이 아닙니다. 이들은 탐욕에 연단된 마음을 가진 자들, 즉 탐욕으로 훈련을 많이 한 사람들로 탐욕에 있어서는 타의 추종을 불허하

는 사람들입니다.

그러면서 사도는 탐욕을 따라가서 파멸에 이른 발람 선지자를 인용합니다(벧후 2:15-16). 모압 왕 발락이 선지자 발람에게 이스라엘을 저주해 달라고 부탁했을 때 하나님께서 이스라엘을 저주하지 못하도록 했습니다. 그러나 발람은 돈을 많이 준다고 하는 발락의 제안에 마음이 흔들려 하나님께 가도 되겠냐고 묻습니다. 하나님의 뜻을 몰라서 묻는 것이 아닙니다. 베드로는 이런 발람의 행동을 불의의 삯을 사랑하여 바른 길을 떠나 미혹된 것이라고 말합니다. 하나님의 뜻을 알고도 불의의 삯을 사랑하는 길을 가는 발람을 죽이려고 칼을 든 천사가 나타납니다. 그게 나귀의 눈에는 보이는데 발람의 눈에는 안 보입니다. 탐욕에 연단되면 영적인 눈이 어두워져 죽을 길을 가면서도 모릅니다. 이성 없는 짐승인 나귀는 보는데, 정작 선지자라는 발람은 못 봅니다. 그때 하나님께서 나귀의 입을 열어서 말을 하게 하십니다. 발람은 나귀에게 책망을 받습니다.

베드로가 왜 발람 선지자를 인용합니까? 나귀는 짐승 아닙니까? 12절에서 짐승은 이성도 없고 본래 잡혀 죽기 위해 난 것이라고 했습니다. 그런 짐승에게 책망을 받았으니 발람은 이성 없는 짐승보다 못한 선지자라는 뜻입니다. 어쩌다가 그렇게 되었습니까? 탐욕에 연단되어 그렇습니다. 탐욕을 훈련하고 돈을 좋아하다가 그렇게 된 것입니다. 베드로는 하나님의 말씀을 따르지 않고 돈을 따르다가 결국은 이스라엘을 모압 여인들과 음행하게 만들어 수많은 사람이 죽게 만든 발람의 행동을 '미친 행동'이라고 지적합니다. 거짓 선생들의 하는 짓이 발람이 했던 것과 똑같습니다. 지금 교회를 어지럽히고 신자들을 미혹하는 거짓 선생들은 탐욕과 불의의 삶을 추구하는 발람의 후예들입니다. 결국 그들도 발람과 같은 최후를 맞이하게 될 것입니다.

그런데 왜 사람들은 이 미친 짐승 같고 탐욕에 연단된 이들의 가르침을 따라갈까요? 이들에게 임할 하나님의 심판이 아직 피부에 와 닿지 않으며, 무엇보다 이들이 교묘하게 지어낸 말들이 대부분 인생의 보편적인 소원과 경제적·종교적 탐심에 부합하기 때문입니다. 가짜도 진짜를 흉내 냅니다. 거짓 선생들도 나름대로 자신을 이 시대와 사람들의 본성에 답이 되거나 특별한 방법이 되는 것처럼 가장합니다. 그래서 사람들이 속습니다. 심지어 이들의 주장이 한 시대를 주도하는 가치관을 형성하기도 합니다.

자유주의가 그랬습니다. 이들은 이성과 합리라는 명목으로 성경이 말하는 무에서 유의 창조와 창조주 하나님의 개념을 삭제했습니다. 예수님의 동정녀 탄생과 십자가 대속의 죽음을 부정하고 부활을 단지 내적인 의미와 가치와 교훈으로 전락시켜 버려 구원과 구원자의 개념을 왜곡하거나 지워 버렸습니다. 그런데도 수많은 지성인들이 따라갑니다.

번영 신앙은 어떻습니까? 예수 믿으면 영혼이 잘됨같이 범사에 잘되고 강건하다는 소위 '삼박자 축복'은 영혼에 대한 진지한 질문으로 십자가의 좁은 길을 가는 것 대신 쉽게 예수 믿을 수 있는 넓은 길을 마련해 주었습니다. 그러니 굳이 자신을 바꾸지 않아도 되는 이 편리한 신앙에 사람들이 몰리는 것은 어찌 보면 당연한 일입니다. 부자가 되고 성공하면 어떻게 살아도 하나님께서 복을 주신 것이라고 자랑할 수 있는 이 신앙이 얼마나 매력적이고 편합니까?

거짓 선생들의 가르침은 미친 짐승들이 가리지 않고 물어뜯는 것처럼 만행에 속한 것입니다. 그러나 시대적 정신과 인생의 보편적인 욕망을 채워 주거나 호기심을 충족시키는 교묘한 방식으로 다가오니까 만행을 만행으로 여기지 못하고 속는 것입니다. 이들은 사람을 미혹할 만한 타당성과 어려움 가운데 빠진 자들을 건져 주는 특별한 비책이 자신에게 있다고 하면서 다가옵니다. 신비주의와 은사주의를 보십시오. 그들에게는 사람들을 혹하게 하는 카리스마가 있습니다. 체험이 있습니다. 그러나 정작 영혼에 대한 진지한 고민, 믿는 것과 아는 것이 하나 되어 그리스도의 장성한 분량에까지 자라도록 인격과 성품을 이끄는 내용은 그들의 가르침 그 어디에도 없습니다. 그것 없이 감동과 기적과 체험과 열심으로 포장하여 사람들을 미혹합니다.

분별해야 합니다. 얼마나 많은 사람들이 따라가느냐로 분별하는 것이 아닙니다. 이들이 성경의 말씀을 주의해서 해석하고 순종하는 사람들이냐 아니면 탐심으로 지어내어 말하느냐로 분별해야 합니다. 사람들이 저렇게 많이 모이는데 어떻게 가짜겠냐고 말하면 안 됩니다. 앞에서 예를 든 세 가지의 심판을 보십시오. 범죄한 사탄을 심판하신 것, 옛 세상을 노아 홍수로 심판하신 것, 음행의 도시 소돔과 고모라를 불로 심판하신 것 전부, 심판이 임할 때까지는 이들이 다수를 차지했습니다. 심지어 사탄의 심판은 심판을 받고 있는 지금도 이들이 세상의 가치관을 주도하고 있습니다. 4절에서 하나님께서 범죄한 천사들을 용서하지 않으시고 지옥에 던져 어두운 구덩이에 두어 심판 때까지 지키게 하셨다고 했는데 어두운 구덩이가 어디입니까? 박윤선 박사는 이 어두운 구덩이를 '이 세상'이라고 해석합니다.

이 세상은 이중적인 성격이 있습니다. 하나님께서 지으신 피조 세계인 동시에, 하늘에서 쫓겨난 사탄이 최후 심판 때에 영원한 무저갱에 갇힐 때까지 일시적으로 갇혀 있는 '어둠의 감옥'이기도 합니다. 이들은 여기에 갇혀 머물면서 공중의 권세를 잡고 하나님의 허용 가운데 제한적으로 이 세상을 지배하고 있습니다. 요한복음 12장 31절, 16장 11절에서 사탄을 세상 임금으로 부르는 이유가 거기에 있습니다. 예수님께서 이 땅에 오셔서 그 많은 귀신을 쫓아내고 그들이 조성해 놓은 더러움과 썩어짐과 허무함을 이기고 하나님의 나라 세우신 것을 보면, 지금 이 세상에 얼마나 많은 귀신들이 활동하고 있는지를 알 수 있습니다. 그래서 성도들은 이 세상을 소망하거나 꿈꾸지 않고 나그네와 순례자로 지나가는 것입니다. 구원은 타락한 천사들이 갇혀 있는 어둠과 죽음의 처소인 이 땅에서 더 잘 먹고 잘사는 것이 아니라, 오히려 이 땅에서 그들의 어둠을 밝히고 그들이 만들어 내는 온갖 죄악과 피 흘리기까지 싸우면서 온전히 새 하늘과 새 땅의 나라를 소망하는 것이 구원인 것입니다.

지금 이 세상을 무대로 사탄과 그의 졸개들이 돌아다니고 있습니다. 아담과 하와에게 그러했듯이 지금도 사람들을 속이고 유혹하고 협박하여 죄를 짓게 만들고 하나님을 떠나게 만들고 있습니다. 그러니, 우리는 사람이 얼마나 많이 모이며 얼마나 열심히 활동하느냐로 진짜와 가짜를 분별하지 못합니다. 열매를 봐야 합니다. 하나님을 사랑하고 이웃을 사랑하는 인격과 성품, 말씀에 순종하는 삶의 진지한 태도를 보아야 합니다.

노아의 홍수도 그렇습니다. 소돔과 고모라도 그렇습니다. 홍수가 임하고 유황불이 내리기까지 그들이 다수였고 노아와 롯은 소수였습니다. 하나님은 죄악이 관영할 때까지 참는 분입니다. 노아의 가족과 아브라함의 조카 롯을 구원하기 위해 기다리고 참는 분입니다. 그런데 사람들은 하나님이 참으시는 그 기간에 이성 없는 짐승처럼 하나님을 비방하고 노아를 비방하고 롯의 심령을 상하게 했습니다. 그러니 수량으로 진짜와 가짜를 분별하는 것이 얼마나 어리석은 것입니까?

왜 사도가 1장에서 그렇게 힘써 믿음에 덕을, 덕에 지식을, 지식에 절제를, 절제에 인내를, 인내에 경건을, 경건에 형제 우애를, 형제 우애에 사랑을 공급하라고 했는지 이제 감을 잡아야 합니다. 이것이 없으면 맹인이라 멀리 보지 못하고 그의 옛 죄가 깨끗하게 된 것을 잊어버린다고 했습니다. 멀리 보지 못하는 맹인, 분별하지 못하는 맹인이 되면 진리를 보지 못하고 가짜를 분별하지 못합니다. 이성 없는 짐승인 나귀도 보는 것을, 보지 못하는 맹인이 됩니다. 눈앞의 이익과 시대의 정신, 사람의 타락한 본성이 부추기는 것 외에 보이지 않는 맹인이 되면 탐심으로 지어낸 거짓 선생들의 말에 미혹되고 그들의 만행에 희생자가 되는 것입니다. 진리에 대한 분별력은 말씀에 대한 바른 이해에서만 생깁니다. 부디 깨어 있어서 가짜의 유혹에 넘어가지 않고 목자의 음성만 듣는 양들이 되기를 바랍니다.

11

거짓 선생들의 정체와 결국

벧후 2:17-22

베드로후서 2장은 거짓 선생들의 정체와 본질을 고발하여 교회가 이들을 분별해서 경계하게 하는 내용입니다. 베드로는 이들을 자기들을 사신 주를 부인하고 임박한 멸망을 스스로 취하는 자들로 규정했습니다(2:1). 베드로는 거짓 선생들을 어떻게 평가했습니까? 탐심으로써 지어낸 말을 가지고 교인들을 이득의 재료로 삼는 사람들(2:3), 하나님의 말씀을 버리고 탐욕을 따라간 이성 없는 짐승 같은 자들(2:12), 경건을 연습하는 것이 아니라 탐욕을 연습하여 욕심의 전문가가 된 사람들이라고 했습니다(2:14). 이들은 그렇게 탐욕에 연단된 마음을 가지고 호색과 음심이 가득한 눈으로 굳세지 못한 영혼들을 유혹하여 범죄하기를 그치지 않는 저주의 자식들입니다(2:2, 14). 이들은 불의의 삯을 사랑하여 바른길을 떠나 미친 행동으로 불법을 저지르는 발람의 후예들입니다(2:15-16).

17-22절은 거짓 선생들을 물 없는 샘과 광풍에 밀려가는 안개로 비유하면서 캄캄한 어둠, 지옥에 갈 사람들이라고 최종적으로

결론을 내립니다.

> 이 사람들은 물 없는 샘이요 광풍에 밀려가는 안개니 그들을 위하여
> 캄캄한 어둠이 예비되어 있나니 _벧전 2:17

물 없는 샘과 광풍에 밀려가는 안개는 거짓 선생들의 정체가 속이는 자들임을 말해 주는 은유입니다. 샘은 목마른 자들에게 물이 있다고 기대하게 합니다. 사막을 건너는 여행자에게 한 모금의 물은 생명입니다. 뜨거운 뙤약볕을 견디고 샘을 찾는 이유는 생명과 같은 물을 구하기 위해서가 아닙니까? 그렇게 찾아온 샘에 마실 물이 없다면 얼마나 허무합니까? 속인 것입니다.

광풍에 밀려가는 안개도 비슷한 의미입니다. 안개는 아무리 자욱해도 바람이 한번 불면 언제 그랬나는 듯이 휙 사라져 버립니다. 잠시 희망을 주지만 일시적입니다. 허망합니다. 거짓 선생들이 그러합니다. 현란하게 지어낸 말로 사람들의 욕심을 자극해서 뭔가 줄 것 같은 기대를 하게 합니다. 그 시대를 휩쓰는 사조나 유행을 잘 포장한 그들의 가르침은 사람들을 미혹하기에 충분하지만, 그 실체는 바람이 지나가면 흔적도 없이 사라지는 안개와 같아서 그 안에 진리와 생명과 거룩함과 의로움은 조금도 없습니다. 없으면서 있는 것처럼 속인 것입니다.

왜 거짓 선생들이 물 없는 샘이며 광풍에 밀려가는 안개와 같습니까? 사람에게는 하나님께서 주신 영원을 사모하는 마음이 있어서 본성적으로 무엇인가를 채우려고 합니다(전 3:11). 사막에서 물

을 찾는 나그네와 같이 근원적인 목마름이 있습니다. 거짓 선생들은 탐심으로 지어낸 말을 가지고(2:3) 자신이 그 갈망을 채워 줄 수 있다고 속입니다. 여기에 미혹되면 지친 몸과 영혼을 이끌고 이들에게 와서 물을 마시려는 사람들이 생길 것입니다. 그러나 와서 보면 어떻습니까? 물 없는 샘입니다. 바람에 밀려가는 안개입니다.

인터넷에 소개된 맛집을 찾아갔다가 허무하게 돌아온 경험이 한두 번은 있을 것입니다. 거짓 선생들이 그렇습니다. 이들에게는 아무것도 없으면서 사람들로 하여금 기대를 하게 만드는 재주가 있습니다. 가짜 맛집들이 SNS에 자가 홍보를 하면서 사람들을 끌어들이는 것처럼, 카리스마와 세련됨과 청중을 잡아끄는 매력으로 자기를 꾸며서 속이는 악마적인 재주가 이들에게 있습니다. 여기에 속으면, 그 사람에게 갔을 때 뭔가 얻을 것이 있을 것 같고, 은혜를 받을 것 같고, 신비한 체험도 할 수 있을 것 같습니다.

참 교사는 목마른 자들을 자신에게 이끌지 않습니다. "누구든지 목마르거든 내게로 와서 마시라. 나를 믿는 자는 성경에 이름과 같이 그 배에서 생수의 강이 흘러나오리라"(요 7:37-38)라고 말씀하신 분은 예수 그리스도이십니다. 예수 그리스도 외에는 우리를 하나님의 진리와 생명으로 이끌 수 있는 또 다른 길이 없습니다. 예수 그리스도 외에 우리에게 생수를 줄 수 있는 분은 없습니다.

그러나 거짓 선생들은 성경을 읽고 설교를 하며 가르치지만 그 내용의 출처와 흐름과 전달 방식에 예수님이 없습니다. 그들의 모든 가르침은 예수님의 이름을 빙자하여 우리 안의 탐욕을 유혹하고 격동해서 결국은 하나님이 아니라 자기 자신을 따르고 집중하게 합니다. 그 안에 예수가 없기 때문입니다. 이 사람은 물 없는 샘이며 광풍에 밀려가는 안개입니다. 물이 없는 샘은 빠져 죽을 수도 있는 위험한 장소입니다. 광풍에 밀려가는 안개는 허망한 사기입니다. 사람들을 자신에게 이끌어 타락한 본성과 욕망을 자극하게 하는지, 아니면 예수님에게 이끌어 하나님을 사랑하고 갈망하게 하는지를 잘 살펴서 거짓된 가르침을 조심하고 분별할 수 있기를 바랍니다.

18-19절에는 왜 교회가 이들을 조심하고 분별해야 하는지 또 다른 이유가 나옵니다.

> 그들이 허탄한 자랑의 말을 토하며 그릇되게 행하는 사람들에게서
> 겨우 피한 자들을 음란으로써 육체의 정욕 중에서 유혹하는도다. 그
> 들에게 자유를 준다 하여도 자신들은 멸망의 종들이니 누구든지 진
> 자는 이긴 자의 종이 됨이라 _벧후 2:18-19

거짓 선생들은 그릇된 삶에서 겨우 빠져나와 신앙의 길로 들어선 자들에게 허탄한 자랑의 말, 자기의 이력과 스펙(spec)과 세상에서 거둔 성공을 나열하면서 예수를 믿으면 누구든지 그렇게 될 수 있다고 육체의 정욕을 자극합니다. 이들이 허탄한 자랑을 내뱉는 동안 아직 말씀 안에서 든든히 뿌리를 내리지 못한 초신자들은, 신성한 성품에 참여하지 못하고 겨우 피해서 나온 더럽고 썩어지고 쇠할 세상의 욕망으로 다시 돌아가게 됩니다.

19절에 "그들에게 자유를 준다 하여도"라고 했는데 거짓 선생들이 자유라는 명목으로 이들을 미혹했다는 것을 알 수 있습니다. 생각해 보십시오. 이방 종교와 세속의 풍습 아래서 평생 우상에게 절하며 살던 사람들이 복음을 듣고 진리를 찾아서 겨우 교회에 왔습니다. 그런데 그런 영혼들을 허탄한 자랑의 말로 미혹해서 자유라는 이름으로 육체의 정욕을 자극한다면 이런 통탄할 일이 어디 있겠습니까? 뭐 피하려다가 뭐 만난 격이 되지 않겠습니까? 물고기가 물에서 나와 땅에 있는 것을 자유라고 하지 않습니다. 중앙선을 넘어 반대편 차선으로 역주행하는 것을 자유라고 하지 않습니다. 성도임에도 불구하고 하나님 말씀을 벗어나서 자기 마음대로 사는 것은, 자유가 아니라 자유라는 이름으로 욕심을 잉태하는 것이고, 그 자유를 계속 방치하면 죄를 낳고 사망에 이르게 됩니다.

이제 갓 믿은 초신자들과 신앙이 어린 자들을 자유라는 명목으로 미혹하여 자기 마음대로 살게 하고 육체의 정욕을 따라 살게 하는 거짓 선생들은 죄의 종이며 멸망의 종들입니다. 참된 선생은 자신도 죄와 더불어 피 흘리기까지 싸우면서 성도들로 하여금 죄의 유혹에 맞서 싸우도록 가르치고 격려합니다. 그러나 거짓 선생들은 자유를 말하면서도 죄에게 자신을 팔고, 죄에게 지고, 죄에게 끌려다닙니다. 그러면서 다른 사람들도 그런 삶을 살라고 부추깁니다. 베드로는 "누구든지 진 자는 이긴 자의 종이 됨이라"(19절)고 말합니다. 이들은 자유인이 아니라 죄가 자신을 주관하도록 내어준 죄에게 진 '죄의 종'에 불과합니다.

이들이 정말 하나님을 아는 자들일까요? 20절과 21절에는 '안다'라는 표현이 가정법으로 세 번 나옵니다. 20절에 "만일 그들이 우리 주 되신 구주 예수 그리스도를 앎으로 세상의 더러움을 피한 후에 다시 그중에 얽매이고 지면"이라고 했고, 21절에 "의의 도를 안 후에 받은 거룩한 명령을 저버리는 것보다 알지 못하는 것이 도리어 그들에게 나으니라"고 했습니다. 모두 가정법입니다. 차라리 안다고 말이나 하지 말지, 차라리 피했다고 말이나 하지 말지 그런 뜻입니다. 이들은 처음부터 우리 주 예수 그리스도를 알지 못했습니다. 세상의 더러움을 피하지 못했습니다. 처음부터 의의 도를 알지 못했습니다. 아는 척했었고 안다고 스스로 자신을 속인 것입니다.

이들은 교회 안에 몰래 들어와 우리 주 예수 그리스도를 알고 세상의 더러움을 피한 것처럼 행세했습니다. 이들은 처음부터 자신과 교회를 속인 거짓의 자식들입니다. 정말 그리스도를 알고 의의 도를 안다면 자유라는 이름으로 죄에게 자신을 내어 주어 죄에게 끌려다니는 죄의 종이 될 수 없습니다. 유다서는 이들의 정체를 '육에 속한 자들'이며 '성령이 없는 자들'이라고 말합니다. 이들은 본래 잡혀 죽기 위해 태어난 이성 없는 짐승 같은 자들이며 불의의 삯을 사랑하여 의의 길, 바른길이 아닌 발람의 길을 따라간 저주의 자식들입니다(2:12, 15).

마지막으로 베드로는 두 가지 속담을 사용해서 이들이 하나님을 아는 자가 아니라 개와 돼지와 같은 더러움에 속한 자들이라고 최종적인 결론을 내립니다.

참된 속담에 이르기를 개가 그 토하였던 것에 돌아가고 돼지가 씻었다가 더러운 구덩이에 도로 누웠다 하는 말이 그들에게 응하였도다 _ 벧후 2:22

개와 돼지에 대한 속담이 그들에게 응하였다는 말은 거짓 선생들에게 이 속담이 딱 들어맞는다는 뜻입니다. 왜 개들이 토한 것을 다시 먹고 돼지가 씻었다가 다시 더러운 구덩이에 뒹굴겠습니까? 개와 돼지에게는 '더럽다'는 개념이 없기 때문입니다. 그처럼 거짓 선생들에게도 죄가 더럽다는 개념이 없습니다. 방탕과 음란과 호색이 더럽다는 개념이 없습니다. 오히려 그것을 좋아합니다. 왜 그럴까요? 거듭나지 못했기 때문입니다. 아직 죄의 종이기 때문입니다.

베드로가 개와 돼지를 언급하면서 그들과 같다고 말할 정도로 강하게 거짓 선생들의 정체를 폭로하고 그들의 결국을 강조하는 이유가 무엇입니까? 교회와 성도를 지키기 위해서입니다. 사랑하는 교회가 이들에게 미혹당하지 않도록 이들을 분별하고 이들의 사상과 가르침에서 성도들을 보호하기 위해서입니다. 신앙이라는 이름으로 우리의 타락한 본성을 부추겨서 육체의 정욕을 따라 살도록 만드는, 그리하여 허탄한 자랑 거리들을 인생의 목표로 삼게 만들고 그것을 얻는 것을 하나님의 복이라고 가르치는 모든 거짓된 가르침을 분별하여 단호하게 거절하고, 진리의 말씀을 잘 따라가 하나님의 신성한 성품에 참여하여 하나님을 닮아 가길 바랍니다.

12 진실한 마음을 일깨워 성경을 기억하라
벧후 3:1–5

기독교 신앙의 원천은 성경입니다. 막연한 종교심으로 하나님을 신앙하는 것과 성경에 계시된 하나님을 믿고 성경의 하나님을 사랑하고 따라가는 것은 천지 차이입니다. 성도는 성경대로 믿고 성경대로 살도록 부름받았습니다. 그의 삶과 신앙은 전적으로 성경에 영향을 받으며 성경을 통해서 성장과 성숙을 이루어 갑니다. 성도는 말씀을 통해 하나님을 만나고 말씀에 순종함으로 살아 계신 하나님을 경험하여 그분을 더 깊이 알아 갑니다. 반면에 유사 그리스도인들은 성경의 이끌림을 받지 않습니다. 성경을 갖고 있고 들고 다니지만 성경 대신 종교성의 인도를 따라 삽니다. 그들의 삶을 지배하는 것은 성경의 진리가 아니라, 세상의 목소리와 자기 안의 타락한 본성과 그것을 부추기는 타락한 종교성입니다. 그들은 결코 살아 계신 하나님을 만나지 못합니다.

내가 지금 바른 믿음의 길을 가고 있는가 혹은 바른 성도의 삶을 살고 있는가를 살펴보려면, 내 삶이 성경에 어느 정도 영향을 받고 있는지를 보면 알 수 있습니다. 성도들에게도 세상의 목소리가 들립니다. 성도들에게도 타락한 본성의 요구가 있습니다. 성도들도 이런 것의 영향을 받습니다. 그러나 이 모든 것보다 성도의 삶을 움직이게 하는 더 강력한 영향은 성경의 진리입니다. 성경의 진리가 타락한 본성의 욕구와 세상의 목소리보다 더 크게 성도의 삶을 좌우합니다.

그 역할을 하는 곳이 교회입니다. 그 역할을 맡은 자가 교회의 목회자입니다. 왜 교회가 중요합니까? 왜 목회자가 중요합니까? 늘 세상의 헛된 가치관과 타락한 본성의 욕망에 노출되어 있고 도전받고 영향받는 성도들을 다시 진실한 마음으로 일깨워 하나님의 말씀 앞에 세우고 말씀의 영향을 받아 살게 하는 곳이 교회이고, 이 일을 맡은 자가 목회자이기 때문입니다.

지금 베드로의 편지를 받고 있는 독자들은 본도, 갈라디아, 갑바도기아, 아시아와 비두니아에 흩어져 어려운 환경 중에도 하나님을 믿고 신앙하는 사람들입니다. 첫 번째 편지를 통해 베드로는 이들에게 허락된 여러 가지 고난의 의미를 설명했습니다. 그 설명에 의하면 성도는, 힘들고 어렵지만 고난을 통해 이 땅에 속한 허황된 욕망들을 버리고 장차 자신들이 받을 하늘에 간직된 유산, 곧 썩지 않고 더럽지 않고 쇠하지 않는 하나님의 기업을 받기에 합당하도록 연단되어 가는 사람입니다(벧전 1:3-7). 고난을 통하여 성도는 자기를 사랑하는 죄 된 삶에서 벗어나 믿음의 결국, 곧 영혼의 구원인 보지 못하는 주님을 사랑하되 말할 수 없는 영광스러운 즐거움으로 기뻐하는 자리에 이끌려 갑니다(벧전 1:8-9).

이렇게 여러 가지 시험을 통해 성도들의 믿음을 보호하시면서 그들을 구원의 영광으로 인도해 가시는 하나님의 지혜와 능력은 천사들도 살펴보기를 원할 정도로 놀라운 것입니다(벧전 1:10-12). 그러므로 성도는 고난 중에 더욱 마음의 허리를 동이고 모든 행실에 거룩한 자가 되어야 합니다(벧전 1:13-15). 자기를 연단하려고 오는 불 시험을 이상하게 여기지 말고, 고난 중에도 영혼을 거슬러 싸우는 육체의 정욕을 제어하며 행실을 선하게 가져야 합니다(벧전 2:11-12). 애매한 고난을 당할 때에도 나를 위해 먼저 고난당하신 그리스도를 생각하여 참고, 악을 악으로 갚지 않고 선으로 악을 갚아 하나님의 영광을 드러내야 합니다.

세상이 볼 때는 이렇게 사는 것만큼 어리석은 게 없습니다. 어떻게 이렇게 사냐고 물을 수 있습니다. 그럼에도 이렇게 사는 것이 성도의 영광이고 명예이며 보상임을 가르치고 도전하는 사람들이 교회의 목회자들입니다. 이들은 하나님의 말씀으로 양 무리를 가르치고 먹이며 살도록 부름받았기에 맡은 자들에게 주장하는 자세가 아니라, 다시 오실 그리스도가 주실 시들지 않는 영광의 면류관을 바라보면서 자기 자신이 먼저 성경대로 믿고 성경대로 살아 양무리의 본이 되어야 합니다. 성도들은 이런 목회자의 가르침을 순종하여 겸손으로 허리를 동여야 합니다.

그런데 목회자라고 하면서 성도에게 이렇게 가르치지 않는 사람이 있습니다. 성경대로 믿지 않고 성경대로 살지 않는 목회자들이 있습니다. 거짓 선생들입니다. 이들은 성도들을 성경의 진리가 아니라 타락한 종교성대로 살도록 부추깁니다. 신앙이라는 이름으로 세상의 목소리와 자기 안의 본성을 더 추구하고 집착하게 만듭니다. 고난을 통해 죄를 그치고 사람의 정욕이 아닌 하나님의 뜻을 따라서 육체의 남은 때를 거룩하게 사는 것을 복이라고 가르치지 않고, 고난이 없는 것이 복이며 마음대로 죄 짓고 사는 것을 자유라고 가르칩니다.

이들은 성경이 말하는 내세와 마지막 때를 믿지 않습니다. 하늘에 간직된 기업이 이들에게는 의미가 없습니다. 이들은 주님이 다시 오신다는 성경의 약속을 조롱하면서 자신의 정욕을 따라 행합니다. 이들에게는 지금 이 땅이 전부입니다. 그래서 성도들에게 여기서 잘되고 여기서 자신의 뜻을 펼치는 것이 가장 중요하며 그것을 위해 하나님의 이름과 신앙을 동원하도록 가르칩니다. 이들은 자기를 사신 주를 부인하며, 호색과 탐심으로 연단되어 낮에 즐기고 노는 것을 기쁘게 여깁니다. 음심이 가득한 눈으로 범죄하기를 그치지 않는 이성 없는 짐승 같은 자들이 거짓 선생들입니다. 이들은 굳세지 못한 영혼들을 유혹합니다. 이들은 물 없는 샘이며 광풍에 밀려가는 안개와 같습니다. 그 안에 예수 그리스도의 생명이 없습니다. 진리가 없습니다. 죄의 종이며 멸망의 종들입니다. 이들은 우리 주 예수 그리스도를 알고 의의 도를 알아서 세상의 더러움으로부터 피한 사람들이 아니라, 토하였던 것에 돌아가는 개처럼 자기 몸을 씻었다가 더러운 구덩이에 다시 뒹구는 자들이며, 돼지처럼 원래부터 더럽고 추한 자들입니다.

이들은 성경의 영향을 받는 사람들이 아닙니다. 이들은 성경의 진리로 통치받는 사람들이 아닙니다. 이들은 성경의 하나님을 알고 사랑하는 자들이 아닙니다. 이들은 성경대로 믿고 성경대로 사는 사람들이 아닙니다. 이들은 타락한 종교성으로 자신의 욕망을 더욱 교묘하게 포장하여 사람들을 미혹하는 거짓 선생들입니다. 욕망의 노예들입니다.

교회는 이들을 분별해야 합니다. 그런데 베드로는 사랑하는 성도들이 이들의 가르침에 영향을 받고 있다는 안타까운 소식을 듣습니다. 그래서 두 번째 편지를 씁니다. 그것이 지금 우리가 보는 베드로후서입니다. 베드로는 이 두 번째 편지에서 자신의 죽음이 임박해 있다는 것을 알면서도 마지막 생명의 불꽃을 태워 간절한 마음을 담아 권면합니다. "우리와 함께 보배로운 믿음을 받은 자들이여, 하나님께서 주신 보배로운 믿음을 거짓 선생들의 가르침처럼 그렇게 사용하면 안 됩니다. 육체의 정욕을 위해 믿음을 사용하지 말고, 믿음에 덕을 더하고, 지식과 절제와 인내와 경건과 형제 우애와 사랑을 더하여, 하나님을 더 많이 알아 가고, 신성한 성품에 참여하기를 힘쓰십시오. 이런 것이 없으면 멀리 보지 못하고 이 땅의 즐거움만 찾게 될 것입니다. 내가 아직 살아서 육체의 장막에 있을 동안에 당신들을 일깨우기 위하여 이 두 번째 편지를 쓰니, 제발 이 땅이 전부인 것처럼 살지 말고 나그네와 행인같이 이 세상을 지나가는 자세로 살되, 영원한 약속을 바라보고 사십시오. 그것을 위해 여러분의 마음에 그리스도와 그리스도의 뜻이 깨달아지고 떠오르기까지, 성경을 주의해서 읽고 묵상하고 배우고 가르치기를 힘쓰십시오." 이것이 베드로후서 1장의 내용이었습니다.

2장은 지금까지 말한 것처럼 이들을 미혹하는 거짓 선생들의 정체를 폭로하면서 경고하는 내용이었고, 마지막 3장은 다시 두 번째 편지를 쓴 이유를 밝히면서 거짓 선생들에게 미혹되지 말 것을 당부하고 있습니다.

> 사랑하는 자들아, 내가 이제 이 둘째 편지를 너희에게 쓰노니 이 두
> 편지로 너희의 진실한 마음을 일깨워 생각나게 하여 곧 거룩한 선지
> 자들이 예언한 말씀과 주 되신 구주께서 너희의 사도들로 말미암아
> 명하신 것을 기억하게 하려 하노라 _벧후 3:1-2

지금 사랑하는 성도들의 마음이 진실한 마음이 아니라 거짓 선생들의 미혹 때문에 세상 가치관으로 혼탁해져 있고 세속적 욕망으로 어두워져 있습니다. 베드로가 이들을 사랑하지 않는다면, 이들이 어떻게 사는지 무슨 상관이 있겠습니까? 그런데 사랑하는 사람이 미혹되어 있으므로 마음이 혼탁해져 있습니다. 이대로 두면 주께서 강림하신다는 성경의 약속을 조롱하면서 신앙이라는 이름으로 오히려 정욕을 따라 살도록 부추기는 거짓 선생들의 가르침에 더 깊이 영향을 받을 수 있었습니다. 그냥 내버려 둘 수가 없었던 것이죠. 사도는 이들의 마음이 다시 진실한 마음, 오염되고 뒤섞이지 않은 순전한 마음으로 일깨워져서 하나님께서 선지자들을

통하여 주신 말씀과 사도들을 명하여 주신 말씀 앞으로 돌아서야 한다고 말합니다. 그래서 말씀을 생각하고 말씀을 기억하여 말씀 따라 살고 말씀대로 믿는 신앙으로 회복되어야 한다고 권면합니다.

눈에 보이는 것이 전부라고 말하는 세상 가치관, 헛되고 더럽고 쇠하고 썩어질 정욕에 속한 가르침들이 기독교 신앙의 탈을 쓰고 맹렬하게 우리의 신앙과 마음을 공격하고 있습니다. 듣고 싶지 않아도 들려오고 귀를 막아도 밀려오는 시대입니다. 영향을 받고 싶지 않아도 영향을 받을 수밖에 없는 형편입니다. 그러므로 매 주일, 매일, 매시간 하나님의 말씀으로 우리의 마음을 일깨워 성경적 가치관으로 우리의 생각과 마음을 지키고 새기지 않으면, 우리의 마음도 금방 세상 가치관으로 혼탁해지고 타락한 본성의 욕망으로 어두워질 수 있습니다.

그래서 일깨우는 것이 필요합니다. 하나님을 예배하고 말씀을 들으면서 세상의 그릇된 가르침과 욕망으로 때 묻은 우리의 마음을 진실한 마음으로 다시 일깨워야 합니다. 무엇보다 바른 예배가 중요합니다. 바른 말씀이 얼마나 중요합니까? 예배를 잘못 드리고 말씀을 잘못 들으면 마음이 진실함으로 일깨워지는 것이 아니라 욕심으로 더 혼탁해지고 이기심으로 어두워집니다. 그렇게 되면 예수를 믿는다고 하면서 주님께서 다시 오시는 마지막 날에 소망을 두지 않고 지금 이곳에 모든 소망을 걸게 됩니다. 이것은 하나님께서 약속하신 주의 재림과 재림으로 임할 영광스러운 종말을 믿지 못하는 정도가 아니라 우습게 여기며 조롱하는 것입니다. 하나님의 말씀을 우습게 여기며 조롱하는 것은 신실하신 하나님을 우습게 여기며 조롱하는 것과 같습니다. 이렇게 믿는 것은 참된 신앙이 아닙니다. 성경대로 믿는 것이 아니라 타락한 종교성을 따라 자기의 정욕대로 믿는 것입니다.

교회는 세상을 일깨우는 공동체입니다. 일깨우려고 노력해서 일깨우는 것이 아니라 교회가 교회다우면 저절로 세상이 도전을 받고 일깨움을 받습니다. 그런데 이런 신앙으로는 결코 세상을 일깨우지 못합니다. 예수 믿으면 세상 사람들보다 잘되고 형통하고 복 받는다는 막연한 믿음으로 세상을 도전할 수 없습니다. 그런 믿음으로는 자기 자신조차 바꾸지 못합니다. 세상을 일깨우기 전에 먼저 우리 자신이 하나님의 말씀으로 일깨워져야 합니다.

타락한 본성과 세상의 가치관에 영향을 받아 혼잡해지고 어두워질 수 있는 우리 마음을 말씀 앞에 세워야 합니다. 하나님께서 우리에게 성경대로 믿고 성경대로 살아갈 수 있는 은혜를 주시길 바랍니다.

13 하나님 말씀을 조롱하는 자들

벤후 3:3-7

신약 성경에는 베드로의 편지가 두 통 있습니다. 하나는 고난받는 그리스도인들을 위로하기 위해 쓴 베드로전서이고, 다른 하나는 첫 번째 편지를 썼음에도 불구하고 베드로의 권면보다 거짓 선생들의 가르침에 더 영향을 받고 있는 교회를 바로잡기 위해 쓴 베드로후서입니다.

베드로는 첫 번째 편지를 통해 본도, 갈라디아, 갑바도기아, 아시아와 비두니아에 흩어져 고난 중에 있는 성도들에게 이렇게 말했습니다. "사랑하는 자들아, 너희들이 받는 고난은 이상한 것이 아니다. 성도의 고난은 말세에 나타내기로 예비된 구원을 보호하기 위한 하나님의 손길이다. 그러므로 고난을 통해 연단을 받되 믿음의 결국, 곧 영혼의 구원인 보지 못하는 주님을 말할 수 없는 영광스러운 즐거움으로 기뻐하면서 사랑하는 자리로 나아가야 한다. 이 세상은 영원하지 않다. 최선을 다해 살되 이 땅의 썩고 더럽고 쇠하여질 것들에 소망을 두지 말아라. 하나님께서 너희들에게 주실 기업은 썩지 않고 더럽지 않고 쇠하지 않을 유산으로 하늘에 간직되어 있다. 그러니 그것에 소망을 두고 이 땅을 나그네와 행인처럼 지나가는 자세로 살아라. 만물의 마지막이 가까웠다. 정신을 차려 기도하면서 육체의 남은 때를 사람의 정욕을 따라 살지 말고 하나님을 사랑하고 이웃을 사랑하는 하나님의 뜻을 따라 살아야 한다."

하지만 거짓 선생들의 가르침은 전혀 다릅니다. "하나님께 은혜와 복을 받으면 이 땅에서 잘되고 성공해야 한다. 성공하라. 성공해서 너희들이 원하는 대로 마음껏 즐기고 자유를 누리라. 그리스도인이라고 애매한 고난을 당할 이유가 없다. 양보하거나 손해 볼 필요도 없다. 고난 없이 이 땅에서 잘 먹고 잘사는 것, 마음껏 즐기고 사는 것이 최고의 복이다. 주님이 다시 오신다는 말은 다 거짓말이다. 사도들이 교묘하게 지어낸 이야기다. 세상을 보라. 하늘과 땅을 보라. 달라진 것이 하나도 없지 않은가? 조상들이 잔 후로부터 만물이 처음 창조될 때와 같이 그냥 있는데 어떻게 주님이 다시 오신단 말이냐?"

베드로는 주님이 다시 오실 때가 있으니 지금 여기 이 땅을 나그네와 행인같이 지나가는 자세로 살라고 합니다. 거짓 선생들은 주의 재림은 없으며 이 땅이 전부라고 가르칩니다. 무엇이 성경적인 가르침입니까? 주의 강림은 사도들이 교묘하게 지어낸 이야기가 아닙니다(1:16). 베드로와 요한과 야고보는 장차 다시 오실 주님의 크신 위엄을 변화산에서 친히 보았습니다(1:17). 그러나 그들이 보고 들은 그 신비한 체험보다 다시 오실 주님에 대한 더 확실한 예언은 바로 성경 말씀이며, 주님이 친히 다시 오신다고 약속하신 말씀입니다(1:19). 그러므로 주의 강림을 믿지 못하고 주의 강림이 없다고 말하며 가르치는 자들은 하나님을 조롱하고 주의 약속을 멸시하는 자들입니다.

> 먼저 이것을 알지니 말세에 조롱하는 자들이 와서 자기의 정욕을 따라 행하며 조롱하여 이르되 주께서 강림하신다는 약속이 어디 있느냐? 조상들이 잔 후로부터 만물이 처음 창조될 때와 같이 그냥 있다 하니 _벧후 3:3-4

이들이 왜 주의 강림을 조롱할까요? 그렇게 해야 말씀을 따라 살지 않고 정욕대로 사는 자기 자신이 정당화되기 때문입니다. 그렇게 해야 부패한 정욕을 따라 자기 마음대로 산 자신을 심판할 자가 없어지기 때문입니다. 만물이 처음부터 지금까지 그대로 있다고 하는 저들의 주장은, 모든 세상이 하나님의 말씀으로 된 것을 고의로 잊으려 하는 거짓말이며, 마치 주인이 집 안에 있는데도 이 집은 빈집이라고 말하는 무례하고도 악한 모독의 말입니다.

> 이는 하늘이 옛적부터 있는 것과 땅이 물에서 나와 물로 성립된 것도 하나님의 말씀으로 된 것을 그들이 일부러 잊으려 함이로다. 이로 말미암아 그때에 세상은 물이 넘침으로 멸망하였으되 이제 하늘과 땅은 그 동일한 말씀으로 불사르기 위하여 보호하신 바 되어 경건하지 아니한 사람들의 심판과 멸망의 날까지 보존하여 두신 것이니라 _벧후 3:5-7

하늘과 땅과 세상의 모든 것은 다 하나님의 말씀으로 된 것입니다. 하나님은 말씀으로 온 세상을 창조하셨고 창조하신 모든 것을 말씀으로 다스리고 있습니다. 지금 우리가 눈으로 보는 이 세상은 거짓 선생들의 주장처럼 처음 말씀으로 창조하신 그 하늘과 그 땅이 아닙니다. 이미 한 번 심판이 지나간 하늘과 땅입니다. 하나님은 노아 때에 하나님의 말씀을 믿지 않고 조롱하는 자들과 그들이 살아가는 세상을 물로 심판하셨습니다. 지금 우리가 보는 세상, 지금 거짓 선생들이 눈에 보이는 대로 말하는 세상은, 처음 창조 때의 하늘과 땅이 아니라 노아 때에 홍수로 심판하신 이후의 하늘과 땅입니다. 그러므로 만물이 처음 창조될 때와 같이 그냥 있었다고 하는 거짓 선생들의 주장은, 하나님께서 말씀으로 하늘과 땅을 창조하시고 말씀으로 그 땅을 유지하시며, 말씀대로 심판하신 것을 일부러 잊으려 하는 조롱의 말입니다.

이들이 끝까지 다시 오실 주님과 그로 인한 심판을 부정하고 조롱한다면 어떻게 될까요? 노아 시대에 경건치 않았던 자들의 최후와 같이 됩니다.

> 노아의 때와 같이 인자의 임함도 그러하리라. 홍수 전에 노아가 방주에 들어가던 날까지 사람들이 먹고 마시고 장가들고 시집가고 있으면서 홍수가 나서 그들을 다 멸하기까지 깨닫지 못하였으니 인자의 임함도 이와 같으리라 _마 24:37-39

노아 시대에 하나님께서 말씀하신 홍수 심판을 믿지 않고 이 땅이 영원할 것처럼 거기서 먹고 마시고 장가가고 시집가는 것에 모든 소망을 걸었던 현세주의자들, 쾌락주의자들, 기복주의자들이 있었습니다. 아니 죄악이 가득한 그때, 노아와 그의 가족들을 빼고는 대부분이 그렇게 살았습니다. 그들은 노아를 조롱했습니다. 노아에게 홍수 심판을 말씀하신 하나님을 조롱했습니다.

그러나 그들의 조롱은 하나님의 약속처럼 세상이 물로 멸망했을 때 얼마나 어리석은 조롱이었는지 드러났습니다. 부패한 정욕대로 살면서 주님께서 다시 오신다는 성경의 말씀을 조롱하는 거짓 선생들과 그들의 가르침을 따르는 자들의 미래도 그러할 것입니다. 그들의 눈에 세상이 영원할 것처럼 보이는 것은 주님이 아무 일도 하지 않아서가 아닙니다. 오히려 주님께서 이 세상을 말씀으로 붙들고 계시기 때문입니다. 어떻게 붙들고 계십니까? 홍수 심판 후에 다시는 물로 이 세상을 심판하지 않겠다고 말씀하신 하나님입니다. 하나님은 지금도 홍수 이후의 하늘과 땅을 말씀으로 붙들고 계시면서 택한 백성들을 구원해내고 있습니다. 언젠가 한 사람도 빼지 않고 택한 자들을 다 불러 구원하셨을 때 하나님께서 붙들어 보존하고 있는 이 땅과 하늘은 불살라질 것입니다. 그때 주의 강림은 없다고 하나님의 말씀을 조롱하면서 자기 정욕대로 살았던 자들이 바깥 어두운 데 떨어져서 슬피 울며 이를 갈 것입니다. 하나님과 그의 말씀을 조롱하며 살았던 대가가 얼마나 무서운지를 영원히 맛볼 것입니다.

말씀을 버리면 말씀이 그를 심판할 때가 옵니다. 말씀을 붙들고 살면 그 말씀이 심판의 날에 자신을 붙들어 줍니다. 성도라고 하면서 이 세상이 전부인 것처럼 사는 것은 다시 오신다는 주의 강림과 하나님의 말씀을 경홀히 여기며 사는 것입니다. 하나님의 말씀을 소홀히 여기는 것은 자신이 붙들고 있는 밧줄을 스스로 끊고 밑도 끝도 없는 수렁, 무저갱 속으로 빠져 가는 가장 어리석은 짓입니다.

주의 재림을 믿는다면 생명을 다해 하나님의 말씀을 붙들고 살아가야 합니다. 부패한 정욕과 세상의 소리를 따라가지 말고 들은 말씀, 받은 말씀을 따라 살아야 합니다. 말씀 안에 생명이 있고 구원이 있으며 영광이 있습니다. 육체의 남은 때를 하나님의 말씀을 붙들고 주와 복음을 위해 살며, 그의 깨끗하심과 같이 자기를 깨끗하게 단장하여 다시 오실 신랑의 신부로 부끄러움 없이 살아가기를 바랍니다.

14 잊지 말아야 할 것

벧후 3:8-10

사도는 편지의 마지막 단계에서 주의 백성들이 결코 잊어서는 안 되는 한 가지를 말합니다. 그것이 무엇입니까? 하루가 천 년 같고 천 년이 하루 같은 하나님의 시간입니다. 왜 하나님의 시간을 언급합니까? 주의 재림이 없다고 말하는 거짓 선생들과 그들의 가르침에 영향을 받아 주님의 재림이 더디다고 생각하는 사람들 때문입니다(9절).

이 '더디다'는 단어는 단순히 늦는 정도가 아니라, 게으르거나 무관심해서 지체된다고 하는 조롱이 내포된 단어입니다. 어떤 사람들은 이렇게 생각하고 말합니다. "도대체 다시 오신다는 주님의 약속이 이루어지기는 하려나? 그가 그 약속에 관심이 없거나, 아니면 그 약속을 이루는 데 게으르거나 무능력하기 때문에 이렇게 오지 않고 있는 것 아냐?"

베드로는 이들에게 시편 90편 4절에 있는 모세의 고백을 인용하여 다시 오신다는 주님의 약속이 더딘 것이 아니라고 말합니다. 시편 90편에서 모세는 주는 영원부터 영원까지 하나님이라고 하면서, 그런 주의 목전에 티끌과 같은 인생의 천 년은 지나간 어제와 같고 밤의 한순간과 같을 뿐이라고 고백했습니다. 그렇습니다. 주께는 하루가 천 년 같고 천 년이 하루 같습니다. 영원하신 하나님 앞에서 인생은 잠깐 있다 없어지는 안개와 같으며, 그런 인생의 천 년은 주의 목전에서 밤의 한순간에 불과한데, 어찌 주님의 재림이 더디다고 말할 수 있겠습니까?

우리가 길다고 여기는 시간이 하나님 앞에서는 아무것도 아닐 수 있습니다. 반대로 인생이 짧다고 느끼는 시간도 하나님 앞에서는 천 년처럼 길게 여겨질 수 있습니다. 하나님께서 창조하신 시간은 물리적 길이로서의 의미만이 아닙니다. 다시 오신다는 주님의 약속이 언제 이루어집니까? 역사의 마지막입니다. 하나님 앞에서 역사의 마지막이 언제입니까? 단순히 정해 놓은 시간의 마지막 지점에 도달하는 순간이 아닙니다. 돌아와야 할 하나님의 자녀들이 다 돌아오는 시점이 하나님 앞에서 마지막입니다. 시계추의 분초가 다 흘러가야 하는 것이 아니라, 돌아와야 할 사람이 돌아오고 그 사람이 돌아오기 위하여 일어나야 할 사건이 다 일어나는 그때가 역사의 마지막입니다.

이렇게 생각해 보십시오. 사랑하는 딸이 아침에 학교 다녀온다고 인사하면서 나갔습니다. 그런데 저녁이 되어도 돌아오지 않습니다. 일주일이 지나고 1년이 지나고 3년이 되어도 돌아오지 않습니다. 그러면 그때부터 부모에게는 시간이 멈춥니다. 딸이 집을 나가서 돌아오지 않는 그 순간부터 "다녀오겠습니다!"라는 그 말, 그 음성, 그 표정과 함께 멈춰집니다. 언제 그 시간이 다시 흐릅니까? 사랑하는 딸이 집으로 돌아와 다시 품에 안길 때입니다. 그것이 부모의 시간입니다.

베드로가 모세의 고백을 인용하면서 주께는 하루가 천 년 같고 천 년이 하루 같다는 말을 하는 의미가 무엇이겠습니까? 하나님의 시간이 그렇다는 뜻입니다.

> 주의 약속은 어떤 이들이 더디다고 생각하는 것같이 더딘 것이 아니라 오직 주께서는 너희를 대하여 오래 참으사 아무도 멸망하지 아니하고 다 회개하기에 이르기를 원하시느니라 _벧후 3:9

왜 다시 오신다는 주님의 약속이 더디고 지체되는 것처럼 보일까요? 거짓 선생들의 조롱처럼 하나님께서 무관심하거나 게을러서일까요? 그렇지 않습니다. 다시 오시는 주님의 시간은 몇 년 몇 월 몇 시라고 정해진 것이 아닙니다. 그때까지 안 돌아오면 문 닫고 끝, 이게 아닙니다. 그 시간은 아들도 모르고 아무도 모릅니다. 오직 아버지만 아십니다. 자식이 집을 나가서 돌아오지 않았는데 시간이 되었다고 문을 걸어 잠그는 아버지는 없습니다. 다시 오신다고 해 놓고 아직 다시 오시지 않는 것은 약속을 잊어서가 아닙니다. 창세 전에 그리스도 안에서 택한 자녀들이 아무도 멸망하지 않고 다 회개하고 돌아오기를 기다리고 계시기 때문입니다. 하나님께서 그들을 위해 역사의 시계추를 연장하면서 참고 계시기 때문입니다. 아무것도 안 하면서 마냥 기다리는 게 아닙니다. 하나님은 그의 자녀들이 돌아올 수 있도록 모든 지혜와 능력과 사랑과 열심을 동원하여 역사를 운행하고 계십니다. 지금 하나님께는 하루가 천 년 같고 천 년이 하루 같습니다. 그러니 더딘 것이 아닙니다.

만약 어떤 사람이 집을 나가 돌아오지 않는 자식을 기다리고 있는 부모를 향하여 "왜 더디 문을 잠그느냐? 몇 시까지 안 돌아오면 문을 잠근다는 약속은 어디 갔느냐?"고 조롱하고 있다고 생각해 보십시오. 어떻게 자식을 잃어버려 애타는 부모 앞에서 그럴 수가 있습니까? 그는 너무나 악한 사람입니다. 거짓 선생들이 그러합니다. 그들은 자녀들이 돌아오기를 기다리면서 마지막 날을 미루고 있는 하나님을 향하여 다시 오신다는 주님의 약속이 더디다고 조롱하고 있습니다. 베드로는 이들에게 말합니다. "주님께서 아직 오시지 않는 것은 너희들의 조롱처럼 게으르거나 약속을 잊었거나 다시 올 능력이 없어서가 아니라, 그런 너희들도 회개하고 돌아오기를 기다리고 계시기 때문이다."

아버지의 품을 떠나 방황하고 있는 자녀를 기다리는 하나님의 시간은 하루가 천 년 같습니다. 주님은 천 년이라도 하루같이 기다리고 기다립니다. 돌아와야 할 자녀가 돌아오기를 기다리십니다. 그 자녀가 돌아오기 위하여 일어나야 할 영적 사건이 일어나기를 기다리십니다. 돌아와야 할 자녀가 돌아오고 일어나야 할 사건이 일어날 때 그 하루는 하나님 앞에 천 년의 의미입니다. 하나님의 시간은 그와 같습니다.

그러니 우리도 하나님께 돌아가야 하지 않겠습니까? 자녀가 돌아오기를 기다리는 아버지의 심령에 동참하여 복음을 전하는 일에 힘써야 하지 않겠습니까? 돌아와야 할 자가 돌아오고 일어나야 할 사건이 일어나도록 주의 일에 힘써야 합니다. 우리가 주의 부활을 믿고 주님께서 다시 오실 때 우리도 주님처럼 부활할 것을 믿는다면, 주님께서 더디 오시는 것처럼 여겨지는 오늘을 어떻게 살아야 하겠습니까? 바울은 이렇게 말했습니다.

> 그러므로 내 사랑하는 형제들아, 견실하며 흔들리지 말고 항상 주의 일에 더욱 힘쓰는 자들이 되라. 이는 너희 수고가 주 안에서 헛되지 않은 줄 앎이라 _고전 15:58

잊지 말아야 할 것이 있습니다. 천 년이 하루 같고 하루가 천 년 같은 우리 주님의 시간이 있습니다. 그러나 그 시간은 언제까지 이어지지 않습니다. 창세 전에 그리스도 안에서 택하신 자들이 다 돌아와 아버지의 품에 안기는 그날, 주님은 도둑같이 다시 오시고, 마침내 지금의 세상은 끝이 날 것입니다. 그날에 하늘이 큰 소리로 떠나가고 물질이 뜨거운 불에 풀어지고 땅과 그중에 있는 모든 일이 드러납니다(10절). 거짓 선생들이 일부러 잊으려 한 그날은 있습니다. 그날은 옵니다. 노아의 홍수 때처럼 눈에 보이는 세상이 전부인 줄 알고 시집가고 장가가며 자기 일에만 몰두하는 사람들에게 이날은 도둑같이 올 것입니다. 하나님의 심판이 있다고 경고했던 노아의 말을 조롱하고 비웃었던 사람들에게도 이날은 도둑같이 올 것입니다.

결코 잊어서는 안 될 것을 잊고 살지는 않습니까? 지금 주 앞에서 천 년이 하루 같고 하루가 천 년 같은 시간이 흐르고 있지만, 그 모든 시간이 멈춰지고 세상이 불로 타서 새 하늘 새 땅으로 새로워질 날이 옵니다. 이날을 도둑같이 오게 해서는 안 됩니다. 그날이 있음을 알고 깨어서 주의 재림을 사모하면서 기다려야 합니다. 무작정 기다리는 것이 아니라 주의 일에 더욱 힘쓰면서 기다려야 합니다.

우리는 주의 신부들입니다. 신랑 되신 주님께서 천사장의 나팔 소리와 함께 구름 타고 다시 오실 날이 있습니다. 잊어서는 안 될 이 날을 혹시 잊고 살지는 않습니까? 잊지 말아야 합니다. 다시 오실 신랑을 맞는 소망을 품고 우리 자신을 깨끗하게 해야 합니다. 주를 향하여 이 소망을 가지고 주의 일에 더욱 힘쓸 뿐 아니라, 그의 깨끗하심과 같이 자기를 깨끗하게 하기를 바랍니다(요일 3:2-3 참고).

15 너희가 어떠한 사람이 되어야 마땅하냐!

벧후 3:10-14

초대 교회를 이끌었던 가장 중요한 지도자 중에 예루살렘 사도라고 불리는 야고보, 베드로, 요한이 있습니다. 성경에 이들이 남긴 편지가 있는데, 교회가 세상으로부터 오는 온갖 종류의 유혹과 시험을 어떻게 이겨내면서 바른 신앙을 지켜야 하는지를 기록한 야고보서, 베드로전서, 베드로후서, 요한1서, 요한2서, 요한3서가 그것입니다. 우리는 유다서와 더불어 예루살렘 사도들의 이 편지들을 '공동 서신'이라고 부릅니다. 특정한 교회의 특정한 문제를 다루었던 바울 서신에 비해 이 편지들이 모든 교회에 공통적으로 적용되는 신앙의 일반적인 원리와 규범을 다루고 있기 때문입니다.

안타깝게도 현대 교회는 세상을 해석하고 세상 속에서 바른 믿음을 발휘하는 힘을 담고 있는 공동 서신을 너무 홀대하고 있습니다. 그 결과 교회가 세상을 믿음으로 이기지 못하고 있습니다. 영적 차원이 아니라 도덕과 상식 수준에서도 전혀 세상을 납득시키지 못하고 있으며, 교회가 세상을 염려하고 지도하는 것이 아니라 오히려 세상이 교회를 걱정하고 지도하는 처참한 형편이 되고 말았습니다. 공동 서신을 더 많이 읽고 세상 속에서 교회와 성도의 모습이 어떠해야 하는지를 생각하고 고민해야 할 때입니다. 야고보서에서 야고보는 고난 중에 하나님과 세상 사이에 서서 두 마음을 품을 수 있는 교회를 향하여 간음하는 여인처럼 세상과 짝하지 말고 기도로 인내하면서, 믿음과 행함이 같이 가고 말과 행동이 함께하는 참된 경건의 자리, 성숙한 신앙의 자리로 나아가야 한다고 권면했습니다.

베드로전서는 하나님께서 여러 가지 시험을 통해 교회와 성도들의 구원을 보호하고 계시기 때문에 시험을 이상하게 여기지 말고 고난 중에도 선한 행실로 하나님의 영광을 드러내는 거룩한 제사장 나라로 서 있어야 한다고 했습니다. 그렇게 살려면 이 세상을 흠모할 것이 아니라 나그네와 행인같이 지나가는 자세로 대해야 한다는 것이 베드로전서의 가르침이었습니다.

베드로후서의 주제는 무엇입니까? 야고보서가 하나님과 세상 사이에 서서 두 마음을 품고 있는 교회를 다루고, 베드로전서가 세상 속의 바른 교회의 모습을 다룬다면, 베드로후서는 교회 속에 들어온 세상을 다룹니다. 그런 점에서 지금 한국 교회에 가장 적실한 성경은 베드로후서입니다.

한국 교회의 현실이 어떻습니까? 야고보가 염려했던 하나님과 세상 속에서 갈등하며 두 마음을 품는 지점을 넘어서 세상을 더 사랑하고 있습니다. 세상 속에서 거룩한 제사장 나라로 서 있어야 한다는 베드로전서의 권면을 무시하고 썩고 더럽고 쇠하여질 세상의 허무한 본질을 교회 안으로 깊숙이 받아들이고 있습니다. 교회 안에 하나님께서 기뻐하시지 않는 세상의 정신과 원리가 너무나 많이 들어와 있습니다. 부인할 수 없는 우리의 민낯입니다.

왜 이렇게 되었을까요? 그 답을 베드로후서가 가르쳐 줍니다. 예수 그리스도의 십자가와 부활의 복음, 그리고 다시 오실 재림의 복음을 왜곡해서 예수를 믿어 이 땅에서 잘되고 부자로 사는 것을 복음이라고 가르치는 악한 거짓 선생들과 그들의 가르침을 좋아하는 탐욕의 사람들 때문입니다. 거짓 선생들은 성경을 강해하면서 성경에 계시된 하나님의 뜻을 묻고 해석하여 전하지 않고, 자기 욕망을 위해 성경 구절을 끌어와서 제멋대로 자의적으로 해석하고 가르칩니다.

베드로후서는 이런 거짓 선생들의 부패한 행실과 거짓 교훈들을 폭로합니다. 이들은 자신을 사신 주를 부인하는 자들로서 임박한 멸망을 스스로 취하는 자들입니다(2:1). 이들은 진리를 따르는 자들이 아니라 정욕을 따라 호색하는 자들이며, 이성 없는 짐승같이 음심이 가득한 눈으로 굳세지 못한 영혼들을 유혹하는 자들입니다(2:2, 12, 14). 이들은 물 없는 샘과 같으며 광풍에 밀려가는 안개와 같고, 토하였던 것을 다시 먹는 개와 같으며, 씻었다가 다시 더러운 구덩이에 눕는 돼지와 같은 자들입니다(2:17, 22). 무엇보다 이들은 주님의 재림을 조롱하면서 이 땅에서 잘 먹고 잘사는 것이 최고의 복이라고 떠드는 자들입니다(3:3-5). 예나 지금이나 이들과 이들을 따르는 어리석은 교인들 때문에 교회의 영광은 땅에 떨어지고, 하나님의 이름이 모욕을 당하며, 수많은 하나님의 양 무리들이 고통 중에 실족하여 교회를 떠나고 있습니다.

교회가 바른 복음에 기초하지 않고 거짓 선생들의 가르침에 미혹되면 어떻게 될까요? 하나님을 예배하는 데 더 거룩해지고 성결해지는 것이 아니라 더 탐욕적이고 현세적이며 이기적이 되는 이상한 현상이 나타납니다. 분명히 말씀을 듣고 기도하고 찬송하는데 오히려 진리의 길, 의의 길을 떠나 세상의 썩어지고 더러워지고 허무한 것에 얽매이게 됩니다. 교회가 복음의 진리를 세상 속으로 흘려보내는 것이 아니라 세상이 교회 안으로 홍수처럼 밀려들어오게 됩니다.

지금 우리가 그렇습니다. 우리는 세상과 너무 친밀합니다. 성경은 교회와 성도들이 세상과 담을 쌓아야 한다고 말하지는 않습니다. 본질적으로 세상이 우리를 미워하기 때문에 할 수만 있으면 세상과 평화하라고 하십니다. 세상을 힘 있게 살아내어야 합니다. 그러나, 세상 속에서 살되 세상에 동화되면 안 됩니다. 세상과 짝하지 않으면서 거룩한 제사장 나라로 살아야 합니다. 그러기 위해 세상의 힘과 자랑을 사랑하거나 동경하지 말아야 합니다. 그러나 현대 교회는 필요 이상으로 세상과 친하며 그 힘과 자랑거리들을 동경합니다. 세상에서 잘되고 행복하고 즐겁게 사는 것이 교회의 가장 큰 관심이 되었고, 하나님도 그것을 위해 존재하는 신이 되고 말았습니다. 그 결과 성경의 진리가 교인들 가운데 낯설게 된 어처

구니없는 현상이 발생합니다. 천국과 지옥, 다시 오시는 주님의 재림에 대한 교훈들이 교회에서 환영받지 못하고 교리책의 한쪽 구석으로 밀려나고 말았습니다.

베드로후서가 말하는 거짓 선생들과 그들을 따르는 어리석은 사람들 속에 우리의 모습이 보이지 않습니까? 그래서 우리는 사도의 말을 들어야 합니다. 사도의 말을 듣고 사도가 말하는 믿음에 덕을 더하고 덕에 지식, 지식에 절제, 절제에 인내, 인내에 경건, 경건에 형제 우애, 형제 우애에 사랑을 더하여 신적 성품에서 자라는 길로 힘써 돌이켜야 합니다. 하나님의 신성한 성품에 참여하고 그 성품에 자라 가는 것만이 교회 안에 홍수처럼 들어와 있는 세상을 이길 수 있게 하기 때문입니다. 장차 주님께서 다시 오실 날, 그날에 하늘이 큰 소리로 떠나가고 물질이 뜨거운 불에 풀어지고 땅과 그중에 있는 모든 일이 드러날 때, 불타지 않고 풀어지지 않고 남아 있는 유일한 것이 바로 이 신적 성품이기 때문입니다.

학생들은 학기 말에 기말 시험을 치릅니다. 놀고 싶은 학생들은 기말 시험이 있다는 사실을 일부러 잊으려 합니다. 그러나 잊고 싶어도, 잊으려 해도 그날은 옵니다. 준비하지 않는 학생들에게 기말 시험은 도둑같이 옵니다. 동일합니다. 학생들에게 피할 수 없는 기말시험이 있듯이 우리에게도 피할 수 없는 예수님의 재림이 있습니다. 그날이 있습니다. 어떻게 해야 합니까? 공부해야 합니다. 준비해야 합니다.

그러나 주의 날이 도둑같이 오리니 그날에는 하늘이 큰 소리로 떠나

가고 물질이 뜨거운 불에 풀어지고 땅과 그중에 있는 모든 일이 드러나리로다. 이 모든 것이 이렇게 풀어지리니 너희가 어떠한 사람이 되어야 마땅하냐? 거룩한 행실과 경건함으로 하나님의 날이 임하기를 바라보고 간절히 사모하라. 그날에 하늘이 불에 타서 풀어지고 물질이 뜨거운 불에 녹아지려니와 우리는 그의 약속대로 의가 있는 곳인 새 하늘과 새 땅을 바라보도다. 그러므로 사랑하는 자들아 너희가 이것을 바라보나니 주 앞에서 점도 없고 흠도 없이 평강 가운데서 나타나기를 힘쓰라 _벧후 3:10-14

사도는 장차 모든 것이 풀어지며 주 앞에서 벌거벗은 것같이 드러날 때가 있다고 10절, 11절, 12절에서 거듭 말합니다. 그리고 그렇기 때문에 너희가 어떠한 사람이 되어야 마땅하냐고 단호하게 묻습니다. 마땅하다는 말은 그렇게 되어야 하고 그럴 수밖에 없으므로 다른 길이 없다는 뜻입니다. 주의 재림이 있다면 어떤 사람이 되어야 합니까? 어떤 것을 준비해야 합니까? 거룩한 행실과 경건함으로 그날이 임하기를 바라보고 간절히 사모하라고 합니다. 예수 그리스도가 도둑같이 오시는 그날 세상에 있는 모든 것이 불타고 풀어 없어지니 새 하늘과 새 땅을 바라보고 사모하면서 주 앞에서 점도 없고 흠도 없이 나타나기를 힘써야 한다고 합니다. 사도의 가르침입니다. 성경의 진술입니다. 이렇게 되고 이렇게 될 수밖에 없으니 이렇게 사는 것 외에 다른 길이 없다고 합니다.

그렇다면 정말 진지하게 물어봐야 합니다. 주 앞에서 모든 것이 불타고 벌거벗은 것처럼 드러날 때 오직 거룩한 행실과 경건함만이 남는다고 하는데, 지금 이대로 괜찮겠습니까? 다시 오실 주님께서 지금 하늘과 땅을 다 불태우고 가져다주실 의가 있는 곳, 새 하늘과 새 땅에 지금의 삶이 어울린다고 생각합니까? 다른 모든 것을 잃어버린다 해도 거룩한 행실과 경건만은 지켜야 하지 않겠습니까?

교회에서 예배를 드리는데 조금 있다가 우리가 예배드리는 건물이 불타고 무너진다면 어떻게 하겠습니까? 모든 것을 멈추고 당장 뛰쳐나가지 않겠습니까? 다른 사람을 내버려 두고 혼자 나가겠습니까? 같이 나가야 하지 않겠습니까? 나 혼자 경건하고 거룩한 행실로 준비하는 것이 전부가 되어서는 안 될 이유가 여기 있습니다.

사람은 누구나 무엇인가를 기대하고 바라면서 살아갑니다. 그 사람이 누구인지를 알려면 그가 바라고 기대하고 소망하는 것이 무엇인지를 보면 됩니다. 그리스도인의 기대와 소망이 무엇입니까? 베드로는 주께서 다시 오셔서 주시는 새 하늘과 새 땅이 성도들의 기대와 소망이 되어야 한다고 말씀합니다. 이 소망이 있습니까? 다시 오시는 주님께서 가지고 오실 새 하늘과 새 땅과 새 예루살렘에 대한 기대가 있습니까?

언젠가 이 세상은 끝이 납니다. 지금 눈으로 보고 손으로 만지는 이 세상이 주님께서 다시 오시는 날에 주님의 권능에 의해 불타고 해체될 것입니다. 우리의 경건과 거룩한 행실이 억지로 하는 의무나 책임이 아니라 기다림과 소망이 되어야 하는 이유는, 지금 거하는 하늘과 땅과는 비교할 수 없는 새 하늘과 새 땅이 오기 때문입니다. 주님께서 다시 오시는 그날, 우리가 죄로 망쳐 놓은 이 세상을 하나님은 온전하게 회복하십니다.

하나님은 자신이 창조하신 이 세상을 소멸하시지 않습니다. 불로 태우고 심판하시되 다시는 죄가 없고 흠이 없고 점이 없는 완전한 세상으로 영원한 아름다움으로 살려 놓으시고 새롭게 하실 것입니다. 이 새로움은 단지 조금 좋아지는 정도가 아닙니다. 지금껏 우리가 맛보지 못하고 경험하지 못한 전혀 다른 질서요 완전한 새로움입니다. 여전히 하늘과 땅이라는 면에서 지금 하늘과 땅과 연속적이되, 다시는 죄와 죽음이 없고 사탄의 유혹과 도전이 없으며 그들이 주도하는 허무함과 거짓이 없고 하나님의 진리와 생명으로 충만한 완전한 새 하늘과 새 땅이라는 점에서는 불연속적입니다.

13절은 그 좋은 새 하늘과 새 땅을 "의가 있는 곳인 새 하늘과 새 땅"이라고 합니다. 새 하늘과 새 땅은 '의'의 나라입니다. '의'는 바른 관계입니다. 하나님과의 바른 관계, 나와의 바른 관계, 다른 사람과의 바른 관계, 세상과 역사와 자연과의 바른 관계, 내가 관계하는 모든 관계가 하나님의 말씀대로 바르게 이루어지는 것이 '의'입니다. 이 '의'가 그리스도 안에서 이미 우리에게 주어져 있습니다. 그러나 지금 죄와 더러움과 썩어짐과 허무함이 지배하는 이 세상에서 이 '의'가 온전히 실현될 수 없어서 우리는 늘 의에 주리고 목이 마릅니다. 이 '의'가 완전하게 이루어지는 그날이 옵니다. 하나님과 지체들과 점도 없이 흠도 없이 바르게 사랑하며 살 수 있는 그날이 옵니다. 기다려지지 않습니까? 사모되지 않습니까?

그러므로 성도는, 그날을 사모하고 기다리면서 믿음에 덕을 더하고 덕에 지식과 절제와 인내와 경건과 형제 우애와 사랑을 더하면서 거룩한 행실과 경건함을 준비하고 살아야 합니다. 어떠한 사람이 되어야 마땅하냐는 성경의 질문에 우리의 답이 결코 낯설고 어색하고 준비되지 않은 비극적인 내용이 되지 않기를 바랍니다.

16 은혜와 주를 아는 지식에서 자라 가라

벤후 3:14-18

베드로후서는 거짓 선생들의 영향으로 교회 안에 들어온 썩고 더럽고 허무한 세상의 가치관을 다루는 성경입니다. 어떻게 교회 안에 들어와 있는 세상을 극복하고 다시 세상 속의 거룩한 제사장 나라의 모습을 회복할 수 있을까요? 사도는 이 문제에 대한 해법을 주 예수를 아는 지식과 은혜로 제시합니다. 편지의 처음인 1장 2절이 하나님과 우리 주 예수를 아는 지식과 은혜로 시작되고, 마지막 3장 18절도 오직 주 예수 그리스도의 은혜와 그를 아는 지식에서 자라 가라는 권면으로 끝이 납니다. 베드로가 말하는 주 예수 그리스도의 은혜와 그를 아는 지식은 처음 인사와 끝인사를 위한 축복 정도가 아닙니다. 편지 전체의 내용을 앞뒤로 감싸고 있는 아주 중요한 신학적 주제입니다.

왜 세상의 허무한 가치관들이 교회에 들어오게 되었습니까? 우리의 타락한 본성을 자극하는 거짓 선생들의 거짓된 가르침과 그를 따르는 사람들 때문입니다. 주 예수 그리스도의 은혜와 그를 아는 지식에서 자라지 않으면 이들의 가르침에 영향을 받을 수밖에 없습니다. 특별히 지금 이 편지의 독자들에게 영향을 미쳤던 거짓 선생들은 주의 재림을 믿지 않았습니다. 그들은 주의 재림을 조롱 했습니다. 재림하실 주님께서 가지고 오실 의의 나라인 새 하늘과 새 땅도 믿지 않았습니다. 당연히 이 세상이 전부일 수밖에 없습니다. 그들은 예수 믿는 결과와 혜택이 이 세상에서 다 주어져야 한 다고 믿었고 세상에서 잘되고 성공하는 것이 예수 잘 믿는 것이라 고 가르쳤습니다. 이들은 주 예수 그리스도의 은혜를 모르며 주를 아는 지식이 없는 자들입니다. 이들의 영향으로 교회 안에 세상적 가치가 들어와 만연해졌습니다.

베드로는 이들과 이들에게 영향을 받고 있는 교회를 향해 단호 하게 말합니다. "이 세상이 전부가 아니다. 이 세상은 영원하지 않 다. 주의 재림을 무시하면서 이 세상만 바라보고 살면 심판주로 다 시 오시는 주님을 도둑같이 맞아야 한다(3:10). 지금은 하나님께서 그의 백성들이 한 명도 빠지지 않고 다 회개하고 돌아올 때까지 오 래 참고 기다리고 계시지만(3:9), 언젠가는 하루가 천 년 같고 천 년 이 하루 같은 주님의 시간이 끝날 때가 있다(3:8). 창세 전에 그리스 도 안에서 택한 자들이 다 돌아오는 그날, 하늘이 큰 소리로 떠나 가고 물질이 뜨거운 불에 풀어지고 땅과 그중에 있는 모든 일이 드 러날 것이다(3:10). 그때 주의 재림을 조롱하면서 이 세상이 전부인 줄 알고 살았던 자들이 벌거벗은 채로 주 앞에 나와 심판받을 것이 다. 너희들이 그런 사람이 되어야 하겠나? 은혜를 모르고 주를 아는 지식이 없으면 거짓 선생들의 말에 속아서 그렇게 될 수 있다. 제발 그러지 마라. 너희들이 은혜 속에 있는 참된 주의 백성들이라면 재림하실 주님께서 주실 의가 있는 곳인 새 하늘과 새 땅을 소망하면서 그 나라에 어울리는 거룩한 행실과 경건함으로 준비해야 한다. 그리하여 주 앞에서 점도 없이 흠도 없이 평강 가운데 나타날 수 있도록 힘써야 한다(3:10-14)."

지금까지 이런 사도의 간절한 권면을 살펴왔습니다. 이 권면에 우리의 모습을 비추어 보니 어떻습니까? 혹시 우리도 주의 재림을 잊고 살지는 않았습니까? 머리로는 주의 재림을 알지만 실제 삶은 다시 오시는 주님과 아무 상관이 없는 것처럼 살고 이 세상이 전부인 것처럼 살지 않았습니까? 언제부터인가 성경의 마지막 약속, 반드시 이루어질 약속인 주의 재림에 대해 나도 모르게 무감각한 삶이 되었다면, 하나님께서 우리를 불쌍히 보시고 다시 재림의 신앙이 회복되는 은혜가 있기를 바랍니다.

왜 우리가 다시 오실 주님의 날을 간절히 기다리고 사모해야 합니까? 우리가 꿈꾸고 바라던 의가 그날에 완성되기 때문입니다. 복음이 들어가면 사람이 바뀌고 나라가 바뀝니다. 그토록 야만적인 바이킹족이 예수 그리스도의 복음을 받아들이고 바뀐 것을 보십시오. 말씀의 빛이 비치면 어둠이 물러갑니다. 복음이 비추는 진리의 빛 아래서 사람들은 자신의 무지와 어리석음을 벗어 버립니다. 도덕적인 어둠이 걷히고 정직, 관용, 사랑, 친절과 같은 덕목들이 한 사람의 인생과 사회 가운데 현격하게 증대되고 자리 잡게 됩니다.

그러나 그렇게 복음의 빛으로 바뀐 인생과 나라가 그 충만한 영광으로 꽃을 피우지는 못했습니다. 오히려 시간이 지나 다시 타락한 나라들이 많았습니다. 구약의 이스라엘이 그랬고 서구 기독교 역사가 그러했습니다. 그들은 타락했고 부패했고 몰락했습니다. 우리 속에 남아 있는 죄성과 세상에 깊이 뿌리박혀 있는 악이 그 근원부터 뽑히지 않는 이상 이 땅에서 거룩한 행실과 경건함과 의가 완전히 완성될 수 없다는 뜻입니다. 지금 우리도 부흥의 시기를 지나 그 길을 가고 있습니다. 급격하게 부패하고 타락하는 길을 걷고 있습니다.

그래서 우리는 이 땅의 부흥을 꿈꾸는 동시에 주리고 목마른 마음으로 의가 완성되는 새 하늘과 새 땅을 기다려야 합니다. 우리 안의 부패성이 제거되고 세상에 가득한 죄악이 하나도 남김없이 다 제거되어 하나님과 우리 사이의 사랑이 점도 없고 흠도 없이 완성되는 그날에 나와 다른 사람과의 관계도 바르게 회복되고 나와 세상, 인간과 자연 사이의 관계도 회복되며, 도덕적 윤리적으로 완전하고 사랑으로 충만하며 마음을 다해 하나님을 사랑할 수 있고 이웃을 내 몸처럼 사랑할 수 있는 그 나라, 썩어짐의 종노릇하면서 허무한데 굴복하는 피조물의 탄식이 끝이 나고 하나님의 자녀들이 영광의 자유에 이르는 나라, 그 아름답고 완전한 의의 나라인 새 하늘과 새 땅을 사모하고 바라보아야 합니다.

중요한 것은 의의 나라인 새 하늘과 새 땅을 사모하며 바라볼 때 그것을 어떻게 기다리는가 하는 문제입니다. 그저 팔짱 끼고 수동적으로 기다리라고 하나요? 그렇지 않습니다. 베드로는 장차 새 하늘과 새 땅에서 완성될 의를 믿는다면 지금 우리의 일상에서 최선을 다해 긍휼과 정의, 은혜와 진리를 펼쳐내고 이루어 가기를 힘쓰라고 합니다. 아무도 주 앞에서 완전할 수 없습니다. 우리는 다 허물과 실수가 많은 인생들입니다. 스스로의 힘으로 의로워질 수 없으며 거룩할 수도 없습니다. 그러나 그러하기에 팔짱 끼고 있는 것이 아니라 주님의 도우심을 구하면서 믿음에 덕을 더하고 덕에 지식을 더하며 지식에 절제를, 절제에 인내를, 인내에 경건을, 경건에 형제 우애를, 형제 우애에 사랑을 더하면서 하나님의 신성한 성품에 참여하기를 힘써야 합니다. 아무리 애써도 우리 자신의 힘으로 점과 흠이 없이 주 앞에 설 수 없다는 것을 알기에 눈물을 흘리며 씨를 뿌리는 농부처럼 주 앞에서 평강 가운데 나타나기를 힘써야 합니다. 좌절이 있고 낙심이 있어도, 그렇게 할 때 비로소 주리고 목마른 마음이 생기고 다시 오실 주님이 가져다주실 새 하늘과 새 땅, 그 의의 나라가 기다려집니다. 베드로만 이렇게 말한 것이 아니라 사도 바울도 같은 진리를 말하고 가르쳤습니다.

> 또 우리 주의 오래 참으심이 구원이 될 줄로 여기라 우리가 사랑하는 형제 바울도 그 받은 지혜대로 너희에게 이같이 썼고 또 그 모든 편지에도 이런 일에 관하여 말하였으되 그중에 알기 어려운 것이 더러 있으니 무식한 자들과 굳세지 못한 자들이 다른 성경과 같이 그것도 억지로 풀다가 스스로 멸망에 이르느니라 _벧후 3:15-16

"그중에 알기 어려운 것"이 무엇인지 확실하지 않지만 문맥의 흐름으로 본다면 그리스도의 재림과 연관된 성도들의 거룩한 삶으로 볼 수 있습니다. 실제로 데살로니가 교회에 주의 강림을 오해해서 일상을 포기하고 일하지 않는 사람들이 생겼을 때 바울은 "일하기 싫거든 먹지도 말게 하라"(살후 3:10)고 강하게 책망한 편지를 보냈습니다. 예루살렘 사도인 야고보, 베드로, 요한과 이방인의 사도인 바울이 한마음으로 가르치고 강조한 교리 중에 하나가 바로 그리스도의 강림과 그로 인한 성도의 거룩한 삶입니다.

그런데 거짓 선생들이 주의 재림을 부인하면서 자기 마음대로 성경을 억지로 풀어서 자기도 망하고 다른 사람도 멸망으로 이끌고 있습니다. 이들의 무식하고 어리석은 성경 해석을 따라가면 이 땅만 바라보든지, 아니면 이 땅을 무시하게 되든지 두 극단적인 태도가 형성되고, 그 결과 거룩한 행실과 경건한 삶을 추구하지 않게 됩니다. 인간은 죄인이기 때문에 의로운 삶을 살 수 없다고 하면서 아예 거룩한 삶을 포기하고 자신의 욕심에 제동을 걸지 않습니다. 어떻게 하면 더 많이 모으고 불리고 확장할 수 있을까에만 마음을 쏟지 다른 사람들과 나누는 일에 마음을 쓰지 않습니다. 설령 의로운 삶을 추구해도 그리스도 안에서가 아니라 자기 힘과 지혜로 자기 의를 쌓으려고 합니다. 이렇게 되면 다시 오실 주님을 기다리는 재림의 신앙이 자리를 잡지 못합니다.

정반대는, 곧 오신다고 믿으면서 날짜를 세는 그릇된 종말론에 빠지는 경우입니다. 이런 경우는 아무것도 안 하고 그날만 기다리는 광신도가 되어 버리기 십상입니다. 그래서 베드로는 마지막으로 이렇게 권면합니다.

> 그러므로 사랑하는 자들아, 너희가 이것을 미리 알았은즉 무법한 자들의 미혹에 이끌려 너희가 굳센 데서 떨어질까 삼가라. 오직 우리 주 곧 구주 예수 그리스도의 은혜와 그를 아는 지식에서 자라 가라. 영광이 이제와 영원한 날까지 그에게 있을지어다 _벧후 3:17-18

베드로의 마지막 권면은 두 가지입니다. 하나는 거짓 교사들의 미혹에 이끌리지 않도록 삼가라는 당부이고, 또 하나는 주 예수 그리스도의 은혜와 그를 아는 지식에서 자라 가라는 권면입니다.

'삼간다'는 말은 자신을 지키라는 뜻입니다. 그러므로 이 둘을 묶으면 거짓된 가르침에 미혹되지 않도록 주 예수의 은혜와 그를 아는 지식에서 자라서 자신을 지키라는 말씀이 됩니다. 주의 재림과 성도의 거룩한 삶은 이들이 처음 듣는 진리가 아닙니다. "너희가 이것을 미리 알았은즉"(17절)이라고 했습니다. 이미 바울과 예루살렘 사도들을 통해 익히 배우고 들어서 알고 있는 진리입니다. 그런데도 무법한 자들이 어리석고 탐욕적인 성경 해석으로 이들을 미혹하고 있습니다. 속이고 있습니다. 이들이 흔들리고 있습니다. 주의 재림 앞에서 거룩한 행실과 경건함으로 준비되지 못하고 있으며, 새 하늘과 새 땅에 대한 소망과 기다림이 희미해지고 있습니다. 베드로는 이들에게 사랑의 마음을 담아 마지막으로 당부합니다. "사랑하는 자들아, 너희가 나와 바울을 통해 이미 배운 그 진리에서 떠나지 말라. 우리 주 예수 그리스도의 은혜와 그를 아는 지식에서 자라 무법한 자들의 헛된 속임수로부터 너희 자신을 지키고 삼가라."

참으로 분별력이 필요한 때입니다. 먹고살기 바쁘다고 성경에 무지하면 안 됩니다. 아무리 바빠도 성경을 읽고 배우고 공부하고 묵상하는 시간을 가져야 합니다. 그것은 모든 성도의 특권인 동시에 책임과 의무입니다. 그리고 성경 말씀대로 순종하도록 힘써야 합니다. 그래야 주의 은혜를 맛볼 수 있고 주를 아는 지식이 자라납니다. 성도는 성경 말씀을 통하여 이 세대를 본받지 말고 하나님의 선하신 뜻을 분별하여 사는 길에 익숙해져야 합니다. 그래야 거짓 선생들의 말도 안 되는 속임수와 미혹을 금방 알아차리고 그들의 교훈을 더러운 배설물처럼 떨쳐 버릴 수 있습니다.

성도라면 자신이 말씀을 풀어내려는 태도가 아니라 말씀이 자신이 누구인지를 풀어 줄 때까지, 말씀이 자신이 사는 세상의 본질을 드러내 가르쳐 줄 때까지 말씀 아래, 말씀 밑에 머무는 시간을 가져야 합니다. 우리의 캄캄한 마음에 샛별 되신 그리스도의 진리가 떠오르기까지 말씀 아래 머무는 훈련을 해야 합니다. 그래야 내 안과 교회 안에 들어온 세상을 극복하고 세상 속에서 거룩한 제사장 나라로 살아갈 수 있습니다.

말씀 안에 담겨 있는 생명이 우리 안에 채워지지 않으면 세상의 온갖 허무한 생각이 우리를 점령합니다. 그렇게 되지 않도록 말씀 안에 머무는 시간을 더 많이 가지기를 바랍니다. 말씀을 따라가면 말씀이 우리를 지켜 주고 인도합니다. 말씀 안에 머물고 말씀 밑에 거하고 말씀과 함께 살아서 우리 주 예수 그리스도의 은혜를 발견하고 주를 아는 지식에서 자라 가는 것, 그것만이 세상을 이기게 합니다.

베드로후서를 마치면서 우리 자신을 이 관점으로 살펴볼 수 있으면 좋겠습니다. 너무 많은 사람들이 나를 책임지시는 주님의 보호를 믿지 못하고 더 많이 모으고 쌓으려는 갈퀴손이 되고 있습니다. 그 손을 펴 주는 포크 손으로 바꿔야 합니다. 지금 우리나라가 노후 대책의 블랙홀에 빠져 있는데 '내게 얼마나 많은 돈이 있나? 나는 이 나이 되도록 무엇을 이루었나? 노후에는 어떻게 살까?' 하는 관점으로 자신을 보면 얼마나 우울합니까? 우리의 노후를 주님께 맡기고 '오늘 나는 주의 은혜를 얼마나 알고 있나? 그 은혜를 얼마나 신뢰하고 있는가? 그 은혜 속에서 주를 아는 지식은 어느 정도로 자라 가고 있는가? 하나님의 신성한 성품이 나의 인격과 성품 속에 어떻게 자리하여 구체적인 나의 언행으로 드러나고 있는가?' 하는 관점으로 자신을 살펴보길 바랍니다. 하나님은 말씀 안에 있고 말씀 아래 있으며 말씀과 함께 가는 그의 백성들을 버리지 않으십니다. 공중에 나는 새를 먹이시고 들에 핀 백합화도 입히시는 하나님께서 우리를 그냥 두시겠습니까? 지키시고 보호하시고 인도하십니다.

우리를 위해 새 하늘과 새 땅을 준비하고 계시며, 새 하늘과 새 땅에서 영원토록 살아갈 우리를 새사람으로 구비시키고 계십니다.

하나님을 믿고 신뢰하여 남은 생애를 말씀 안에서, 말씀 아래서, 말씀과 함께 거룩한 행실과 경건함으로 의롭게 살아가며 주의 은혜와 그를 아는 지식에서 영광스럽게 자라 가는 우리 모두가 되기를 바랍니다.

저자 박홍섭 목사

저자는 동아대학교 환경공학과와 총신 신대원을 졸업하고 1998년 5월부터 2022년 현재까지 대한예수교장로회(합동) 부산 한우리 교회를 담임하고 있다. 교단 신학교인 부산 신학교에서 교의학을 강의하고 있으며, 2015년 6월부터는 후배 목사들과 함께 〈교회를 위한 신학 포럼〉을 창설하여 개혁 신앙에 기초한 교리와 경건, 삶을 아우르는 총체적인 복음 운동을 펼치고 있다.

하나님께서 말씀만으로 충분히 교회를 세워 가신다는 믿음으로 한우리 교회를 목양하면서, 유능하고 잘하는 설교, 화려한 설교보다 성경 본문이 가르치는 바에서 벗어나지 않는 바른 설교로 교회를 섬기려고 애쓰고 있다. 주일 오전과 수요일 저녁에는 본문을 연속으로 다루는 '강해 설교'를 하고, 주일 오후에는 '알기 쉬운 교의학'과 개혁 교회에서 역사적으로 중요하게 가르쳐 왔던 교리문답과 신조들을 공부하고 있다.